1974 während der Panorama-Affäre

Bascha Mika

Alice Schwarzer

Eine kritische Biographie

Rowohlt

1. Auflage März 1998
Copyright © 1998 by Rowohlt Verlag,
Reinbek bei Hamburg
Lektorat Barbara Wenner
Alle Rechte vorbehalten
Umschlaggestaltung Anja Fromme
(Foto: Keystone)
Satz aus der Berling PostScript PageOne
Gesamtherstellung Clausen & Bosse, Leck
Printed in Germany
ISBN 3498 04390 0

Inhalt

Einleitung 11

«Ich war ein freies kleines Mädchen»
Eine Nachkriegskindheit 23

«Paris war für mich das Sinnbild von Freiheit»
Aufbruchstimmung in den sechziger Jahren 61

«Ich habe abgetrieben»
Die Revolte der Frauen beginnt 93

«Es gibt kein Privatleben»
Eine feministische Gegenkultur entsteht 129

«Eine Kioskzeitschrift in Feministinnenhand»
Ein alternatives Projekt – die *Emma* 163

«Ich entbehre nicht autoritärer Züge»
Schwesternstreit in der Bewegung 195

**«... diese peinliche Feministin, die ständig
etwas anzettelt»**
Theater, Trouble, Turbulenzen 221

«Das Fernsehen hat mich stark entdämonisiert»
Die Vorzeigefeministin als Medienstar 253

**«Mit zunehmender Lebenserfahrung
steigt die Ironie»**
Vom Haßobjekt zum Liebling der Nation 291

Anhang
Anmerkungen 313
Literatur in Auswahl 327
Danksagung 333
Quellenverzeichnis der Abbildungen 335

Freie Liebe im Club:
Nach Tagen des Wartens
erlebt Alice Schwarzer
ihre Stern-Stunde.
Udo Jürgens, Sänger und
„Bravo"-Protegé, ist zu
Besuch im Club. Und bei
ihm scheint der Zauber
Agadirs zu wirken:
Er lauscht ein wenig ...

... er redet ein wenig ...

... er stärkt sich
ein wenig ...

... und dann
hält es
ihn nicht länger.

≫→

1969. «Das Dorf der freien Liebe». Aus einer Pardon-*Reportage von
Alice Schwarzer und Lützel Jeman (Robert Gernhardt). Siehe Seite 71 f.*

*Links oben: 1975. Bei der Fernsehdiskussion mit Esther Vilar
Links unten: 1975. In einer Talk-Show mit Uschi Glas und Gregor
von Rezzori*

von unten: Renate Bookhagen, Sabine Zurmühl, Hilke Schlaeger, Alice Schwarzer, Ursula Scheu

Der erste Frauenkalender 1975. Siehe Seite 127

1971. Die Selbstbezichtigungskampagne der Frauen. Siehe Seite 107 ff.

1972 erscheint die erste Ausgabe von Ms. Siehe Seite 201

Einleitung

«*Emanzen sind* weibliche Machos!» tönt die Mädchen-truppe Tic Tac Toe. Emanze oder Girlie – sei doch beides doof. Alice Schwarzer finden die Rapperinnen allerdings gar nicht so übel: «Sie hatte etwas gegen diese Gesell-schaft, gegen Frauen, die nicht mit dem Arsch hochkom-men, und Männer, die meinten, Frauen gehörten hinter den Herd.» Souverän stellen die Mädels fest: «Die Revolu-tion für die Rechte der Frauen war wichtig – sonst könnten wir nicht das machen, was wir gerade machen. Aber in un-serer Generation geht es nicht darum, den Mann zu verflu-chen: Mit Mann ist nicht toll, ohne Mann ist auch nicht toll.»

Sie haben etwas gegen Unterdrückung, aber nichts ge-gen Männer, etwas gegen Emanzen, aber nichts gegen das, was sie erstritten haben. Für Tic Tac Toe ist die Frauenbe-wegung Schnee von gestern, Geschichte. Aber eine Ge-schichte, von der junge Frauen heute profitieren.

Die Rebellion der Frauen hat dieses Land nachhaltig ver-ändert. Mehr vielleicht als andere soziale Bewegungen, die auf den Aufbruch von 1968 folgten. Die Frauenbewegung – das war in den siebziger Jahren ein großer, bunter, starker Haufen mit wildwuchernden Visionen und einem unbe-scheidenen Ziel: die Gesellschaft umzukrempeln. Freiheit und Gleichheit – und das möglichst sofort! Die Hälfte der Welt! – Vielleicht sogar mehr, keinesfalls weniger. Die Frauen revoltierten gegen den Drill zur Weiblichkeit, gegen die Rolle, in deren Zwänge sie gnadenlos gepreßt wurden.

Wer in Deutschland vom Aufstand der Frauen spricht, kann von Alice Schwarzer nicht schweigen. Sie hat als streitbare Feministin, als Journalistin und Publizistin über Jahrzehnte das gesellschaftliche Erscheinungsbild der Frauenbewegung mitbestimmt. Sie hat entscheidend dazu beigetragen, daß Frauen ihrer Befreiung ein Stück nähergekommen sind. Sie war – und ist – für die Öffentlichkeit in Frauenfragen *die* moralisch-politische Instanz. Eine Galionsfigur, die den Feminismus mit Bravour in den Medien-Mainstream führte. Was wäre die Frauenbewegung ohne Alice Schwarzer, was Alice Schwarzer ohne die Frauenbewegung?

Als dem Patriarchat die rote Karte gezeigt wurde, stand Alice Schwarzer mit in der ersten Reihe. Sie geißelte Männerwahn und Männermuff und klagte die Rechte und Würde von Frauen ein. Nie mehr *nur* eine Frau sein! Nie mehr aufgrund des Geschlechts gedemütigt werden! In der feministischen Szene wurden ihr Mut, ihr Einfallsreichtum und ihre Streitlust geschätzt. Doch im Rest der Gesellschaft beschimpfte man sie zunächst als hysterische Unruhestifterin, als Männerhasserin und als frustrierten Blaustrumpf. Die Medien übergossen sie mit Häme und Spott, und wer früher im deutschen Wohnzimmer ihren Namen nannte, provozierte schnell den schönsten Familienkrach. Sie war die Symbolfigur des Feminismus und zeitweilig das kollektive Haßobjekt der Republik.

Schwarzer – so hieß einmal die Unperson der Nation.

Heute gehört die «Emanze» zu den beliebtesten Frauen des Landes. Früher stand sie auf den Barrikaden, heute steht sie beim Rosenmontagszug auf dem Karnevalswagen. Erst jüngst stellte die von ihr herausgegebene Zeitschrift *Emma* in einer Umfrage fest, daß zwei von drei Bundesdeutschen Alice Schwarzer kennen. Das schaffen nicht mal alle Spitzenpolitiker. Ihre Bücher finden ein großes Publikum, sie talkt sich durch die TV-Shows, wird mit

Preisen und Auszeichnungen bedacht, und in den Wohnzimmern, von Eiche-Furnier bis Ikea-Design, ist sie nun populär und ein gerngesehener Fernsehgast.

Schwarzer – so heißt inzwischen ein Medien-Liebling der Nation. Hat sich die Rebellin mit der Gesellschaft arrangiert? Und die Gesellschaft mit der Rebellin?

Unter den vielen biederen Berühmtheiten des Landes ist Alice Schwarzer ein ziemlich bunter Vogel – und zu Recht stolz darauf. Ihr Motto: «Ich bin diese peinliche Feministin, die ständig etwas anzettelt.» Welche Frau hat einen so erstaunlichen Werdegang hinter sich? Welche hat der Öffentlichkeit so hartnäckig Respekt und Anerkennung abgetrotzt?

Eine persönliche Erfolgsgeschichte – aber das allein macht beileibe nicht Alice Schwarzer aus. In ihrem Lebenslauf verdichten sich die politischen und sozialen Entwicklungen der Bundesrepublik in besonders prägnanter Weise. Zum einen ist sie eine durchaus typische Vertreterin der Generation, die im Krieg und zwischen Trümmern aufgewachsen ist. Zum anderen ist da ihre besondere Rolle und ihr besonderes Engagement, wo immer es um die gesellschaftliche Lage der Frauen geht. Eine außergewöhnliche Persönlichkeit mit einem exemplarischen Lebenslauf. Wer, wenn nicht sie, hätte eine Biographie verdient?

1994 begegne ich Alice Schwarzer persönlich. Anlaß ist die Verleihung des *Emma*-Journalistinnenpreises. Bei der Feier im Kölner Presseclub erlebe ich eine Frau, umringt von einer Menschentraube, die ihre Fans spöttelnd und voll Ungestüm unterhält. Sie steht leicht breitbeinig da, erzählt Anekdoten und prustet oft los vor Lachen. Sie ist kaum mehr als mittelgroß, doch impulsive Gesten, die ihren Redeschwall begleiten, und eine kräftige Stimme, deren Timbre bei spontanen Ausrufen in sehr helle Töne kippt, verschaffen ihr mühelos Raum. Ein grauseidenes Flattergewand gibt ihrer üppigen Figur Eleganz, aber auch eine gewisse Lässigkeit. Die sehr lebhaften Augen funkeln trotz Brille scharf und angriffslustig. Sie nimmt mich fest in den blaßblauen Blick, tätschelt mir halb mütterlich, halb kameradschaftlich den Arm und strahlt aufs herzhafteste. Diese Frau wischt Distanzen weg wie andere Menschen Fussel. Rasch entwickelt sich zwischen uns ein herzlicher Umgangston.

Alice Schwarzer ist die Initiatorin des *Emma*-Preises, damals war ich eine der Preisträgerinnen. Besonders freute ich mich über die Begründung, mit der mir die Jury die Auszeichnung verlieh. «Die Autorin erzählt neugierig, verwundert und mit Witz», hieß es da. «Besonders lobenswert ist ihre Fähigkeit, Ambivalenzen auszuhalten, sowie ihr Blick über eigene Grenzen hinaus auf fremde Freiheiten.»

Ich verließ das *Emma*-Fest in Köln angeregt und begeistert. Ich war dort einer charismatischen und faszinierenden Frau begegnet. Doch neben diesen einnehmenden Seiten glaubte ich auch andere Züge an ihr zu bemerken: ein tyrannisches Naturell, Härte im Umgang mit ihren Mitarbeiterinnen und ein unwirsches Bedürfnis, andere zu dominieren. Irgendwie irritierten mich diese beiläufigen Beobachtungen. Und ich wurde den Eindruck nicht los, daß die Personen in ihrer näheren Umgebung wie ein geschlossener Verein agierten.

Es war wohl diese starke Ambivalenz, die mich neugierig machte und auf die Idee brachte, mich journalistisch mit der Person Alice Schwarzer zu beschäftigen. Nach einem Bericht über das von ihr gegründete Feministische Archiv erschien 1996 zum Internationalen Frauentag ein längeres Porträt in der *taz*. Im Laufe der Recherche hatte ich mich mehrmals vergeblich um ein Interview mit der Protagonistin bemüht. Sie lehnte ab. Schade. Den Text schrieb ich dann trotzdem. Titel: «Retten Sie sich vor Alice.»

Die Reaktionen waren erstaunlich bis erschreckend. Eine Flut von Leserbriefen erreichte die *taz*. Erstaunlich war die geballte Emotionalität – positiv wie negativ –, die der Name Schwarzer hervorrief. Erschreckend war die Erkenntnis, wie viele Tabus und Denkverbote ich offenbar mit einer kritischen, stellenweise polemischen Darstellung der Person verletzt hatte.

Ich selbst habe nie richtig mitgemischt in einer Frauengruppe, die Bewegung verfolgte ich allerdings mit Sympathie für ihre Ziele. Auch war Alice Schwarzer für mich kein persönlich prägendes Vorbild wie für so viele andere Frauen, für die ihr Buch *Der kleine Unterschied* entscheidende biographische Bedeutung hat. Selbstverständlich kannte ich ihre Bücher.

So fand ich mich 1996 etwas überrascht zwischen den Fronten von Alice-VerehrerInnen und Alice-HasserInnen wieder. Angelastet wurde mir vor allem, daß ich offenbar ein Dogma der Frauenbewegung mißachtet hatte: Wer sich mit den Zielen der Emanzipationsbestrebung solidarisiert, darf nicht öffentlich an einer ihrer Ikonen kratzen. Schon gar nicht als Frau. Das ist Verrat. Ich sehe das allerdings anders.

Wer je für eine Tageszeitung gearbeitet hat, kennt das Grundproblem des Mediums: Platz. Vieles, was erzählt werden sollte, manches, was nach Ausführung verlangt, fällt dem beschränkten Zeilenmaß zum Opfer. So ist es ein Glücksfall, daß sich mir mit der vorliegenden Biographie die Möglichkeit bietet, Themen und Motive, die in dem Zeitungsporträt nur angerissen werden konnten, aufzugreifen, in einen weiteren Kontext zu stellen und dadurch auch der beschriebenen Person gerechter zu werden.

Die heftigen Reaktionen auf den Leserbriefseiten der *taz* haben allerdings auch gezeigt, daß es nicht möglich ist, über eine umstrittene Figur wie Alice Schwarzer und über ein Phänomen wie die Frauenbewegung mit dem Einverständnis aller zu schreiben. Wer sich eine kritische Distanz bewahren will, muß die Dinge von einer möglichst unabhängigen Position aus betrachten. Ohne falsche Solidarität und ohne Denkverbote.

So ist dieses Buch als unautorisierte Biographie angelegt, was bedeutet, daß die erzählte Geschichte von ihrer Heldin nicht ratifiziert worden ist. Der Rowohlt Verlag und ich als Autorin haben auf eine Zusammenarbeit mit Alice Schwarzer gehofft. Alice Schwarzer hat sie zu unserem Bedauern abgelehnt.

In einem Ende 1997 veröffentlichten Interview in der *Bunten* nahm sie vorab zu diesem Buch Stellung. Sie sagte: «Diese fragwürdige Methode (einer unautorisierten Biographie, B. M.) kommt, wie so vieles, aus den USA und wird dort von einer gewissen Kitty Kelley praktiziert. Die läßt ihren Mann immer in den Mülleimern von Prominenten wühlen, z. B. in dem von Liz Taylor. Ohne Scherz. Ich habe noch niemanden an meinem Mülleimer erwischt.» Und dann versprach sie an selbiger Stelle: «Echte Enthüllungen nur exclusiv in *Bunte!*»

Das vorliegende Buch entstand also ohne die Mitarbeit der Porträtierten. Der Vorteil dieses ungewöhnlichen Weges ist der nüchterne Blick, den er ermöglicht. Konflikte und Differenzen lassen sich so pointierter, und auch im Blick der Gegenseite, darstellen. Für die Betroffene ist diese Vorgehensweise eingestandenermaßen mit einer gewissen Zumutung verbunden.

In den Reaktionen auf das *taz*-Porträt offenbarte sich ein

Mangel an Streitkultur, der auf ein Grundproblem der Frauenbewegung verweist: Sie hat sich mit Kritik schon immer schwergetan. Dabei fehlte es nicht an Differenzen zwischen den Schwestern. Konfliktstoff gab es immer genug, Anlässe für Ärger und Krach zuhauf. Doch zu oft wurden Probleme nur angeschnitten und nicht wirklich ausgetragen, zu oft und zu schnell wurde der Mantel der Frauensolidarität darüber gedeckt. Weiberzank diene nur dem Patriarchat, hieß es dann. Und die Kritikerinnen wurden als Verräterinnen ins Abseits gedrängt.

Die Bewegung gebar ihre eigenen Tabus und Denkverbote. Aus mancher Ecke wehte ein eiskalt dogmatischer Wind. Vieles wurde mit dem gemeinsamen Ziel gerechtfertigt. Die unselige Mischung aus Konfliktvermeidung und ideologischem Konformitätsdruck wirkte auf die einst so bunte und lebendige Protestkultur wie ein schleichendes Nervengift: Sie führte zu partieller Lähmung und institutioneller Versteinerung. Nicht zuletzt deshalb leidet die Frauenszene an Ödnis und Langeweile.

Die einst spektakuläre Revolte ist in die Jahre gekommen und aus den Schlagzeilen verschwunden. Heißt das, daß der erbitterte Kampf um Selbstbefreiung das gebracht hat, was sich die Streiterinnen von einst erhofften? Die Errungenschaften sind unbenommen: Da wurden das Familien- und das Sexualstrafrecht geändert. Es gibt ein Gleichstellungsgesetz, Frauenministerien und Frauenförderprogramme. Auf Bundes-, Länder- und kommunaler Ebene tummeln sich Frauenbeauftragte, ebenso in Behörden, Universitäten und großen Firmen. Feministinnen haben den Männern auf vielen Ebenen kräftig eine vor den Latz geknallt. Reicht das?

Die Emanzipationsbewegung habe das bewußtlose Unglück der Frauen doch nur in ein unglückliches Bewußtsein verwandelt – behaupten böse Zungen. Ein Raunen vom «backlash», vom Rückschlag in die alten Verhältnisse, geht durch das Land. Und diejenigen, die schon immer wußten, wieviel Mündigkeit guttut, höhnen: Das haben die Frauen nun von ihrer Aufsässigkeit. Sie haben politische Erfolge errungen, doch die bezahlen sie mit persönlichem Leid. Sie sind zwar gleichberechtigt, aber ihr privates Glück ist in den Frösten der Freiheit erfroren. Folgt: In Wahrheit ist der Feminismus frauenfeindlich.

Dieses Märchen von der gelungenen Emanzipation und dem mißlungenen Frauenglück hält sich seit Jahren hartnäckig. Auch unter Frauen. Dabei gibt es wohl weder *den* Fort- noch *den* Rückschritt, weder die *gelungene* noch die *mißlungene* Frauenbefreiung, sondern schlicht beides: Veränderung *und* Stillstand. Frauen sind nicht in den Himmel weiblicher Freiheit gelangt, sondern ins alltägliche Fegefeuer eines zermürbenden Kleinkriegs der Geschlechter. Der Kampf ist mitnichten ausgefochten.

Gerade deshalb scheint es dringend notwendig, Fragen neu zu stellen, kritische Positionen zu artikulieren und Kontroversen voranzutreiben. Der Feminismus ist keine Heilsbotschaft und schickt keine Erlöserinnen, aber seine Themen haben sich auch nicht erledigt. Jetzt, da die Frauenbewegung auf dem besten Wege ist, ein Kapitel im Geschichtsbuch zu werden, sollten wir anfangen, die Dinge mit einem veränderten Blick zu betrachten. Schwesternstreit? – ja bitte! Wie sonst lassen sich Erstarrungen aufbrechen und festgefahrene Debatten neu eröffnen?

Das betrifft auch die Rolle von Alice Schwarzer. Ihre Position und Bedeutung waren (und sind) in der Bewegung umstritten. Beide Seiten wären ohne einander ärmer – d. h. auch ärmer an Konflikten. So manches persönliche Dilemma, in das Alice Schwarzer verstrickt war, entpuppte sich als ein politisches Dilemma der Frauenbewe-

gung. Als Vorzeigefeministin war sie Kristallisations-
punkt und Projektionsfläche. So, wie Alice Schwarzer ihre
besondere Kontur im Licht der Frauenbewegung bekommt, lassen sich – umgekehrt – Strukturen und Spielregeln der Bewegung an der Figur Schwarzer ablesen. Die
Frauen haben sie gebraucht – doch auch behindert und
abgestraft. Sie hat die Frauen gebraucht – doch auch
unterdrückt und verachtet. Es ist ein kompliziertes Beziehungsgeflecht, das sich hier entfaltet. Alice Schwarzers Geschichte mit der Frauenbewegung ist eine von
Liebe und Haß, von Besessenheit, Macht, Mut und Verrat.

Einer der wichtigsten Leitsätze der Bewegung und ein
Lieblingsslogan von Alice Schwarzer heißt: «Das Private
ist politisch!» So wird sich diese Biographie dann auch
mit der Privatperson Alice Schwarzer befassen, soweit
die politische Person berührt ist. Es ging mir also nicht
darum, die Intimsphäre auszuleuchten. Die Erzählung
hält Distanz und nähert sich der Person nur so weit, wie
es zur Einfühlung in die Lebensgeschichte der Feministin notwendig ist. Denn es geht im wesentlichen darum,
ihre Entwicklung zur Symbolfigur verstehbar zu machen.

Wie sich das Politische und das Private gegenseitig
durchdringen, führt uns Alice Schwarzer selbst immer
wieder vor Augen. Ob sie in ihren Texten über ein allgemein politisches Thema räsoniert oder sich in Interviews
zu aktuellen gesellschaftlichen Fragen äußert – auffallend
oft nimmt sie dabei Bezug auf ihre privaten Erfahrungen
und ihre eigene Biographie. Ähnlich hält es auch das andere Mitglied der Familie, ihre Mutter, Erika Schilling.
Beide Frauen lassen einen gewissen Hang erkennen, dem
Publikum Persönliches mitzuteilen und Aspekte ihres Lebensweges öffentlich zu machen.

Diese Äußerungen haben mir als Biographin eine Innensicht der Familie und ihrer Entwicklung ermöglicht. Weiteres Material zur Person lieferten die zahlreichen Bücher, Artikel, Interviews Alice Schwarzers sowie ihre öffentlichen Auftritte. Wer sich als Leserin und Leser einen Überblick über diese Quellen verschaffen möchte, findet im Anhang die entsprechenden Aussagen und ihre Fundorte ausgewiesen.

Darüber hinaus stützte ich mich bei meiner Arbeit auf die zahlreichen Interviews, die ich mit Weggefährtinnen und Mitstreiterinnen von Alice Schwarzer geführt habe, mit Freundinnen und Feindinnen, mit Angestellten und Kolleginnen. Die meisten haben Alice Schwarzer nur in bestimmten Lebensphasen begleitet. Ihre Äußerungen konzentrieren sich daher in den entsprechenden Passagen. Dazu kamen ausführliche Archivrecherchen und viele Hintergrundgespräche zur Person Alice Schwarzers und zur Geschichte der Frauenbewegung. An manchen Stellen ist ein Zitat aus Gründen des Informantenschutzes nicht namentlich gekennzeichnet bzw. anonymisiert.

Um das Geschehen lebendig erzählen zu können, wähle ich im Text gelegentlich die fiktive Perspektive einer Augenzeugin. Das bedeutet allerdings nicht, daß diese Passagen erfunden sind. Sie basieren bis ins Detail auf recherchierten Fakten und vorliegenden Zitaten. Eine solche Erzählform ist durchaus üblich und eignet sich besonders, um Ereignisse lesbar rekonstruieren zu können. Die Kollegin Schwarzer kennt und schätzt die Methode.

«... einen Menschen, den ich ernst nehme, messe ich an seinen Möglichkeiten, ihm gebe ich die Chance einer (offenen!) sachlichen Kritik, statt ihn der Demontage einer (heimlichen) unsachlichen Häme auszuliefern.» Dieser Satz stammt von Alice Schwarzer. Und so verstehe ich das vorliegende Buch.

«Ich war ein freies kleines Mädchen»

Eine Nachkriegskindheit

Oberlauringen/Unterfranken

Oben: Wuppertal-Elberfeld nach der Zerstörung
Unten: Oberlauringen

Alles begann mit einem Mißverständnis, wie es einem Menschen unterläuft, der hilflos und auch ein wenig verzweifelt ist. Erika Schwarzer merkte sehr bald, daß sie eine Dummheit begangen hatte, aber da gab es schon nichts mehr zu reparieren oder wiedergutzumachen. Also versuchte sie, sich ein bißchen zu freuen.

Dezember 1942 in Nazideutschland. In einem Krankenhaus in Wuppertal-Elberfeld liegt die einundzwanzigjährige Erika Schwarzer und wartet auf die Geburt ihres Kindes. Nach den Vorstellungen der Zeit ist sie erwachsen genug, um Mutter zu werden. Eine deutsche Mustermutter ist sie trotzdem nicht. Erika Schwarzer ist nicht verheiratet, ihr Kind wird unehelich zur Welt kommen.

Die Krankenschwester hat sie in den Kreißsaal geschoben. Der Arzt erscheint an ihrem Bett. Er blickt auf sie hinunter: «Na, rein geht's besser als raus?»

Das Kind wird am 3. Dezember 1942 geboren. Es ist ein Mädchen. Seine Mutter nennt es Alice Sophie.

Im Krankenhaus fragt man die junge Frau, ob sie Alice nicht dem Führer schenken wolle. Sie will nicht. Dem Führer schenken hieße, das Kind in ein Heim zu geben und es dort unter fremdem Namen erziehen zu lassen. Sie fürchtet, das Mädchen dann niemals wiederzusehen.

Aber irgend etwas muß sich Erika Schwarzer einfallen lassen, um ihre Tochter behalten zu können. Als ledige Mutter hat sie kein Recht auf das Kind. Die Vormundschaft darf nur ein Mann übernehmen. Doch wer? Mit dem Kindsvater will sie nichts weiter zu tun haben. So kommt nur einer als Vormund in Frage: Ernst Schwarzer, Erikas Vater, Alices Großvater. Er wird sich um die Kleine kümmern.

Mit ihrem Neugeborenen verläßt Erika Schwarzer das Krankenhaus und kehrt zu ihren Eltern in die Elberfelder Südstadt zurück. Dort, wo das Gelände hinter dem Bahnhof steil ansteigt, liegt die Blumenstraße. Kaum mehr als eine breite Gasse mit niedrigen Gebäuden, auch ein paar Fachwerkhäuser sind darunter. Im Erdgeschoß der Nr. 19 haben Ernst und Margarethe Schwarzer eine kleine Tabakwarenhandlung, die sie seit Mitte der dreißiger Jahre betreiben. Eine sichere Existenz. Das Paar wohnt im selben Haus, gleich neben dem Laden.

Ernst Schwarzer, ein sanfter, hagerer Mann, stammt aus Gleiwitz. 1895 im oberschlesischen Industrierevier geboren, verschlug es ihn als jungen Mann nach Wuppertal. In Elberfeld lernte er die zwei Jahre jüngere Margarethe Büsche kennen. Eigentlich war sie eine Tochter aus gutem Hause, doch nach dem Ersten Weltkrieg hatte sich die Lage der Familie verändert, und als Ernst Schwarzer in Margarethes Leben auftauchte, war der Wohlstand der Büsches bereits dahin. Ernst und Margarethe heirateten; 1921 wurde ihre Tochter Erika geboren.

Sechzig Jahre später versetzt sich diese Tochter in Gedanken zurück in die Kindheit ihrer Mutter Margarethe und schreibt: «Ich sehe das kleine Mädchen, um das sich niemand kümmerte, das von der Mutter abgelehnt wurde. Das junge Mädchen, das im Gegensatz zu den Geschwistern unversorgt zurückblieb, weil der Vater nach dem Ersten Weltkrieg sein Vermögen verloren hatte. Ich sehe die junge Frau, die voller Sehnsucht ist nach Zuwendung und nach Geborgenheit und die glaubt, das bei ihrem Mann zu finden. Sie weiß nicht, daß er ihr das nicht geben kann, denn er selbst ist auf der Suche nach einer Mutter, nach mütterlicher Zuneigung. Sie wird Mutter, obwohl sie noch gar nicht gelebt hat. Mit dem Kind weiß sie nichts anzufangen.»

Margarethe Schwarzer scheint nicht das gewesen zu sein, was man sich damals unter einer vorbildlichen Mutter vorstellte. Und auch in anderer Hinsicht setzte sie sich wohl über die gängigen Normen ihrer kleinbürgerlichen Umgebung einfach hinweg. «Meine Mutter war völlig unangepaßt», erzählt Erika Schwarzer. «Sie war keine Hausfrau. Hausarbeit fand sie so unproduktiv, daß das mein Vater gemacht hat.» Erikas Erinnerungen an diesen Vater, Ernst Schwarzer, sind weniger ausgeprägt. «Mein Vater ist für mich sehr schemenhaft», sagt sie, «er war eigentlich ein schwacher Mann.» Aber er war es, der den Haushalt schmiß. Ernst Schwarzer fand offenbar nichts dabei, zu kochen und zu putzen, während seine Frau die politische Weltlage erörterte. Kaum war Tochter Erika alt genug, wurde sie für ihre Mutter zur geschätzten Gesprächspartnerin.

Außer dem Ehepaar Ernst und Margarethe und dem Kind Erika gehörte noch eine Person zum Schwarzerschen Haushalt: Sophie Büsche, Margarethes 27 Jahre ältere, unverheiratete Schwester. Für die heranwachsende Erika hatte diese Tante eine besondere Bedeutung. Die Familie lebte nach außen isoliert, Erika hatte keine Freundinnen. Statt dessen hatte sie Tante Sophie. «Sie gab mir Geborgenheit, Liebe, Vertrauen, gab mir das, was mir meine Mutter nicht geben konnte. Meine Mutter hat meinen Intellekt gefordert, aber meine Tante Sophie hat mich geliebt.»

Eine ungewöhnliche Familie. Eine, in der die Frau fürs Denken, der Mann fürs Abwaschen und die alte Tante für Zärtlichkeit zuständig war.

Aber es war keine Familienidylle. Denn die Schwestern, zusammengesperrt in der Enge ihres Alltags, befehdeten sich heftig. Erika Schwarzer interpretiert diese Krache als «dramatische Mutter-Tochter-Auseinandersetzungen, obwohl sie Schwestern waren». Offenbar herrschte eine merkwürdige Rollenkonfusion in der Familie.

Als Erika, die junge Mutter, mit ihrem Kind in die Blumenstraße zurückkehrt, gehört die Fehde der beiden Schwestern der Vergangenheit an. Denn Tante Sophie ist seit einem dreiviertel Jahr tot. An einem Samstag hatte Erika die damals 72jährige Wohlfahrtsempfängerin ins Krankenhaus begleitet. Am nächsten Tag, als sie die kranke Tante in der Klinik besuchen wollte, fand sie Sophie Büsche dort leblos im Badezimmer.

Der Verlust warf Erika aus der Bahn. Wie ein kleines, hilfloses Mädchen stand sie plötzlich da, allein gelassen in der fröstelnden Atmosphäre ihres Elternhauses. Ihre Mutter habe sie abgelehnt, sagt sie Jahre später, «mir vermittelte sie keine Zuwendung, keine Geborgenheit. Wir hatten starke Berührungsängste voreinander. Ich durfte sie nie anfassen.»

Nach dem Tod der Tante brauchte Erika aber jemanden zum Anfassen. Sie schlief mit einem Freund und wurde schwanger. Ein schicksalhaftes Mißverständnis, ein Versehen, das ihr Leben gründlich verändern sollte. Sie wollte keinen Mann und schon gar kein Kind. Was sie bei diesem Mann suchte, wußte sie wohl selbst nicht so genau. Heute, im nachhinein, klingt ihr Erklärungsversuch denkbar schlicht: «Ich wollte von ihm das wiederhaben, was mir meine Tante gegeben hatte. Liebe.»

Vielleicht wäre ihr Freund ja der Richtige gewesen, um die Leerstelle in ihrem Leben zu füllen. Doch darauf ließ es Erika Schwarzer gar nicht erst ankommen. «Der war eigentlich nur ein Freund hier aus Elberfeld», berichtet sie, «nett und sympathisch, aber nicht interessant für mich.» Sie habe ihm nichts von der Schwangerschaft gesagt, weil sie sich dachte, «wo ein Mann Pflichten hat, hat er auch Rechte».

Da nahm sie lieber den schwierigen Status einer ledigen Mutter in Kauf. Sie habe ihr Leben eben nicht «von jemandem bestimmen lassen» wollen, sagt sie. Was ihre Entscheidung für Konsequenzen haben würde, war ihr wohl nicht so recht klar: «Allerdings hatte ich nicht mit der Strafe gerechnet, welche die Gesellschaft über mich verhängte. Ich hatte gegen die üblichen Normen gehandelt und habe dafür lange genug gezahlt.»

Doch was hätte sie damals tun sollen? Abtreibung kam nicht in Frage. Das Kind wuchs in ihrem Bauch, und die junge Frau konnte das sogar genießen. «Die Schwangerschaft war leicht und schön. Besonders das strampelnde Kind in meinem Bauch. Da gehörte es noch ganz allein mir.»

Als sich Erikas Zustand nicht mehr verbergen ließ, ging der Krach los. Sie hatte ihrer Mutter nicht gebeichtet, daß sie in anderen Umständen war. «Sie hat es gesehen. Das war furchtbar.» Für ihre Mutter sei das uneheliche Kind «eine ungeheure Schande» gewesen. Und dafür begann sich die Mutter an der Tochter zu rächen. In vielen Dingen hatte sich Margarethe Schwarzer zwar den konservativen Werten ihrer Welt widersetzt, doch nun ging es um Moral, und da schlug sie sich wie selbstverständlich auf die Seite der gesellschaftlichen Konvention: Ein gefallenes Mädchen bringt Scham und Schande.

Margarethe Schwarzer dachte sich eine besondere Strafe aus. Da ihr selbst Hausarbeit zuwider war, hatte sie ihre Tochter verwöhnt und ihr keine Haushaltspflichten zugemutet. Das sollte sich ändern. Noch heute klingt Erika Schwarzer richtig empört: «Sie hat mich degradiert! Vorher mußte ich nie Hausarbeit machen, und plötzlich mußte ich die Küche putzen. Ich bin jetzt noch erschrocken, wenn ich daran denke.»

Zwischen Mutter und Tochter gab es häßliche Szenen,

die Schwangere wurde abgekanzelt und angeherrscht. Hat Erika Schwarzer, der selbst die mütterliche Liebe so fehlte, in dieser Situation überhaupt so etwas wie Mutterliebe für das Kind in ihrem Bauch entwickeln können? Heutzutage kann eine Frau durchaus die Kraft entfalten, in so einer Situation aufzubegehren, sich trotzig von ihren Eltern abzuwenden und sich erst recht zu ihrem Kind zu bekennen. Doch damals war das praktisch unmöglich. Zudem war Erika Schwarzer tief gedemütigt und heillos verstrickt in die Beziehung zu ihrer Mutter.

Inzwischen trägt Erika Schwarzer den Namen Schilling und ist eine Frau von über siebzig Jahren. Doch wenn sie über ihre Mutter spricht, klingt es noch immer bitter: «Intellektuell erkannte sie mich an, aber als Mensch und als Frau verachtete sie mich, so wie sie sich selbst verachtete.»

Genau neun Monate nach Tante Sophies Tod bringt Erika Schwarzer ihre Tochter Alice Sophie zur Welt. Als sie dann mit dem Kind in der Wohnung ihrer Eltern ankommt, werden schnell alle Fenster und Türen geschlossen, damit der Nachwuchs vor den Nachbarn verborgen bleibt. Niemand durfte das Kind schreien hören, erzählt Erika Schwarzer. «Es war makaber.»

Doch lange läßt sich diese groteske Situation nicht aufrechterhalten. Schließlich herrscht Krieg, auch in Wuppertal.

«In Barmen wohnen die Armen. In Elberfeld ham' se auch kein Geld.» Ende der zwanziger Jahre dieses Jahrhunderts, als die Orte Barmen und Elberfeld zusammengelegt wurden, bekam die neue Stadt den Namen «Wuppertal» – und auch gleich einen Beinamen: «die Hungerstadt». Die Textil- und Bekleidungs-, Eisen- und Metallindustrie wurden von der Weltwirtschaftskrise besonders hart getroffen. Ebenso der Handel. Mehr als 400000 Menschen lebten in der Stadt, Ende 1932 waren knapp 60 000 von ihnen arbeitslos.

Bereits 1930 wurde die NSDAP stärkste Partei im Tal. Doch fast genauso stark waren die Kommunisten; Friedrich Engels war ein gebürtiger Barmener. Jahrelang lieferten sich die Roten blutige Straßenschlachten mit den Braunen. 1933, als die Nationalsozialisten schon an der Macht waren, als die Wuppertaler Dichterin Else Lasker-Schüler bereits aus ihrem Heimatort vertrieben war und die Stadtverordneten Adolf Hitler zum Ehrenbürger der Stadt ernannt hatten, da bekam die KPD bei den Märzwahlen noch immer zwanzig Prozent der Stimmen. Die organisierten Arbeiter der Industriestadt wollten es den Nazis noch einmal richtig zeigen.

Außerdem hatten die Bekennenden Christen, zu denen Martin Niemöller gehörte, hier eines ihrer Zentren. 1934 trafen sich deren Vertreter in der Gemarker Kirche zu ihrer ersten Bekenntnissynode und verabschiedeten die «Barmer Erklärung», eine Schrift, in der die Bekennende Kirche ihre Einrede gegen die mit Hitler verbündeten Deutschen Christen führte.

Die Schwarzers haben kein Parteibuch der NSDAP. Sie wursteln sich auf ihre Weise durch, sind nicht gerade Rebellen, leisten aber auch keinen Kadavergehorsam.

Im Ersten Weltkrieg, da hatte sich Ernst Schwarzer noch freiwillig zum Militär gemeldet. «Er wollte unbedingt allen Franzosen in die roten Hosen schießen», wird seine Enkelin Alice später einmal spötteln, «und meine Großmutter gab ‹Gold für Eisen›, lieferte ihren Jungmädchenschmuck ab, damit das Kaiserreich Waffen daraus schmiede.» Im Zweiten Weltkrieg seien beide wesentlich weniger euphorisch gewesen. «Er entzog sich durch allerlei Köpenickiaden Hitlers Wehrmacht. Sie erwartete mit Sehnsucht den Einmarsch der Alliierten.» Es sei eine «dezidiert antifaschistische Familie» gewesen, aber «nicht politisch organisiert».

Solange es noch geht, kauft Margarethe Schwarzer in jüdischen Geschäften ein. «Am Tag nach der ‹Kristallnacht› ging diese 1,48 Zentimeter (sic!) kleine und ängstliche Person in jüdischen Geschäften einkaufen und ließ sich vom Spalier der SA-Männer ohrfeigen», lobt Alice Schwarzer die Zivilcourage ihrer Großmutter. Und ihre Mutter Erika erinnert sich, daß Margarethe Schwarzer immer Brot und Zigaretten für die russischen Kriegsgefangenen in der Tasche hatte. «Sie war eine intelligente Frau mit einem stark ausgeprägten Gerechtigkeitsgefühl. Sie kannte keine Angst, wenn es darum ging, gegen Unrecht anzukämpfen.»

1943 begann die britische Luftwaffe mit ihrer «Schlacht um die Ruhr». Ab März 1943 legte die Royal Air Force die Zentren der Rüstungsindustrie, die Großstädte Essen, Dortmund, Duisburg, Bochum, Düsseldorf und Köln systematisch in Schutt und Asche.

Bis zum Mai blieb Wuppertal verschont. Und während sich die Bewohner der umliegenden Städte an die Wupper flüchteten – Wuppertal galt als der «Luftschutzkeller des Rheinlands» –, ging da ein Mythos um. Die Wuppertaler setzten eine absurde Hoffnung auf die Bekennende Kirche. Die Stadt werde von Luftangriffen verschont, hieß es, weil sie so fromm sei und weil die Eltern des Theologen Martin Niemöller in ihren Mauern lebten. Außerdem glaubten sich die Bewohner durch den Dunst und Nebel geschützt, in den die Stadt oft gehüllt war. Dieser Kinderglaube wurde brutal zerstört.

Im Vergleich zu anderen Städten an Rhein und Ruhr war Wuppertal für die Air Force ein zweitklassiges Ziel, doch strategisch wichtig. Der Chef des britischen Bomberkommandos wird in einer Kriegschronik nach englischen Quellen mit den Worten zitiert: «Um den Feind zu zwingen, seine Verteidigungsmittel verstreut zu halten, hauen wir gelegentlich eine Stadt wie Wuppertal zusammen.»

In der Nacht zum 30. Mai gingen Brandbomben auf Barmen nieder. Selbst wenn die Bomberpiloten zwischen Wohn- und Industriegebieten hätten unterscheiden wollen – es wäre nicht möglich gewesen. Schon bei Tag waren Gewerbe- und Wohnviertel aus der Luft kaum zu unterscheiden. Nach dem Bombardement loderte die Barmener Innenstadt mit ihrer dichten Bebauung und den vielen Fachwerkhäusern im Flächenbrand.

Einen knappen Monat später war Elberfeld an der Reihe. In der Nacht zum 25. Juni warf die Air Force Brand- und Sprengbomben auf die Süd- und die Innenstadt. In dieser Zeit ging an der Wupper ein kleines Lied um: «Ja, von Oberbarmen bis zum Zoo, bis zum Zoo, ist von Wuppertal nichts mehr doo, nichts mehr doo ...»

Als die Sirenen anfangen zu heulen, hasten die Schwarzers mit der sechs Monate alten Alice aus der Blumenstraße in einen Bunker. Motorendröhnen, ein höllisches Pfeifen, ein Poltern und Splittern und Krachen. Die Luft im Bunker wird heiß und stickig. Dann ist der Angriff vorbei, und die Menschen klettern in die Nacht hinaus. Die Stadt steht in Flammen. Die Straßen sind übersät mit Dachziegeln, Steinen und brennenden Balken. Das Haus Blumenstraße 19 mit dem Tabakladen gibt es nicht mehr. Die ganze Straßenzeile ist zerstört. Die Schwarzers haben außer ihrem Leben alles verloren.

Ein Junge aus ihrer Nachbarschaft, der als Neunjähriger in der Blumenstraße lebte, hat seine Erinnerungen an die Bombennacht aufgeschrieben: «Nach dem Angriff war die Blumenstraße zunächst für einige Zeit wegen Einsturzgefahr der Häuserruinen gesperrt. Unser Haus war bis auf die Grundmauern niedergebrannt, der Brandschutt hatte die Kellerräume aufgefüllt. Nur der gußeiserne, weiß email-

33

lierte Küchenherd schaute teilweise daraus hervor. Es gab in der ganzen Straße nur rußgeschwärzte Ruinen mit zerborstenen Fassaden und leeren Fensterhöhlen und Berge von Schutt. Immer noch roch es nach Brand.»

Nach den Angriffen verlassen mehr als 100 000 Wuppertaler panikartig ihre Stadt. Unter ihnen ist die Familie Schwarzer.

«Meldebuch von Oberlauringen 1938–1951. Hauptgruppe 1: Rechtspflege, Standesamtswesen, Öffentliche Sicherheit und Ordnung.»

Das alte Melderegister des fränkischen Dorfes Oberlauringen ist ein kartonierter, recht schmaler Band im DIN-A4-Format. Am 12. August 1943 sind auf dem bräunlichen Papier unter den laufenden Nummern 1 bis 4 aufgeführt:

«Schwarzer, Ernst; Buchhalter; geb. 22. 3. 95 in Gleiwitz; Rel.: ev.

Letzter Wohnort: Calw (Württ.), Hotel zum Bären.

Aufforderung zur Beibringung der Abzugsbescheinigung: Bombengeschädigt.

Ständiger Wohnsitz: Wuppertal-Elberfeld, Blumenstraße 19.

Schwarzer, Grete; geb. Büsche, 20. 10. 97 in Elberfeld; Rel.: ev.

Schwarzer, Erika; geb. 30. 4. 21 in Elberfeld; Rel.: ev.; Stand: led.

Schwarzer, Alice; geb. 3. 12. 42 in Elberfeld.»

Bis nach Franken haben sich die Schwarzers durchgeschlagen. Über Württemberg kommen sie in die 800-Seelen-Gemeinde Oberlauringen, die zum Gau Mainfranken gehört und einen Gauleiter in Würzburg hat. Wie Hunderte andere Ausgebombte besitzen sie nur noch ein paar kümmerliche Habseligkeiten und bekommen die Adresse eines Bauern, bei dem sie unterschlüpfen sollen.

Oberlauringen ist ein murkeliges Dorf, in dem die alten Frauen noch heute mit Kopftuch, Kittelschürze und dikken, schwarzen Wollstrümpfen auf die Straße gehen. Eingebettet in eine freundliche, hügelige Landschaft, findet man den Ort knapp dreißig Kilometer nordöstlich von Schweinfurt. Es gibt einen schmalen Bach und eine große Kirche auf einem kleinen Berg, zu dessen Füßen sich alte Fachwerkhäuser sammeln. Bis ins Mittelalter reicht die Geschichte des Dorfes, das immer arm war und seine Bewohner nur mühsam ernährte.

Vor dem Nationalsozialismus, so vermerkt die Dorfchronik, lebten hier 48 jüdische Bewohner; sie hatten ihre Synagoge und ihre Schule. Heute erinnern an sie nur noch wenige Spuren: die «Judengasse», die seit kurzem wieder ihren alten Namen trägt, und die Reste des «Israelitischen Friedhofs».

Als 1943 die Flüchtlinge kommen, gibt es in Oberlauringen keine Juden mehr. Die letzten sind 1942 in ein Sammellager nach Würzburg gebracht und von dort nach Osten deportiert worden. Im Dorf wohnen hauptsächlich kleine Bauern, mit zwei oder drei Hektar Land, drei, vier Ziegen, der einen oder anderen Kuh und mal einem Pferd. Es gibt einen Steinbruch in der Nähe, der ein paar Steinmetze ernährt, es gibt zwei Gastwirte und einen Huf- und Wagenschmied.

Siegfried Schmidt aus der Dr.-Burghard-Straße in Oberlauringen ist ein sechzehnjähriger Junge, als die Ausgebombten eintreffen. Die damalige Zeit ist für ihn sehr lebendig geblieben. «In den Häusern waren so viele Leut drin ... jedes Haus war von oben bis unten vollgestopft.»

Die Flüchtlinge sind überall. Sie helfen auf den Äckern und Feldern, werkeln auf den Höfen, hantieren in den Gärten. Es geht ihnen nicht schlecht bei den Oberlauringern. Die sind eigene und fremde Not gewohnt. Auch die

Familie Schwarzer versucht, sich in den bescheidenen Verhältnissen einzurichten.

«Schwarzer?» Siegfried Schmidt braucht nicht lange nachzudenken. «Ja, natürlich erinnere ich mich. Gut sogar. Ein schmächtiger Mann, um die fünfzig, mit Brille. Ging leicht gebückt.» Der sei zu Schmidts immer um Milch gekommen, «weil wir doch bei uns auf'm Hof die Milchsammelstelle hatten». Schräg gegenüber hätten die Schwarzers gewohnt, «beim Steigmeier Kaspar am Plua». Ein paarmal hat sich der sechzehnjährige Siegfried von Ernst Schwarzer fotografieren lassen. Die Bilder besitzt Schmidt heute noch. Eines zeigt ihn mit einem Rechen vor dem Haus, ein anderes im Wohnzimmer neben dem Harmonium. Doch schon bald hat Siegfried Schmidt die Familie aus den Augen verloren. Die Schwarzers ziehen in das benachbarte Markt Stadtlauringen. Hier werden sie bis nach dem Krieg bleiben.

Auch Stadtlauringen ist – trotz seines hochtrabenden Namens – nichts als ein Dorf, kaum weniger murkelig als Oberlauringen. Der Hohns Michel, ein Bauer, der zwei seiner Söhne im Krieg hat, nimmt die Flüchtlinge auf. Sein Haus gibt es noch heute, es steht am Dorfeingang, gleich links hinter der Gärtnerei und der «Speisegaststätte». Doch von den Hohns wohnt niemand mehr dort, die Familie ist ausgestorben.

Eng ist es auf dem Bauernhof, als die Schwarzers eintreffen. Sehr eng und sehr einfach. Überall auf den Dörfern holt man das Wasser draußen am Brunnen. Manchmal gibt es noch nicht einmal ein Plumpsklo, sondern nur eine Grube im Garten, in die die Pißpötte geleert werden.

Aber zu essen haben die Leute genug. Die Ausgebombten erhalten staatliche Unterstützung, und von den Bauern bekommen sie, wenn sie bei der Arbeit helfen, Kartoffeln, Milch und Eier. Viele junge Frauen sind unter den

Flüchtlingen, sie freunden sich untereinander an, und bald trifft man sie abends zusammen in der Wirtschaft des Dorfes. «Bombenweiber» werden sie von den Einheimischen genannt. Am Ende des Krieges wird manches Bombenweib in Schweinfurt und Frankfurt Schwarzhandel treiben und so die Familie ernähren.

Alice aus der Industriestadt Wuppertal wächst auf wie ein richtiges Bauernkind. Auf dem Hof im Fränkischen lernt sie sprechen, krabbeln und laufen. Sie spielt mit den Dorfkindern in den Scheunen und Ställen Verstecken, tobt in den Gärten, rennt über die Wiesen. Überall sind Tiere. Ziegen, Hunde, Katzen. Bauer Hohn, so erzählen die Nachbarn im Dorf, habe sogar Pferde gehabt.

Es kann kein schlechtes Leben gewesen sein für ein Kind. «Ich habe das Glück gehabt, als kleines Mädchen sehr frei aufzuwachsen», schwärmt Alice Schwarzer noch als Erwachsene. Mit Puppen hat sie nicht viel am Hut, lieber mag sie Ball oder Räuber und Gendarm.

Seit Alice auf der Welt ist, wird sie von ihrem Großvater umsorgt. Ernst Schwarzer hat nicht nur offiziell die Vormundschaft für seine Enkelin übernommen, er übernimmt auch gleich die Rolle des Vaters. Und die der Mutter noch dazu. Er füttert das kleine Mädchen, er macht das Bettchen, er wickelt es und trägt es nach draußen, wenn die Sonne scheint. Das scheint für ihn selbstverständlich zu sein, obwohl sich die Väter seiner Zeit sogar noch zu fein sind, einen Kinderwagen über die Straße zu schieben; höchstens helfen sie ihrer Frau mal, das Gefährt über die Bordsteinkante zu heben.

Es gibt ein Foto, das die kleine Alice mit ihrem Opa zeigt. Ein- oder eineinhalb Jahre muß sie da sein. Ein Mützchen auf dem Kopf, das Gesicht gut genährt und pummelig, in einem kurzen Kleid mit Stiefelchen, grient sie ein wenig grämlich in die Kamera. Der Großvater mit

Brille und dunklem Sakko, das Haar schon aus der Stirn zurückgewichen, hält die Kleine lächelnd auf seinen Armen.

Ernst Schwarzer sei immer «sehr lieb» und «sehr besorgt» um das Kind gewesen, betont Erika Schwarzer. Trotzdem wird sie diese Fürsorge wohl mit gemischten Gefühlen betrachtet haben. Wessen Tochter war das eigentlich? Erika Schwarzer verweist auf ihre Hilflosigkeit angesichts der Verhältnisse unter den Nationalsozialisten: Als ledige Mutter sei sie formal noch nicht einmal mit ihrer Tochter verwandt gewesen.

Vielleicht war Erika Schwarzer damals heilfroh, daß sie nicht allein die Verantwortung für den kleinen Wurm tragen mußte. Vielleicht hat sie es als junge Frau auch genossen, daß sie nicht wie andere Mütter ständig an ihr Baby gebunden war. Aber es klingt nicht nur dankbar, wenn sie feststellt: «Mein Vater war damals auch derjenige, der sich um das Kind kümmerte. Das mußte ich akzeptieren.»

Das Kind Alice ist der Mittelpunkt der Familie Schwarzer. Erika läuft als eine Art ältere Schwester mit. Früher hatten Margarethe Schwarzer und ihre Schwester Sophie Büsche Mutter und Tochter gespielt. Jetzt spielen Mutter Erika und Tochter Alice die Rollen von Schwestern. Als Alice anfängt zu sprechen, nennt sie ihren Großvater «Papa» und ihre Großmutter «Mama». Ihre leibliche Mutter ist für sie «Mutti».

Das Verhältnis zwischen Margarethe Schwarzer und ihrer Tochter hat sich auch nach der Geburt des Kindes nicht verbessert. Noch in Stadtlauringen grollt Margarethe Schwarzer mit Erika. Sie hackt auf der unverheirateten jungen Frau herum. «Dich nimmt kein anständiger Mann mehr!» Bis Erika ihr das Gegenteil beweist und «den ersten besten» nimmt, der ihr «über den Weg» läuft.

Im November 1943 macht Erika eine Reise nach Straßburg. Dort lernt sie einen jungen Mann kennen, der in Wien lebt und bei einer Einheit in Ostpreußen stationiert ist. Der will sie sofort heiraten, das mit dem Kind ist ihm egal. Erika akzeptiert. Ohne ihrer Mutter etwas zu sagen, fährt sie nach Wien. Dort bereitet sie ihre Hochzeit vor und wird getraut. Von nun an heißt sie Erika Schilling.

Auch nach einem knappen halben Jahrhundert denkt sie nicht mit Freude an das Hochzeitsabenteuer zurück. «Ich habe mich gefühlt wie ein Tier, das vor der Schlachtung noch geschmückt wird. Ich habe keine Erinnerung mehr an die Kirche und nicht an das gute Essen beim Sacher.» Ihr Angetrauter hat vierzehn Tage Heiratsurlaub. Als er wieder bei seiner Einheit ist, kehrt Erika Schilling, geborene Schwarzer, zu ihren Eltern und ihrem einjährigen Kind zurück.

Ein paar Jahre später wird sie wegen «böswilligen Verlassens» schuldig geschieden. Den Namen Schilling allerdings behält sie und trägt ihn noch heute. Darauf habe ihre Mutter bestanden, sagt sie, damit «die Schande mit dem unehelichen Kind von mir genommen wird. Dann würden die Leute wenigstens denken, das wäre eine Schilling.»

Der Krieg geht zu Ende. Am 8. April 1945 besetzen amerikanische Truppen Stadtlauringen. Daraufhin wird das Dorf von deutscher Artillerie beschossen, Feuer bricht aus, fünf Häuser und dreißig Scheunen brennen ab.

Auch Wuppertal wird durch amerikanische Truppen eingenommen. Kampflos. Die Familie Schwarzer zieht es nach Kriegsende nicht gleich in ihre ausgebombte Heimat zurück. Sie bleibt in Stadtlauringen.

Die Hungerjahre. In Wuppertal haben die Leute nichts zu essen und nichts zu heizen. Die Not in den Städten ist allgemein bekannt. Die Schwarzers können froh sein, auf dem Land zu wohnen. Bei den Bauern gibt es Mehl und

Kartoffeln, auch ohne Lebensmittelmarken, und die fränkischen Wälder sind voller Beeren und Pilze. Noch heute erzählen die Einheimischen aus Stadtlauringen stolz, daß bei ihnen nach dem Krieg niemand habe hungern müssen.

Die Jahre vergehen. Als die Familie Schwarzer beschließt, nach Wuppertal zurückzukehren, ist Alice längst kein Kleinkind mehr.

Die Bürokratie ist wohl noch ein wenig nachlässig in diesen Jahren. Im Melderegister von «Markt Stadtlauringen» findet sich unter der Rubrik «Abmeldungen» mit dem Datum vom 12. November 1948 nur ein Name: «Erika Schilling, geb. Schwarzer, Hausfrau».

Alice Schwarzer ist sechs Jahre alt, als sie vom Bauernhof im fränkischen Land ins bergische Wuppertal verfrachtet wird. Da ist sie fast reif für die Schule. Ein Alter, in dem ein Mädchen seinen eigenen Kopf hat, eine ganze Menge mitbekommt und sich zu dem, was mit ihm passiert, seine Gedanken macht. So ein Umzug kann zu einem einschneidenden Erlebnis in einer Biographie werden.

Als die Schwarzers nach Wuppertal heimkehren, ist die Stadt noch immer ein Trümmerfeld. Die wichtigsten Grundnahrungsmittel sind rationiert, und Energie ist knapp. An einem Tag pro Woche ist der Strom gesperrt.

Familie Schwarzer zieht in eine Gartensiedlung auf dem Friedrichsberg in Elberfeld, dorthin, wo heute die Häuschen vom «Kleingartenverein Süd e. V.» stehen. Im Adreßbuch wird Ernst Schwarzer mit der Anschrift «Mainstraße, Gartensiedlung» eingetragen. Unter derselben Adresse findet man auch den Namen seiner Tochter Erika Schilling.

Die Schwarzers sind nicht die einzigen, die sich auf dem Friedrichsberg ein neues Zuhause schaffen. Die Obdachlosen reißen die alten Gartenhütten aus der Vorkriegszeit ab und ersetzen sie durch größere Unterkünfte aus Stein.

Und wenn hier auch alle Habenichtse sind, so ist das Plätzchen malerisch, das sie sich zum Leben ausgesucht haben.

Wer vom Fuße des Hügels kommt, muß gut hundert Stufen bis zur Siedlung hinaufklettern. Oben schmiegen sich terrassenförmig angelegte Gärten in den Wald, der Blick geht tief hinunter ins Tal der Wupper. Die Aussicht könnte kaum schöner sein. Nur auf der Anhöhe schräg gegenüber hockt seit den siebziger Jahren die Gesamthochschule Wuppertal in einer Betonaufmachung der häßlichsten Art.

Als die kleine Alice auf den Friedrichsberg zieht, stört dieser architektonische Mißgriff die Aussicht noch nicht. Für die Kinder der Siedlung ist der Buckel im Winter die tollste Rodelbahn. Die Luft ist gut auf dem Berg, weit besser als im dunstigen Tal, und wenn die Sonne scheint, strahlt sie ungehindert von hohen Häuserzeilen auf die Wohnstatt im Grünen.

Alice kommt in die Schule. Der 1. April 1949 ist der große Tag. Sie geht in die Volksschule auf dem Hahnerberg, im Südosten von Elberfeld.

Auch in den Wuppertaler Schulen läuft der Unterricht noch recht provisorisch. Alles, was sich als Klassenzimmer anbietet, wird genutzt. Manchmal, wenn nicht genug Räume vorhanden sind, finden die Schulstunden im Schichtwechsel statt. Außerdem fehlen Lehrer, und diejenigen, die eingesetzt werden können, sind nicht unbedingt die besten. Aber irgendwie lernt jedes Kind lesen, schreiben und rechnen. Und wenn kein Papier da ist, wird eben auf Schiefertafeln geschrieben.

Familie Schwarzer hat sich inzwischen in ihrer neuen Bleibe fest eingerichtet. Alices Großeltern machen den Tabakladen nicht wieder auf, vielleicht fühlen sie sich zu alt und zu müde dazu. Und während die NATO gegründet und Berlin blockiert wird, während sich Menschen aus 72 Ländern zum ersten Weltfriedenskongreß nach dem Zweiten Weltkrieg in Frankreich treffen und in der Bundesrepublik das Grundgesetz in Kraft tritt, während Konrad Adenauer in Bonn das Amt des Bundeskanzlers übernimmt und sofort mit der Propaganda für die «Wiederbewaffnung» beginnt, beißt die kleine Alice in Wuppertal-Elberfeld in ihre erste Banane – die steckt allerdings noch in der Schale.

Im Herbst 1949 besuchte die jüdische Philosophin Hannah Arendt die gerade gegründete Bundesrepublik. Hannah Arendt war vor den Nazis nach Frankreich geflohen und später in die Vereinigten Staaten emigriert. Sie protokollierte über das Land der Täter: «Nirgends wird dieser Alptraum von Zerstörung und Schrecken weniger verspürt und nirgendwo wird weniger darüber gesprochen als in Deutschland. Überall fällt einem auf, daß es keine Reaktion auf das Geschehene gibt, aber es ist schwer zu sagen, ob es sich dabei um eine irgendwie absichtliche Weigerung zu trauern oder um den Ausdruck einer echten Gefühlsunfähigkeit handelt. Inmitten der Ruinen schreiben die Deutschen einander Ansichtskarten von Kirchen und Marktplätzen, den öffentlichen Gebäuden und Brücken, die es gar nicht mehr gibt.»

Es war diese herbeigezwungene Normalität, mit der Kriegskinder wie die kleine Alice aufwuchsen. Es war die von Hannah Arendt beobachtete Hartleibigkeit der Nachkriegsgesellschaft, inmitten deren sie erzogen wurden. Ein prägendes Merkmal der bundesdeutschen Mentalität bis weit in die sechziger Jahre hinein.

Erika Schwarzer – die ihren neuen Namen Schilling trägt – beginnt, als Handelsreisende zu arbeiten. Einen anderen Job kann sie ohne Ausbildung nicht kriegen. Als sie mit der Volksschule fertig geworden war, hatte Erika keine

Lehrstelle gefunden und deshalb – bis die Tabakhandlung ausgebombt wurde – im elterlichen Geschäft geholfen.

Eigentlich hatte sie einmal davon geträumt, Journalistin zu werden. Kurz nach dem Krieg, als sie mit ihrer Familie noch in Süddeutschland lebte, schrieb sie ihren ersten Artikel. Über Frauen, die sich zur Zeit der sogenannten Zigarettenwährung für ein paar Glimmstengel an die Amerikaner verkauften, um zu überleben. Der Text wurde von einer Frankfurter Zeitung gedruckt, dreißig Mark gab's dafür.

«Ganz stolz», erzählt Erika Schilling, habe sie damals zu Hause das Geld ihrer Mutter gezeigt und verkündet, nun werde sie Journalistin. Ihre Mutter habe nur ironisch die Augenbraue hochgezogen und geantwortet: «Jetzt wird sie größenwahnsinnig.» Grausam genau erinnert sich Erika Schilling an den Spott der Mutter: «So, in der dritten Person, hat sie das gesagt. Danach habe ich nie mehr etwas geschrieben. Ich wollte nicht größenwahnsinnig sein.»

Erika Schilling begrub ihren Traum. Doch zwanzig Jahre später wird ihn ihre Tochter Alice weiterträumen und schließlich Journalistin werden.

Seit die Schwarzers zurück in Wuppertal sind, schafft Erika Schilling mit ihrer Arbeit einen guten Teil des Geldes heran, das die Familie zum Leben braucht. Mittlerweile gibt es wieder zwei Millionen Arbeitslose im Land, und jeder ist froh, der eine Stelle hat.

Die junge Frau muß beruflich viel unterwegs sein. Das kennt die kleine Alice schon. Das Kind wächst nach wie vor unter der Obhut des Opas auf: «Mein Großvater ... hat vorwiegend die Arbeit gemacht mit der Kindererziehung und hiermit gezeigt, daß auch Männer Menschen sein können», wird die erwachsene Alice ihren Vormund loben.

Vielleicht hat sie sich dennoch als Kind auch mal eine

«normale» Familie gewünscht. Spätestens in der Schule muß sie es bemerkt haben, daß es bei Schwarzers zu Hause anders zuging als anderswo. Daß ihr der Vater fehlte, fiel weniger ins Gewicht; in der Nachkriegszeit wuchs fast jedes fünfte Kind ohne Vater auf. Daß sie aber keine «richtige» Mutter hatte, wog wohl schwerer. Denn bald nach Kriegsende sollten die Hausfrauen wieder begeistert und die Mütter ausschließlich hingebungsvoll sein.

Noch kurz zuvor hatten die Frauen Granaten gedreht, Trümmer weggeräumt, mit Kind und Kegel und einem Leiterwagen die Flucht angetreten und dann die Geschäfte ihrer Männer geführt. Dafür waren sie stark genug. Doch gegen Ende der vierziger Jahre hieß es: Husch, husch, zurück ins Körbchen. Als die Männer aus Krieg und Gefangenschaft zurückkehrten, mußten die Frauen das Feld räumen. Nun waren sie wieder das schwache Geschlecht und sollten sich auf ihre alte Rolle besinnen.

Mit so einer konventionellen Frauensperson konnte die kleine Alice nicht dienen. Sie hatte einen «Papa», der gar nicht ihr Papa war, sondern ihr Opa. Sie hatte keine «richtige» Mutter, sondern eine «Mama», die ihre Oma war. Und sie hatte eine «Mutti», die so etwas wie ihre ältere Schwester war. Beide Frauen hielten sich aus der Kindererziehung weitgehend heraus. Das war ungewöhnlich. Das spürt ein Kind.

Erika Schilling hatte sich offenbar mit der Situation arrangiert. Aber muß nicht ihre Tochter Alice geglaubt haben, ihre Mutter liebe sie nicht und lehne sie ab? Die unorthodoxe Aufgabenverteilung in der Familie, das häufige Fernbleiben der Mutter ... Erwachsene können mit so einer Situation umgehen, Kinder weniger.

Die fünfziger Jahre. An allen Ecken und Enden Wuppertals wurden die Trümmer beiseite geräumt, der Aufbau begann. Die Lebensmittelkarten waren so gut wie abgeschafft, und wer durch die Elberfelder Innenstadt schlenderte, sah nun statt der Pappattrappen echte Ware in den Schaufenstern. Das Leben war wieder bunter, und die Menschen wurden wieder dicker.

In diesem Aufbruchgetöse vernahm die Philosophin Hannah Arendt schiefe Töne. «Die Realität der Zerstörung», notierte sie, «die jeden Deutschen umgibt, löst sich in einem grüblerischen, aber kaum verwurzelten Selbstmitleid auf, das jedoch rasch verfliegt, wenn auf einigen breiten Straßen häßliche Flachbauten, die an irgendeiner Hauptstraße in Amerika stehen könnten, errichtet werden, um ansatzweise die trostlose Landschaft zu verdecken und eine Fülle provinzieller Eleganz in supermodernen Schaufenstern feilzubieten.»

Diesen Zuckerguß auf dem Schutt wird die Generation von Alice Schwarzer später als heuchlerisch empfinden und bekämpfen. In den fünfziger Jahren hatten die Deutschen ihre eigene Methode gefunden, um dem lästigen Alptraum der Nazi-Verbrechen und des verlorenen Krieges zu entkommen: das «Wirtschaftswunder».

Ohne die Autoindustrie wäre das Wunder ausgeblieben. Auch die Wuppertaler Industrie hatte sich diesen brandneuen Markt erschlossen. An der Wupper wurde der Stoff für Autositze gewebt, wurden Bremstrommeln, Armaturen, Kugellager, Gummimatten, Schlösser, Kabel und Lacke hergestellt. Ein Spötter schrieb, das einzige, was man für ein Auto außer den Produkten aus Wuppertal noch brauche, seien der Motor und die Karosserie.

Die Bewohner des Friedrichsbergs sehen die Industrie nur von oben. Und Alice entwickelt sich, wie sie später sagen wird, zu einem «begabten, faulen, eher geschwätzigen Kind».

Das Leben in der Gartensiedlung hat einen Hauch von

Ländlichkeit. Zumindest an Tieren mangelt es nicht. Alices Großmutter zeigt ein großes Herz für alles, was faucht, knurrt, bellt und gurrt. Zum Haushalt gehören mehrere Katzen, und wenn irgendwo in der Nachbarschaft so ein Pelztier ausgesetzt wird oder ein streunender Hund einsam ist, werden bei Schwarzers eben ein paar Viecher mehr durchgefüttert. «Entsprechend ging's zu», kommentiert die Enkelin ironisch.

Tag für Tag geht Großmutter Schwarzer in die Stadt hinunter und päppelt die Tauben auf dem Elberfelder Neumarkt. «Mit hastigen Bewegungen verteilte sie Mais und andere Körner», berichtet ihre Enkelin, «umschwärmt von Tauben, die ihr entgegenflogen, sobald sie um die Ecke bog.»

Alice schlägt ganz nach der Oma. Auch sie liebt Tiere, vor allem Katzen. Und als sie alt genug ist, übernimmt sie auch mal vertretungsweise das Füttern der Tauben.

Drei Millionen Kubikmeter Schutt, genug für ein kleines Gebirge, wurden aus Wuppertal weggeräumt. Weiter ging's mit dem Aufbau. Alles drehte sich um Geld und Erfolg. Das Konsumzeitalter brach an.

Der Zeitgeist, der in der Gebrauchskunst, im Design, wehte, liebte es kurvig, bauchig, schwingend, vom schwellenden Heck der Vespa bis zur knubbligen BMW-Isetta. Die Wohnungen waren ausstaffiert mit Tütenlampen und Nierentischen, wilden Tapetenmustern und dschungelartigen Blumenetageren, auf denen vorzugsweise Kunstblumen wucherten. «Als sollte so die böse Zackigkeit von Hakenkreuz, Hitlergruß und SS-Rune durch die Gnade von Käfer, Muschel, Niere vergeben und vergessen werden», giftete ein Publizist und Zeitgenosse, «in diesen Formen fühlten wir uns versöhnt.»

Alles und alle sollten modern sein, dabei gab es die «moderne Gesellschaft» noch gar nicht. Die Bundesrepublik als westeuropäisches Land, wie wir es heute kennen, steckte noch in der Pubertät. Und wie immer, wenn eine Epoche in eine andere übergeht, herrschte eine eigentümliche Spannung zwischen dem, was noch ist, und dem, was sein wird. «Keine Experimente!» lautete Kanzler Adenauers Motto. So wurde alles, was sich an neuen Impulsen in der Gesellschaft zeigte, vorerst nur geduldet. Die Verhältnisse in Politik und Wirtschaft waren restaurativ. Die Familie stand so hoch im Kurs wie noch nie. Und während die bundesdeutschen Männer dem Allensbacher Meinungsforschungsinstitut verrieten, daß Sport ihr liebstes Hobby sei, schwärmten die bundesdeutschen Frauen von Hauswirtschaft und Handarbeit.

Noch 1983 lobte die Illustrierte *Quick*, die in den fünfziger Jahren von rund einem Fünftel der Bundesbürger gelesen wurde, die vergangenen Zeiten: «Die 50er haben uns alle gefordert, aber gerade deshalb war es so schön. Nie wieder waren die Deutschen mit ihrem Land so einverstanden wie damals. Nie wieder hat es ein derartiges Heimatgefühl gegeben. Das Leben in dieser Zeit war überschaubarer, einfacher und in vieler Hinsicht sinnvoller.»

Auch für die Schwarzers? «Ich lebte in einer proletarischen Realität, bin alles andere als privilegiert, arm ist so ein sentimentales Wort», bemerkt Alice Schwarzer einmal in einem Interview. Es geht ihrer Familie wie vielen anderen, die vom Wirtschaftswunder nicht so recht mitgerissen wurden. Die Schwarzers wohnen weiter im Gartenhaus, das sie einst als Notunterkunft bezogen haben.

Manchmal spart sich Erika Schilling etwas zusammen, um mit ihrer Tochter Ausflüge und kleine Reisen zu unternehmen. Zum Drachenfels am Rhein geht es, einmal sogar auf die Insel Sylt. Mit Alice allein sei es immer «sehr schön» gewesen, sagt Erika Schilling. «Da wollte ich sie mal für mich haben, meinen Eltern mal wegnehmen», gesteht sie. «Das habe ich mich etwas kosten lassen.» Immer hat Erika Schilling es wohl nicht ertragen, in der Familie nur die Vierte im Bunde zu spielen und sich von ihren Eltern bei Alice verdrängen zu lassen.

Kinder merken, wenn sie der Anlaß für Rivalitäten und Konkurrenzkämpfe der Erwachsenen sind. Das wird auch Alice so gegangen sein. Und Kinder sind Weltmeister darin, eine solche Lage auszunutzen. Wahrscheinlich hat auch Alice mit dieser Situation in der Familie gespielt – und war zugleich selbst ein Spielball zwischen den Geschlechtern und Generationen zu Hause. Durch ihre besondere Stellung mußte sie eines kaum lernen: sich zu integrieren. Und als Einzelkind mußte sie auf andere Geschwister keine Rücksicht nehmen. Sie sei «ein selbstbewußtes, freies kleines Mädchen» gewesen, sagt die Erwachsene. «Meine Stimme wurde ernst genommen. Abends bei Tisch hieß es selbstverständlich, was meint denn die Alice dazu, denn natürlich hatte ich eine Meinung.»

Die Starrolle, die ihr im häuslichen Rahmen zukam, prädestinierte sie geradezu, in ihrem späteren Leben immer wieder die Starrolle anzustreben. Doch bis dahin ist es noch weit.

Acht Jahre Volksschule, dann zwei Jahre Handelsschule. Alice bringt einen, wie sie es nennt, «chaotischen Schulweg» hinter sich.

Als sie 1957 mit der Handelsschule in Elberfeld beginnt, ist sie vierzehn Jahre alt. Sie lernt kaufmännisches Englisch, Buchführung, Steuerrecht, Stenographie und Tippen auf der Schreibmaschine. Ein ziemlich ödes Programm für eine Jugendliche. Und so bummelt sie, wenn sie frei hat, in der Elberfelder City herum, «die Poststraße rauf, die Poststraße runter. Und zwischendurch ein Eis beim ‹Croci› oder ein Milchshake in der ‹Belle Etage› (wo ich meine erste und, nach einem hochnotpeinlichen Hustenanfall, für lange Zeit letzte Zigarette rauchte).»

Eine ihrer Lehrkräfte an der Wuppertaler Handelsschule war die Deutschlehrerin Hedwig Liepelt. Die alte Dame, heute Urgroßmutter und längst im Ruhestand, denkt noch gern an ihre einstige Arbeit in der Schule zurück. Ihre Erzählung über diese Zeit ist ein authentisches Zeugnis:

«Unsere Schüler und Schülerinnen kamen zu meiner Zeit meist aus schlichten, gediegenen Wuppertaler Familien, und die strebsamen Eltern erwarteten von ihren Kindern Fleiß und diszipliniertes Verhalten. So hatten wir damals ‹pflegeleichte› Klassen, in denen die Schüler und Schülerinnen aufgeschlossen und interessiert an alles Neue herangingen und auch keine Mühe bei Schwierigkeiten scheuten.

Wir haben tüchtig Rechtschreibung und Zeichensetzung geübt. Wir haben damals wohl auch Novellen und andere Literatur gelesen. Nach zwei Jahren waren die Schülerinnen dann vollkommen sicher in der Rechtschreibung, beherrschten die Groß- und Kleinschreibung, konnten Haupt- von Nebensätzen unterscheiden und jedes Komma richtig setzen. Nach der Mittleren-Reife-Prüfung haben sie sich in Ämtern, in Betrieben und anderen Dienststellen jahrelang als zuverlässige, tüchtige Arbeitskräfte bewährt.

Noch verhältnismäßig jung kamen die meisten von ihnen – ohne viel Erfahrung im Umgang mit der Liebe, dafür aber mit der Hoffnung auf den ewigen Bestand von Liebe und Treue – im Hafen der Ehe an. Wie ich bei Klassentreffen feststellen konnte, sind nur sehr wenige Ehen unserer ‹Ehemaligen› geschieden worden. Die Ehefrauen, die fast alle von ihren größeren Kindern erzählten, und auch die anderen wirkten zufrieden und harmonisch. Einige, die ihre schon etwas gebrechlichen Eltern mit betreuen, haben mich besonders beeindruckt. Ja, ich bin stolz auf unsere damaligen Schülerinnen.

Eine von den vielen war Alice Schwarzer, heute eine außergewöhnliche Frau, eine bekannte Persönlichkeit, die ich sehr bewundere.

Wie war ihr Elternhaus, als sie mit vierzehn Jahren zu uns kam? Ich habe erst lange nach ihrer Schulzeit erfahren, daß ihr die familiäre Geborgenheit fehlte und daß sie wohl auch auf herzliche Wärme und Fürsorge in ihrem Zuhause verzichten mußte. Was muß sie wohl gelitten haben, wenn sie neben sich ihre Kameradinnen in den schönen, frisch gewaschenen Sommerkleidern sah oder wenn sie ihre appetitlichen Butterbrote auspackten. Sie selbst ging oft lange in den gleichen unscheinbaren Sachen zur Schule und war so in ihrem Äußeren ganz unauffällig.

So unauffällig gab sie sich auch im Unterricht: Sie war freundlich wie die anderen, gab kluge Antworten wie die anderen, dabei waren kaum eigene Meinungen zu spüren. Eine ganz große Begeisterung für die Arbeit in der Schule war aber auch nicht zu erkennen. Heute ist mir klar, daß Alice Probleme hatte, für die sie keine Lösung finden konnte, und daß ihre großen Schwierigkeiten ihr in dieser Zeit wichtiger waren als alles, was um sie herum geschah. Sie hatte eine Freundin in der Klasse, Brigitte. So war sie nicht ganz einsam.

In den Pausen stand manchmal eine Gruppe von Mädchen um Alice, und man konnte unentwegt ihre Stimme hören. Was sie da sagte, weiß ich nicht. Aber sie schien da in ihrem Element zu sein: Sie hatte Zuhörer gefunden, sie stand im Mittelpunkt, und ihre Gedanken fanden Beachtung. Ob da schon Ansätze ihrer späteren Karriere zu erkennen waren? Jedenfalls zeigten sich Anfänge ihrer späteren Durchsetzungskraft und ihrer Redegewandtheit.

Die Prüfung zur mittleren Reife hat Alice Schwarzer zwar nicht mit Auszeichnung bestanden, wie sie es unter normalen Umständen bestimmt geschafft hätte; aber sie hat sie noch recht ordentlich hinter sich gebracht.

Sie wird dieser Schulzeit gewiß nicht nachgetrauert haben, denn das könnten die schwersten Jahre ihres jungen Lebens gewesen sein, in denen sie neben seelisch so ausgeglichenen, oft auch unbeschwert fröhlichen Kameradinnen doppelt ihr eigenes bedrückendes Dasein gespürt hat, aus dem sie wohl keinen Ausweg wußte.

Nach Jahren bat ein Reporter im Fernsehen einmal Alice Schwarzer um einen Bericht über die Zeit ihres Studiums. Ein Angeber hätte da vielleicht etwas von Seminaren, Fachkursen oder Lehrgängen erzählt. Ich habe Frau Schwarzer bewundert, als sie sagte: ‹Ich habe nicht studiert. Ich mußte nach der mittleren Reife sofort arbeiten, um Geld zu verdienen.›

Mit ihrer Arbeit hat sie zur Selbständigkeit gefunden, und damit begann ein ganz neuer Lebensabschnitt für Alice Schwarzer, die ich mit Bewunderung und Stolz zu meinen früheren Schülerinnen rechnen kann.»

1997 feierte Hedwig Liepelt ihren 98. Geburtstag und freut sich schon auf das nächste Klassentreffen mit Alice Schwarzer.

Ob die damalige Handelsschülerin Alice ihre Lebenssituation als so bedrückend empfunden hat, wie Hedwig Liepelt andeutet? Die Erwachsene zumindest stellt ihre Familiensituation positiv dar. Auch ihre nichteheliche Geburt, die sie bei Schilderungen ihres Lebensweges stets erwähnt. «Ich stamme aus einem Milieu, wo bürgerlicher Anspruch und proletarischer Hungerlohn nicht übereinstimmten. Außerdem bin ich unehelich geboren – was sich im nachhinein für mich jedoch als Glücksfall erwiesen hat. Denn so wurde ich von meinem Großvater erzogen, der mich weder auf ‹Mädchen› noch auf ‹Junge› drillte, sondern mich einfach als Mensch groß werden ließ.»

Von ihrem leiblichen Vater spricht Alice Schwarzer hingegen so gut wie nie. Ob sie ihn je kennengelernt hat? Da widersprechen sich ihre Aussagen und die ihrer Mutter. Erika Schilling schreibt 1976 in einem Leserbrief an den *Spiegel*: «Der Vater ist Wuppertaler, Alice kennt ihn und weiß von ihm persönlich, daß ich es damals war, die trotz Kind keine Ehe eingehen wollte.» Knapp zehn Jahre später antwortet Tochter Alice im *Kölner Stadt-Anzeiger* auf die Frage: «Haben Sie Ihren Vater kennengelernt?» – «Nein, meine Mutter hat ihn nie benannt. Sie hat erklärt: Das war ein Versehen.» Frage: «Haben Sie das später einmal als Manko empfunden?» – «Es gab eine Zeit, da habe ich mir Fragen gestellt, aber das war schnell vorbei. Mir war auch klar, daß das keine große Rolle spielte.»

Doch ob Alice Schwarzer nun ihren Vater kennengelernt hat oder nicht – ganz so einfach kann ihre Kindheit angesichts der damals herrschenden Moral nicht gewesen sein. Die Verhältnisse waren unvorstellbar prüde: Wer damals in der Bundesrepublik ein unverheiratetes Paar in seiner Wohnung übernachten ließ, konnte wegen Kuppelei belangt werden.

Ab und zu klingt es denn auch bei Alice Schwarzer an, welch schweren Stand ihre Mutter und sie selbst gehabt haben mußten. «Unsere Mütter sollten, auch wenn sie das in Wahrheit selten waren, noch Jungfrau sein, wenn sie in die Ehe gingen; selbst ich bin, obwohl ganz unkonventionell aufgewachsen, noch mit ähnlichen Vorstellungen groß geworden.»

In Alices Handelsschulklasse gehen nur Mädchen. Mit dem Abschluß erlangen sie die mittlere Reife und landen dann meist in den Büros der Sparkassen, der Versicherungen und Ämter. Immerhin gesteht man den Mädchen gegen Ende der fünfziger Jahre überhaupt eine Ausbildung zu – wenn auch nur als Schutz vor den Wechselfällen des Lebens, denn noch immer hat die Familienrolle den absoluten Vorrang.

Renate Kuberka, geborene Wetter, ging mit Alice Schwarzer in eine Klasse. Den Werdegang ihrer Mitschülerin bewundert sie – und wundert sich: «Was aus der Alice so geworden ist ...» Früher sei sie «ganz und gar nicht der Star» gewesen. Sie habe zwar nicht am Rande gestanden, sei aber «unauffällig» gewesen: weder besonders beliebt noch unbeliebt, weder brav noch aufsässig. «Allerdings konnte sie schon immer reden und sich gut verkaufen.»

Renate Kuberka arbeitet als Sekretärin und lebt noch immer in Wuppertal. Und wenn ihr Alice Schwarzer im Fernsehen begegnet, ist sie jedesmal überrascht: «Sie sieht noch genauso aus wie früher. Natürlich ist sie viel älter geworden ... aber ihr Gesicht, das hat sie bis heute behalten.»

Ende der fünfziger Jahre ist Alice Schwarzer ein Teenager. Und in der Bundesrepublik entwickelte sich so etwas wie eine Jugendkultur. Lässige Jeans und Elvis-Tollen, Pferdeschwänze und Petticoats, Rock 'n' Roll im Radio und James Dean im Kino, Konzert mit Bill Haley und dann Halbstarken-Randale – das sind die Klischees aus dieser Zeit, die sich bis heute erhalten haben. Doch der Alltag der allermeisten Teenager war nüchtern und wenig spektakulär. Die meisten arbeiteten viel und lebten wie ihre Eltern: Sie wollten eine solide Ausbildung, aufsteigen und weiterkommen. Ihre Freizeit bestand aus Schlafen, Kino, Sport und Tanzen. Und das berühmte Knattermoped, das manche Jungs besaßen, diente weniger der Pflege ihres Halbstarken-Image, sie brauchten es schlicht für den Weg zur Arbeit.

Für die meisten Jugendlichen war es eine verdammt enge Welt. Besonders für die Mädchen. Denn ein weibliches Wesen zu sein war peinlich. Frau menstruierte nicht, sondern war «unwohl», und jedes Päckchen Camelia-Damenbinden wurde mit einem abreißbaren Streifen geliefert, auf dem stand: Bitte geben Sie mir eine Packung Camelia. So mußte man das Bäbä-Wort vor dem Apotheker oder Drogisten nicht in den Mund nehmen.

Das Erziehungsprogramm für Mädchen war ähnlich verklemmt. «Alice, eine Frau lacht nicht so laut, eine Frau macht nicht so große Schritte, als Frau hält man die Knie zusammen, wenn man sich setzt!» Das bekamen auch die meisten anderen Mädchen zu hören. Was man von jungen Frauen erwartete, war klar – und der Druck der Normen war gnadenlos für diejenigen, die noch etwas anderes im Kopf hatten als trautes Heim, Glück allein.

Als Alice die Handelsschule abschließt, ist sie sechzehn Jahre. Wie alle Mädchen dieses Alters hat sie «leidenschaftliche Frauenfreundschaften». Ihre beste Freundin heißt Barbara. «Und ich hätte jeden Jungen zwischen 14 und 19 Jahren für Barbara stehenlassen», erinnert sie sich, «wenn der von mir verlangt hätte, ich sollte sie aufgeben.»

Außerdem fährt sie auf Elvis Presley, auf Marilyn Monroe und den Schauspieler O. W. Fischer ab. Aus Trotz, «weil alle in meiner Klasse für Rudolf Prack schwärmten», erzählt sie. «Aber mir war der zu glatt und gelackt. Der Fischer hatte so einen spröden Charme, das mochte ich.»

In diesen prüden Zeiten wurden viele Jugendliche durch Illustrierte wie die *Quick* sexuell aufgeklärt. Einem Reporter verrät Alice Schwarzer später einmal, daß es in ihrem Bekanntenkreis dazugehört habe, daß man «auf jeder Fete einen aufreißen mußte, und wenn's der letzte Trottel war». Sie sei bis zu ihrem 19. Geburtstag eine «eiserne

Jungfrau» gewesen. Als sie beschlossen habe, diesen Zustand zu beenden, sei ihr klar gewesen: «Nun mußte man's bringen.»

Wie alle Mädchen in ihrer Umgebung träumt Alice von einer romantischen Ehe. «Mit sechzehn, siebzehn», notiert sie, «war ich ein selbständiges und auch politisch kritisches Mädchen. Doch in meinen ‹privaten› Zukunftsträumen wich ich keinen Millimeter vom klassisch Vorgegebenen ab. Spätestens mit Mitte Zwanzig, so dachte ich, würde ich mit einem armen Studenten eine romantische Dachwohnung teilen, auf den Armen das reizende Baby.»

Doch zunächst geht sie in die Tanzschule. Für die Elberfelder Jugendlichen ist es chic, einen Kurs im «Privat-Tanzinstitut City» zu belegen. Also meldet sich auch Alice an. Das Haus wird von Hanshelmut Koch und seiner Gattin Ursel-Margit geleitet.

Tanzlehrerin Ursel-Margit Koch erinnert sich gern an die «netten Kleidchen» der Mädchen in dieser Zeit und an die «adretten» Jungs. An ihre Tanzschülerin Alice Schwarzer erinnert sie sich nicht. «Ich weiß, daß sie hier war, aber es waren doch so viele junge Leute bei uns, ganze Generationen.» Alle hätten sie im großen Saal gesessen. Und kaum habe ihr Mann, der Tanzlehrer, das Zeichen zum Auffordern gegeben, «sind die Jungs durch den Saal geflitzt und haben sich manchmal vor ihrer Angebeteten richtig auf die Knie geschmissen».

Leise Klänge wehen auf die Laurentiusstraße. Walzer und Foxtrott, Cha-Cha und Tango, Boogie, Rumba und Rock 'n' Roll. In der Nummer 27, im großen Saal des Tanzinstituts, dreht sich Hanshelmut Koch auf dem polierten Parkett: vor, seit, Schluß, rück, seit, Schluß. Vierzig Augenpaare folgen dem Schwung seiner Bewegung, vierzig Münder zählen lautlos mit: langsam, schnell, schnell.

Vor der großen Spiegelwand sitzen die Mädchen, nebeneinander aufgereiht wie die Hühner. Ihre Lippen sind schmollend geschürzt, die Knie unter den Petticoats brav zusammengedrückt. Die Köpfe mit den mit Lockwellstöpseln gedrechselten Löckchen oder den straffen Pferdeschwänzen wippen im Takt: langsam, schnell, schnell.

Vis-à-vis hocken die Jungs. Sie sind auf die andere Seite des Saales verbannt, fast fünfzehn Meter von den Mädchen entfernt. Mit trotzigem James-Dean-Blick linsen sie zu ihnen hinüber, scharren mit den Füßen, lauern aufs Stichwort.

Tanzlehrer Koch klatscht in die Hände: «Die Herren bitte engagieren!» Die Jungen sprinten los. Und während sie ihren Auserwählten auf dem gebohnerten Boden entgegenschlittern, blicken diese kurz hoch – und senken dann schnell die Augen, blind abwartend und ein wenig verschämt. Es sind die fünfziger Jahre. Junge Frauen wissen, was man von ihnen erwartet.

Und da sitzt Alice, blond und blauäugig, und hadert mit ihrem Schicksal. «Verdammt noch mal», grollt sie, «egal, wer du bist, jetzt hängt dein ganzer Wert davon ab, ob irgendein Junge, dumm oder pickelig, dich auffordert.» Käme bloß irgendeiner, damit sie nicht sitzenbleibt und die Schande eine unendliche ist.

Die Jugendliche, die so aufsässig vor sich hin grübelt, erlebt gerade das, was sie später ihre erste Demütigung als Frau nennen wird. Noch Jahrzehnte danach wird sie sich an diese Situation und an die Scham erinnern, die sie empfunden hat. Wie von einem Schlüsselerlebnis wird sie davon erzählen. Denn erst in der Tanzstunde, während sie mit zwanzig anderen Mädchen auf die Gunst eines Jungen wartete, sei ihr schlagartig klargeworden: «Ich bin nur eine Frau, ich bin ausgeliefert!»

Dieses Gefühl wird sie nie vergessen. Diese Erniedrigung wird sie allen heimzahlen. Spätestens hier fängt Alice wohl an zu begreifen, welche Rolle ihr in der Gesellschaft zugedacht ist. Und die paßt ihr nicht. Soviel weiß sie schon.

Auf Anerkennung durch das männliche Geschlecht will Alice trotzdem nicht verzichten. Noch heute freut sich die Erwachsene wie eine 16jährige über ihren damaligen Tanzstundenerfolg: «Das Leben hat es übrigens gut mit mir gemeint. Denn wunderbarerweise forderte mich vom ersten bis zum letzten Moment der mit Abstand bestaussehende Junge auf – und ich war aus dem Schneider.»

Der Tanzkurs geht zu Ende. Alice braucht ein Kleid für den Abschlußball. Sie entdeckt einen wunderschönen Fummel in einem Elberfelder Geschäft. Er ist hellblau, die Farbe ihrer Augen, und kostet 300 Mark. Ein kleines Vermögen. Ihre Mutter, Erika Schilling, kauft ihn ihr.

Vierundzwanzig Jahre später bekommt Alice Schwarzer das Kleid noch einmal geschenkt. Zum vierzigsten Geburtstag ihrer Tochter holt Erika Schilling es aus dem Schrank, legt es mit einer Platte von Elvis und einem Foto von Marilyn in einen großen Karton und überreicht ihn hübsch dekoriert der Tochter. Zur Erinnerung.

Nach der Handelsschule hat Alice angefangen, im Büro zu arbeiten. Zunächst will sie Innenarchitektin werden, «angeregt durch eine doofe Filmrolle mit Doris Day», wie sie sagt. Aber weil das Leben kein Film ist, wird sie kaufmännischer Lehrling, ärgert sich über die Arroganz ihres jungen Chefs, probiert es anschließend bei einer Firma für Autozubehör. Gräßliche Langeweile. Sie sei «aufgrund der Geschlechtszugehörigkeit» an ihre Grenzen gestoßen. «Männer wurden Sachbearbeiter, die Frauen blieben Tipsen. Und dabei war mir so klar, daß ich mehr konnte als die meisten Männer da.»

Gegen Ende der fünfziger Jahre hat sich bei den Schwarzers nicht viel geändert. Gartenhaus, wenig Geld, gespannte Stimmung. Es ist wohl vor allem Großmutter Margarethe, die die Atmosphäre prägt. Sie habe ein «klassisches Frauenleben» geführt, sagt Enkelin Alice einmal. «Sie hatte eine schlechte Ausbildung und eine Wut und Trauer darüber.» Ihr unerfülltes Leben hat Margarethe Schwarzer offenbar auch krank gemacht. Sie leidet an chronischen Blasenschmerzen und Migräne. Und sie brüllt. «Sie schrie oft, sie schrie und schrie», notiert Alices Mutter, Erika Schilling, «dafür haßte ich sie.» Ihr Leben habe Margarethe Schwarzer nur darum durchgestanden, weil sie immer noch hoffte: «Ich erinnere mich an ihre erstaunten ‹Kinderaugen›, als sie zu mir sagte: Ich habe immer gedacht, da muß noch etwas kommen, das kann doch nicht alles gewesen sein, aber da kommt wohl nichts mehr?»

Vor allem Margarethes Mann Ernst, Alices geliebter Großvater, leidet unter der Situation. Die Ehe ist völlig zerrüttet. «Er hat sie ertragen», schreibt Enkelin Alice dreißig Jahre später, «wenn auch um einen hohen Preis. Fast nie habe ich ihn ihr gegenüber heftig werden sehen. Dabei hätte es Grund genug gegeben. Sie machte Szenen, quälte ihn, machte ihm das Leben zur Hölle.»

Er habe sich nicht gewehrt. Wenn ihr Opa trotz früherer Tuberkulose das Rauchen nicht habe lassen können, «so darf sie sich das durchaus mit auf ihr Konto schreiben».

Alice Schwarzer läßt keinen Zweifel daran, auf wessen Seite sie in der Familie gestanden hat. «Meine Sympathien gehörten dabei dem leidenden Mann. An meinem Großvater habe ich die Auswirkungen der weiblichen Frustration auch auf den Mann erfahren.» Erst sehr spät habe sie begriffen, daß der Großvater seine Frau trotz allem geliebt haben mußte: «Seine zärtlichen letzten Briefe galten nicht mir, der geliebten Enkelin, sondern seiner kindlich tyrannischen Ehefrau.» Sie selbst, berichtet Alice Schwarzer, habe nach dem Tod der Großmutter Jahrzehnte gebraucht, bis sie durch deren Destruktion hindurch das Positive an der Person habe wahrnehmen können. Jahrzehnte ...

So schonungslos Alice Schwarzer das Beziehungsgeflecht ihrer Großeltern publik macht, so wenig bezieht sie die problematischen Aspekte derartiger Konstellationen auch auf sich selbst. Nun haben aber die Dramen der Kindheit Auswirkungen auf die Biographie eines Menschen.

Zwischen den Erwachsenen ihrer Familie war offenbar vieles verquer. Großmutter Margarethe verachtete ihren Mann, Alices Großvater, und verachtete ihre Tochter Erika, Alices Mutter. Erika fürchtete und haßte ihre Mutter und nahm ihren Vater als schwach wahr. Ernst Schwarzer, Alices Großvater, hatte sich mit seiner Rolle abgefunden und ging in die innere Emigration. Und die erwachsenen Personen dieses Trauerspiels konzentrierten sich auf das Kind Alice in ihrer Mitte, das wohl einerseits von allen das Beste bekam, was sie zu geben hatten. Andererseits konfrontieren schwierige familiäre Konstellationen Kinder mit Ausbrüchen von Haß, Verachtung und Hilflosigkeit.

Welche Jugendliche in einer vergleichbaren Situation wollte da nicht raus?

Mit achtzehn macht sich Alice auf. Eine kleine Flucht. Zuerst geht es nach Düsseldorf. Sie wird Sekretärin bei einer Werbeagentur. Dann ab nach München. Bürojob in einem Verlag, ein erster fester Freund. Der habe von ihr verlangt, erzählt die erwachsene Alice Schwarzer, seine Wohnung zu putzen und seine Wäsche zu waschen. Sie aber habe sich strikt geweigert.

In München fand Alice Schwarzer wohl die Konstellation vor, in der sie sich in ein weibliches Schicksal, in Ehe und Familie, hätte fügen können. Doch der Drill zur Weiblichkeit funktioniert nicht richtig.

Drei Jahre hält sie es noch in Deutschland aus, dann – der Aufbruch. Paris! Die große Flucht. 1963 macht sich Alice Schwarzer aus Wuppertal auf, die Welt zu erobern. Sie ist Anfang Zwanzig und fühlt sich zu Höherem berufen – auch wenn sie noch nicht weiß, was das einmal sein wird.

«*Paris war für mich das Sinnbild von Freiheit*»

Aufbruchstimmung in den sechziger Jahren

Paris in den siebziger Jahren

SIMONE DE BEAUVOIR
DAS
ANDERE
GESCHLECHT

SITTE & SEXUS
DER FRAU

ROWOHLT

*Die deutsche Erstausgabe
erschien 1951*

Die Tracht war schwarz, die Haltung cool und der Blick zutiefst melancholisch. Man streifte durch die Cafés und Jazzkeller am linken Seineufer, trank Whisky, rauchte Gauloise und philosophierte bei Chansons von Juliette Gréco und Boris Vian über den Sinn des Daseins. Es war ein Lebensgefühl, das Simone de Beauvoir mit den lakonischen Worten einfing: «Man besitzt nie die Welt: ebensowenig handelt es sich darum, sich gegen sie zu schützen. Man steckt in ihr drin, das ist alles …»

Der Existentialismus hatte sich nach dem Krieg in Frankreich rasch zu einer philosophischen Weltanschauung und modischen Lebenshaltung entwickelt: in Kunst, Literatur und Film. Existentialisten nannten sich selbst jene, die nur wenig oder gar nichts mit der Philosophie am Hut hatten.

Einer der Vordenker dieser Bewegung war der Philosoph und Schriftsteller Jean-Paul Sartre. Der Mensch ist auf sich selbst gestellt, hatte Sartre verkündet, er muß sich den Sinn seiner Existenz selbst geben, da hilft ihm kein Gott und kein Teufel, kein ideologisches Gedankengebäude und kein abstraktes Gesellschaftskonstrukt. Er ist zur Freiheit verurteilt, muß sich radikal selbst entwerfen und die volle Verantwortung für seine Entscheidungen übernehmen. Der Angst vor dem Nichts kann er nur Paroli bieten, wenn er handelt.

«Solange der Mensch lebt und plant, ist der Tod nicht da», schrieb Simone de Beauvoir, Philosophin und Sartres Lebensgefährtin. «Eine Aktivität ist gut», befand sie, wenn sie darauf abziele, «für sich und andere» die Freiheit zu erlangen. Deshalb müsse man Elend und Not bekämpfen, denn sie verhinderten die Freiheit. «Ich verlange für die

Menschen Gesundheit, Bildung, Wohlbefinden, Muße, auf daß ihre Freiheit nicht im Kampf gegen Krankheit, Unwissenheit, Not aufgezehrt werde.»

Die verunsicherte Jugend in Frankreich hatte nach dem Krieg die Nase voll von den großen Heilsversprechen. Im Existentialismus sahen die jungen Intellektuellen die Grundfragen des Lebens neu verhandelt. Er war eine Alternative zu den weltanschaulichen Angeboten der Vergangenheit, denn er artikulierte das Unbehagen der Zeit. Auch wenn seine Gegner den Existentialismus als schwarzmalerisch, nihilistisch und frivol brandmarkten, prägte er das intellektuelle Leben und die Subkultur.

Jean-Paul Sartre und Simone de Beauvoir wurden zum Vorzeigepaar. Sie hatten dem Publikum einiges zu bieten – auch in ihrem Privatleben. Unverheiratet und ohne gemeinsame Wohnung lebten sie der Nachkriegsgesellschaft das Modell der freien Liebe vor. Intim verbunden, aber unabhängig, zueinander gehörend, aber ohne Fesseln, einander treu, aber zusätzlich beglückt durch diverse Geliebte – so idealisierte die Anhängerschaft die lebenslange Symbiose der beiden.

In den fünfziger Jahren erreichten die existentialistische Welle und der Mythos seiner Vertreter die Bundesrepublik. «Für meine Generation waren sie in den fünfziger Jahren der einzige Lichtblick», erinnert sich Alice Schwarzer. «Liebe? Ehe? Kein Nachdenken darüber war denkbar ohne das Modell des Traumpaares: Beauvoir und Sartre.»

Wer am bigotten Biedersinn, der heuchlerischen Normalität und der bleiernen Politik in Deutschland litt, den zog es nach Frankreich. Bis in die Mitte der sechziger Jahre war es das Sehnsuchtsland der bundesdeutschen Linken und Intellektuellen. Sie wollten in schwarzer Kluft über «Das Sein und das Nichts» räsonieren und die französische Lebensart – oder was sie dafür hielten – genießen:

über die Boulevards flanieren, unter Platanen in Straßen-cafés sitzen ... In Frankreich war einfach alles besser: das Essen, der Wein, die Mode.

War Alice Schwarzer von dieser Sehnsucht angesteckt? Zumindest war sie, wie damals viele junge Leute, existen-tialistisch angehaucht. Später schreibt sie: «Wir Frauen mit Charakter, wir trugen eben Jeans und anthrazitfarbene lange Pullover und machten so ein bißchen auf Existentia-lismus ...» Paris sei für sie «das Sinnbild von Freiheit» ge-wesen.

Als Alice Schwarzer sich entschloß, nach Frankreich zu gehen, hatte sie kein Geld und keine Perspektive. Dem tra-ditionellen weiblichen Weg in die Ehe mißtraute sie wohl bereits, und politisch war sie wach genug, um die deut-schen Verhältnisse skeptisch zu beurteilen. Das hatte sie zu Hause gelernt. Bei Schwarzers wurde kräftig auf den Mief der Adenauerzeit geflucht. Die junge Alice sympa-thisierte mit der Deutschen Friedens-Union, einer 1960 gegründeten Linkspartei, die für eine Verständigung mit den Staaten des Ostblocks plädierte und die Abrüstung der Bundesrepublik forderte.

Was hatte dieses muffige Deutschland einer unruhigen jungen Frau schon zu bieten? In Frankreich wartete das Abenteuer!

Sie sei immer ein «starkes Mädchen» gewesen, sagt Alice Schwarzer über Alice Schwarzer. Nur hat das in Wupper-tal außerhalb ihrer Familie offenbar kaum jemand be-merkt. Jetzt kann sie diese Stärke fern von zu Hause erpro-ben. Zäh fängt sie an, sich in Paris durchzunagen. Sie wohnt in einer schlichten Bleibe und hält sich mit Gele-genheitsjobs über Wasser. Meist geht sie putzen, wie viele andere Sprachstudentinnen. Es ist mühsam, sich auf die-sem Wege Kenntnisse und Bildung anzueignen. Doch offenbar ist in ihr der Ehrgeiz erwacht. Rückblickend sieht Alice Schwarzer ihren Bildungsweg eher positiv: Die Probleme des klassischen Bildungssystems seien ihr erspart geblieben und somit eine ganze Menge Einschüchterungen, die es für Frauen parat hielt.

Sie jobbt, sie lernt, bald spricht sie fließend Französisch, nur ihren deutschen Akzent wird sie nicht loswerden. Als sie ein bißchen Geld übrig hat, kauft sie sich im Ausverkauf bei Yves Saint-Laurent, wie sie sich Jahre später erinnert, ihren «ersten kostbaren Fummel», einen Mantel «aus schwarzem Lackgummi». Die Haare trägt sie in dieser Zeit halblang und glatt.

Irgendwann in dieser Zeit trifft sie Bruno. Er ist Student, jung wie sie, sieht gut aus und hat Humor. Die beiden verlieben sich. Über viele Jahre wird Alice Schwarzer mit Bruno befreundet bleiben. Er ist der Mann, mit dem sie einmal Kinder haben will. Bruno sei «eine große Liebe» gewesen, sagt sie, ein Mann, «den ich nicht minder stark idealisierte als er mich».

Zu Alice Schwarzers Freundeskreis in Paris gehörte Christina von Braun. Sie hat heute einen kulturwissenschaftlichen Lehrstuhl an der Berliner Humboldt-Universität und beschäftigt sich mit gender- und medientheoretischen Fragen. «Bruno war ein weicher, sehr liebenswürdiger Mensch», sagt Christina von Braun, «und er vergötterte Alice.» Er habe sein Leben «ganz auf sie eingestellt» und sich «in allem» nach ihr gerichtet. «Bruno fühlte sich offenbar sehr wohl mit einer so starken Person. Das muß man schon suchen.»

Alice und Bruno ziehen zusammen ins 14. Arrondissement, in einen buntgemischten Stadtteil am Rande von Montparnasse. Ihre Wohnung ist nicht besonders groß, aber das Haus ist hübsch und die Miete erschwinglich.

Claude Hennequin Guillon – weil sie so klein ist, «petite Claude» genannt – kennt das Paar aus der gemeinsamen Pariser Zeit. «Bruno war einfach die Freundlichkeit in Person», sagt Claude, die inzwischen als Lehrerin in Südfrankreich lebt. Ein sehr sanfter Mann, der sich rührend um Alice gekümmert habe. «Doch sie schien manchmal regelrecht ärgerlich über seine Aufmerksamkeiten.»

Der Alltag zwischen Bruno und Alice folgt wohl nicht den üblichen Regeln. Nicht nur sie, sondern auch er ist für den Haushalt verantwortlich. Sie habe erst in Frankreich kochen gelernt, erwähnt Alice Schwarzer einmal. Und Christina von Braun berichtet, daß Alice nicht selten Gäste eingeladen habe, es aber Bruno gewesen sei, der dann für alles Weitere sorgte. Besonders deutlich erinnert sich die damalige Freundin an eine kleine Episode: «Ein paar Freunde und ich waren bei Alice zum Abendessen. Der Tisch war schön gedeckt, und irgendwie kam zur Sprache, daß Bruno vorher noch die Servietten gebügelt hatte. Der ganze Tisch, Männer und Frauen, lachte. Alice sagte nur: ‹Hätte ich die Servietten gebügelt, hätte niemand gelacht.› Woraufhin ich antwortete: ‹Doch, Alice, bei dir hätten wir auch gelacht.›»

Erinnert Bruno – ein weicher Mann, der seiner Liebsten gern den Vorrang läßt und vor «Frauenarbeit» keine Scheu hat – nicht an den anderen wichtigen Mann in Alices Leben, den Großvater? Auch er war ein sanftmütiger Mann, der sich eine dominierende Frau gesucht hatte. Ihren Opa beschreibt Alice Schwarzer als «‹unmännlichen› Mann». Und über Bruno sagt sie: «Er war kein ‹richtiger Mann›» und fügt, in Klammern gesetzt, hinzu, «und darum habe ich ihn wohl auch geliebt.»

Nach gut drei Jahren in Frankreich richtet sich Alice Schwarzers Ehrgeiz auf den Beruf. Schluß mit den Jobs, eine richtige Ausbildung muß her. Dafür geht sie zurück in die Bundesrepublik, auch wenn das bedeutet, von ihrem Freund getrennt zu leben. Alice Schwarzer will Journalistin werden. Rund zwanzig Jahre nachdem ihre Mutter diesen Traum begraben hat, will die Tochter es mit dem Schreiben versuchen.

Bei der Aufnahmeprüfung zur Journalistenschule fällt die Bewerberin Schwarzer glatt durch. Doch das hält sie nicht auf. Im Januar 1967 beginnt sie mit einem Volontariat bei den *Düsseldorfer Nachrichten*. Ohne Abitur und ohne Hochschulabschluß, aber mit einem, wie sie sagt, «gerüttelten Maß an Lebenserfahrung». Zu ihren journalistischen Vorbildern gehört vor allem die damalige Chefredakteurin der *Zeit*, Marion Gräfin Dönhoff, über die sie viele Jahre später eine Biographie verfassen wird. «Schon mit sechzehn habe ich die *Zeit* gelesen, mit großer Begeisterung …, auch weil da weibliche Namen vorkamen, weil ich da vorkam. Denn man kann sich doch als Frau nicht denken, wenn Frauen nicht vorkommen.» Ohne das Beispiel von Gräfin Dönhoff, glaubt Alice Schwarzer, hätte sie gar nicht den Entschluß fassen können, Journalistin zu werden. Daß eine Frau Chefin werden kann, hat sie besonders beeindruckt. «Verständlich, diese fünfziger und sechziger Jahre waren für uns Frauen ein solches Ödland, daß jede einzelne herausragende weibliche Existenz einfach Signalwirkung haben mußte!»

Bei den *Düsseldorfer Nachrichten* arbeiten acht Volontäre. Sieben Männer, eine Frau: Alice Schwarzer. Es fällt ihr auf, es ärgert sie auch. Aber sonst kümmert das niemanden in der Redaktion. Von einem feministischen Bewußtsein konnte damals noch nicht die Rede sein. Auch bei ihr nicht. So schiebt sie das Problem zur Seite und konzentriert sich auf ihre Arbeit in der Lokalredaktion.

Als Alice Schwarzer in die Bundesrepublik zurückkam,

hatten sich in Bonn die Volksparteien CDU/CSU und SPD gerade zur Großen Koalition verbündet. Der Christdemokrat Ludwig Erhard war als Kanzler zurückgetreten und hatte das Amt seinem Parteifreund Kurt Georg Kiesinger – früher langjähriges Mitglied der NSDAP – überlassen. Kiesingers Stellvertreter und Außenminister war Willy Brandt.

Notstandsgesetze, Starfighterabstürze, reaktionäre Vertriebenenpolitik. Eine Journalistin schrieb Ende 1966 zur Lage der Republik: «Die Große Koalition braucht keine Kritiker, nur noch Interpreten.» Es herrsche eine «Einheitsideologie der Parteien, die primär auf Antikommunismus» basiere, der in der Bundesrepublik «die Funktion des Antisemitismus der NS-Zeit abgelöst» habe. Die Autorin war übrigens der spätere «Staatsfeind Nummer eins», Ulrike Meinhof.

Die Studenten begannen, gegen die Verhältnisse anzustänkern. Sensibilisiert für den Widerspruch zwischen den proklamierten Werten und der Wirklichkeit, probten sie den Aufstand. Zunächst an den Universitäten, vor allem in Berlin. Auf Demonstrationen forderten sie «Amis raus aus Vietnam», auf Teach-ins geißelten sie den Kapitalismus und protestierten mit Sit-ins gegen akademische Autoritäten.

Provoziert wurde mit Spaß und gezielt. Die Staatsmacht reagierte hysterisch und schlug zurück. Am 2. Juni 1967 wurde der Student Benno Ohnesorg in Berlin bei einer Demonstration gegen den Besuch des Schahs von Persien erschossen. Von einem Polizisten. Einfach so. Nach seinem Tod radikalisierte sich die Studentenbewegung rapide. Die Revolte verließ den Campus, die Stadt wurde zum Aktionsfeld. Aus der Bewegung der Studenten entstand die «Apo», die Außerparlamentarische Opposition.

Alice Schwarzer hat mit der Hitze dieser Gefechte wenig zu tun. Noch ist sie politisch nicht recht infiziert. Noch ist es nicht ihre Revolte. Sie ist eine Zuschauerin aus der Ferne. «Wenn man wie ich junge Volontärin in Düsseldorf war», sagt sie, «dann ging man bestenfalls mal zur Notstandsdemo.»

Bereits während des Volontariats beschäftigt sie sich mit Themen, die in jener Zeit sonst kaum jemanden interessierten. Sie beschreibt das Schicksal lediger Mütter, die Arbeitsbedingungen von Prostituierten, die Lage weiblicher Teilzeitkräfte. «Ich bin Journalistin geworden, um wenigstens ein bißchen die Welt zu verbessern», bekennt sie später einmal.

In der Redaktion wird sie wegen ihres Interesses an Frauenthemen belächelt. «Das Angebot, in der Frauenredaktion zu arbeiten, empfand ich damals schlichtweg als Beleidigung, und so war es auch gemeint.»

Sie ist schon über ein Jahr bei der Zeitung, als sie vom Protest der Frauen in der Apo erfährt. Sie liest von «Weiberräten» und von einer Tomate, die nicht in der Suppe landete, sondern auf der Birne eines SDS-Genossen. Das gefällt ihr. Außerdem hört man inzwischen vom «Women's Lib» aus den USA und von den «dollen Minnas» aus den Niederlanden. Aber noch zündet es nicht bei Alice Schwarzer.

Es wäre ihr damals nie in den Sinn gekommen, erklärt sie, sich am Aufstand der Frauen zu beteiligen. Sie glaubt, daß der Protest auf studentische Kreise beschränkt ist. Diesem Milieu fühlt sie sich nicht zugehörig. Eine gewisse Abneigung gegen akademische Zirkel wird sie auch später nicht ablegen.

Statt als Emanze durchzustarten, bastelt sie zunächst an ihrer journalistischen Karriere. Nach einem kurzen Gastspiel bei der Illustrierten *Moderne Frau* wechselt sie Anfang 1969 zur Zeitschrift *Pardon* nach Frankfurt. Wie *Konkret*, wo Ulrike Meinhof eine Zeitlang Chefredakteurin war, ist *Pardon* ein linkes Blatt, das mit der Apo sympathisiert. Für Alice Schwarzer ein guter Grund, sich dort zu verdingen. Aus der Distanz erscheint ihr *Pardon* wie ein «Paradies an Freiheit, Engagement und journalistischem Wagemut». Doch von wegen! Aus der Nähe muß sie entdecken, daß sie in einen «kleinkarierten, einengenden Spießerhaufen» geraten ist. Ganz die Art von Presse, der sie eigentlich habe entkommen wollen. Noch Jahre nach ihrer Frankfurter Zeit schreibt sie Bitterböses über diese journalistische Hochburg der Rebellion. Und spricht damit gewiß so mancher damaligen Genossin aus der Seele.

Alice Schwarzer vermutet, daß es bei *Pardon* «dazugehört hätte, wenigstens mit einigen der Herren ins Bett zu gehen. Oder zumindest nicht ganz so vorwurfsvoll-stumm dabeizusitzen, wenn die ‹heißen Titel› ausgewählt wurden. (‹Ein bißchen mehr Titten, das wäre scharf.›)» Man habe sie, das «Provinztalent», in die «Produktionsmühle gespannt und verschlissen». Frauen hätten außer als «Sekretärinnen, Assistentinnen und Covergirls dort nichts zu suchen gehabt.

Einer von Alice Schwarzers Kollegen bei *Pardon* war der Dichter Robert Gernhardt (alias Lützel Jeman). Viele Jahre später sagt er über Alice Schwarzer: «Sie ist der seltene Fall einer Person, die ihren natürlichen Humor unterdrückt und vorgetäuschten Ernst für ihre Zwecke instrumentalisiert.»

Dabei gab es sicher auch ein bißchen Spaß bei *Pardon*. Zum Beispiel, als die Redaktion das «Fräulein Schwarzer» zusammen mit Lützel Jeman in den Club Méditerranée nach Agadir schickte, um dort die freie Liebe am lebenden Objekt zu studieren. Kostprobe aus der 1969 veröffentlichten Live-Reportage: «Heißt man Alice, regelt der Club die Bettenzuweisung anscheinend orthodoxer. Ich fand in meinem Bungalow weder einen jungen noch einen alten Mann vor, dafür eine Mittdreißigerin namens Andrée aus Brüssel (noch nicht einmal lesbisch).» Oder: «Dreizehnter Tag. Heute einem leibhaftigen Star begegnet. Udo Jürgens. Im Club. Warum? Weil von ihm in den marokkanischen Bergen eine Woche lang viele dufte Fotos mit vielen duften Berbern geschossen worden sind. Für *Bravo*. In wenigen Stunden fliegt seine Caravelle nach Paris. Zeit genug für mich, mit Udo Hasch-mich in den Atlantikwellen zu spielen. Haschen kann er, der Udo ...»

Spaß hin oder her – bei *Pardon* ist Alice Schwarzer fehl am Platz. Ein halbes Jahr hält sie es aus, dann haut sie ab. Sie habe Heiratspläne, erzählt sie. Kurz bevor sie die Redaktion verläßt, gibt ihr ein Kollege bei einer feuchtfröhlichen Feier mit auf den Weg: «Du bist eigentlich ganz in Ordnung. Nur schade, daß du frigide bist ...» Als Abschiedsgeschenk überreicht man ihr eine Zeichnung: eine Frau mit mehreren Brüsten, an denen vier Kinder saugen. Das kränkt sie sehr. Sie bekommt so richtig zu spüren, daß allein die Zugehörigkeit zum weiblichen Geschlecht ein Anlaß für Hohn und Spott sein kann. Und das ist nur ein Vorgeschmack. Noch ahnt sie nicht, mit welcher Brutalität sich ähnliche Angriffe wiederholen werden.

1969. Alice Schwarzer ist 26 Jahre alt. Sie flüchtet vor ihrem beruflichen Dilemma und kehrt zurück zu Bruno nach Frankreich. Eine feste Stelle in Paris hat sie nicht, sie will als freie Korrespondentin arbeiten. Bruno ist noch Student, und das Geld haben sie beide nötig.

Wie viele Frauen ist Alice Schwarzer versucht, auf ihre «weibliche Bestimmung» auszuweichen, um der Krise zu entkommen. «Nun war ich auch in meinem Leben an dem

Punkt angelangt», stellt sie rückblickend fest, «an dem so manche Frau in die Ehe flüchtet.» Sie beginnt, von Heirat und Kindern zu träumen. Bisher hatte sie ständig Angst, ungewollt schwanger zu werden. Diese Furcht habe über Jahre ihre Sexualität bestimmt, bekennt sie später. Doch jetzt wünscht sie sich ein Kind. Von Bruno. «Mit ihm zusammen ein Kind haben – das müßte wunderbar sein. So klug und so schön wie er, und auch von mir nur die besten Seiten …» Wie selbstverständlich denkt sie dabei nur an ein Mädchen: «Eine wie ich. Nur besser, klüger, schöner.»

Die Sache hat zwei Haken. Da ist zum einen ihr Beruf. Sie hat gerade angefangen, journalistische Kontakte zu linken und linksliberalen Blättern in der Bundesrepublik aufzubauen und auch zum Hörfunk des WDR. Mit einem Kind würde die Korrespondentenarbeit viel schwerer. Also schiebt sie den Wunsch immer weiter hinaus. Der andere Haken ist Bruno. «Er hatte Angst vor der Verantwortung. Er wollte nicht Vater werden.» Sie hofft, daß er seine Meinung noch ändert. Und irgendwann sei Bruno einverstanden gewesen, «hatte er doch inzwischen erlebt, daß ich es schon machen würde …» Warten will sie mit dem Mutterglück trotzdem noch.

Hindernisse gibt es auch bei den Plänen für die Eheschließung. «Die Papiere fürs Standesamt waren nicht in Ordnung und überhaupt war alles kompliziert.» Doch eines ist Alice Schwarzer klar: Wenn sie heiratet, will sie einen «Musterprozeß» führen, um ihren Mädchennamen behalten zu können.

Dazu wird es nicht kommen. Weder zum Prozeß noch zur Ehe oder zum Kind. Irgendwann wird Alice Schwarzer ihren Lebensgefährten Bruno und die braven Familienträume hinter sich lassen.

Doch zunächst kriegt sie in Paris den entscheidenden Impuls für ein ganz neues Leben.

Als Alice Schwarzer zum zweitenmal nach Frankreich ging, herrschte eine rebellische Atmosphäre im Land – ausgelöst durch die Revolte vom Mai 1968. Wochenlange Streiks von unzähligen Beschäftigten, brennende Autos und Barrikaden im Pariser Quartier Latin und eine Million Demonstranten in der Hauptstadt hatten den Franzosen eine Stimmung zwischen Bürgerkrieg und Revolution beschert. Die Ausnahmelage setzte sich mit Arbeitsnieder-legungen in den Fabriken, Aufruhr an den Universitäten, Protesten in den Gefängnissen und psychiatrischen Klini-ken fort. Die Staatsmacht kannte nur ein Rezept gegen die aufrührerischen Umtriebe: unterdrücken und niederknüp-peln.

Als die Studierenden aufsässig wurden, entstanden an den Hochschulen die ersten Frauengruppen. Dort wurde über Sexualität, Verhütung und Abtreibung diskutiert. Die Medien griffen die bis dahin tabuisierten Themen gie-rig auf und zogen sie ins öffentliche Bewußtsein. Und weil sich in den USA die Studenten- und Frauenbewegung ein bißchen früher entwickelt hatte, entstand ein reger Trans-fer von Ideen und Konzepten.

Im Mai 1970 veröffentlicht der *Idiot International*, ein ausgeflipptes linkes Blatt, einen der ersten feministischen Texte, der in Frankreich erschienen ist: «Combat pour la libération de la femme». Nicht nur gegen die Bourgeoisie und den Kapitalismus, sondern auch für die Befreiung der Frau müsse gestritten werden, heißt es darin. Der flam-mende Artikel gipfelt in der Feststellung: «Allen, die sa-gen, ich kämpfe als Revolutionärin und nicht als Frau, ant-worten wir: Keine Frau steht über den Frauen! Wir sind alle betroffen.» Am Ende heißt es: «Diejenigen, die sagen, euer Kampf ist richtig, bitten wir, eine aufklärende und überzeugende Arbeit unter den Chauvinisten zu leisten.»

Vier Frauen haben den Appell unterzeichnet, zwei

Französinnen und zwei Amerikanerinnen. Einige Monate später fällt diese «Viererbande» erneut durch ihre Dreistigkeit auf: Am Grab des Unbekannten Soldaten am Arc de Triomphe ehrt sie die «unbekannte Frau» des Unbekannten Soldaten – und wird von der Polizei abgeführt. Diese Frauen will Alice Schwarzer kennenlernen. Es ist nicht nur journalistische Neugier. Sie will dabeisein.

Sie ist in einer Phase, in der sie hungrig nach Neuem greift. Ihre private und berufliche Zukunft ist unsicher, und die stärkste Bindung an ihr altes Leben geht verloren: Ihr geliebter Großvater, das Familienmitglied, zu dem sie wohl die intensivste Beziehung hatte, ist gestorben. Am 1. Juli 1970 hat der 75jährige Ernst Schwarzer den Kampf gegen seine Krankheit aufgegeben. Fünf Tage später wird seine Urne auf dem Wuppertaler Friedhof Bredtchen beigesetzt. Schon kurz darauf gibt es den nächsten Todesfall in der Familie. Nach dem «Papa» verliert Alice Schwarzer auch ihre «Mama», die Großmutter Margarethe Schwarzer. Unerwartet schnell folgt sie ihrem Mann ins Grab. Als nahe Verwandte bleibt ihr jetzt nur noch die «Mutti», Erika Schilling, ihre leibliche Mutter.

In dieser Umbruchzeit scheint die junge Frau nur allzu bereit, sich auf neue Welten einzulassen. Im September 1970 sucht und findet sie die renitenten Kämpferinnen vom *Idiot International*. Und gerät so mitten hinein in den französischen Frauenaufstand. Zwar gibt es zur selben Zeit auch in der Bundesrepublik längst so etwas wie eine Frauenbewegung. Aber Alice Schwarzer erlebt den feministischen Aufbruch hautnah in Frankreich.

Seit Beginn der sechziger Jahre hatte sich die Situation der Frauen dramatisch verändert – und zwar nicht nur in Frankreich, sondern auch in den anderen westeuropäischen Ländern. Immer weniger ließen sich ans Haus binden, immer mehr gingen einer bezahlten Arbeit nach, engagierten sich in politischen und gesellschaftlichen Organisationen und lockerten ihre finanzielle und innere Abhängigkeit vom Mann. Die Ausbildung der Mädchen wurde besser und länger, die geschlechtsspezifischen Rollen verloren an Bedeutung, und über Sexualität wurde freier gedacht. Frauen wurden einfach selbstbewußter. Das Bild der Frau als passives Objekt, das dem männlichen Willen und Unwillen hilflos ausgeliefert ist, bekam einen gründlichen Knacks.

Auf dieser Grundlage konnte die Neue Frauenbewegung entstehen. In Frankreich nahm sie ihren Ausgang an der Universität Vincennes im Osten von Paris. Bereits seit 1967 diskutierten Interessierte dort in kleineren Zirkeln über Frauenrechte.

Als Alice Schwarzer die feministischen Kreise entdeckt, schließen sich die verschiedenen Gruppen und Strömungen gerade zu einer Art Netzwerk zusammen, dem «Mouvement de libération des femmes, MLF». Die Deutsche platzt mitten hinein in die Gründungsphase. Gleichzeitig beginnt sie, neben ihrer journalistischen Arbeit an der Uni in Vincennes zu studieren. Sie belegt Soziologie und Philosophie. Das geht in Vincennes in dieser Zeit auch ohne Abitur.

Die Frauenrechtsaktivistinnen treffen sich zunächst alle vierzehn Tage, meist bei der Schriftstellerin Monique Wittig im 13. Arrondissement. Bei einer dieser Sitzungen, erzählt Claude Hennequin Guillon, habe sie Alice Schwarzer kennengelernt. Fünfzehn Frauen seien gerade damit beschäftigt gewesen – kollektiv, wie sich das damals gehörte –, so etwas wie ein Gründungsmanifest des MLF zu verfassen. Alice Schwarzer habe mitten unter ihnen gesessen, geschrieben und diskutiert. Die Deutsche sei ihr sofort sympathisch gewesen. «Ich mag sie sehr», sagt Claude noch heute.

In Null Komma nichts stoßen Hunderte von Frauen zum MLF. Jetzt findet jeden Mittwoch eine Vollversammlung statt. Revolutionäre Ungeduld macht sich breit. «Die Frauen hatten das Gefühl, sie müßten nur genügend Krach schlagen, damit die Verhältnisse sich ändern», erzählt Alice Schwarzers damalige Freundin Christina von Braun.

Die Feministinnen sind radikal und anarchisch, unglaublich aufgedreht und zu jeder verrückten Aktion bereit. Hauptsache trouble! «Was für ein Elan, was für ein Übermut! Eine wahre Amazonenbewegung!» schwärmt Alice Schwarzer noch Jahre später. Aus schierem Spaß an der Provokation marschieren die Femmes durch die Straßen, schmettern Lieder und zwicken den verstörten Männern in die Hintern. Sie hetzen gegen den Muttertag, solidarisieren sich mit streikenden Arbeiterinnen und schreiben Flugblätter für Verkäuferinnen, die ihr eigenes Kaufhaus besetzt halten.

Alice Schwarzer zählt zum harten Kern des MLF. Sie ist begeistert von dem wilden Aktionismus. «Jeden Abend Treffen, Flugblätter, Feste. Ein Strudel, in den auch ich hineingerissen, in dem ich durcheinandergewirbelt wurde. Der MLF veränderte meine Art, zu leben und zu arbeiten, gründlich.»

Das klingt, als wäre etwas bei ihr aufgebrochen. Als hätte sie jetzt richtig zu sich gefunden. Beim MLF gehört es dazu, Spielregeln zu verletzen und die Konfrontation zu wagen. Der anarchische Gestus der Gruppe läßt Individualistinnen viel Raum und viele Möglichkeiten, sich zu profilieren.

So beginnt also das zweite Leben der Alice Schwarzer. Bisher war ihr außer im privaten Kreis noch nie eine herausragende Stellung eingeräumt worden. Weder in der Schule noch in den Büros oder den Zeitungsredaktionen stand sie im Mittelpunkt. Der MLF ist das richtige Sprungbrett, um persönliche Stärken auch in der Öffentlichkeit auszuprobieren. «Es war die Zeit des Aufbruchs, alles schien uns möglich, die politische Arbeit war wie ein Rausch, der unser ganzes Leben erfaßte», schwärmt Alice Schwarzer. Im MLF zählt nicht, daß sie ein aus einfachen Verhältnissen stammendes Mädchen aus Wuppertal ist. Jetzt zählt, daß sie kämpfen kann. Und da hat sie gute Voraussetzungen: Sie kann reden, ist dickköpfig, hat Ausstrahlung – und Lust auf Erfolg.

Sonst schafft man das nicht: aus Deutschland aufzubrechen, in einem fremden Land durchzuhalten und sich neue Lebensbereiche zu erschließen. Begeistert erinnert sich Claude Hennequin Guillon: «Sie war eine Kämpferin, wie es wenige gibt, eine Linke mit einem starken Ego. Aber an erster Stelle war sie Alice Schwarzer.»

Manchmal begleitet Christina von Braun, die in Paris als Filmemacherin arbeitet, ihre Freundin Alice zu den Treffen des MLF. Christina ist ziemlich schüchtern und um so faszinierter, mit welcher Selbstverständlichkeit sich viele Frauen bei den großen Versammlungen äußern. «Und da sagte Alice einmal einen Satz, den ich nie vergessen werde. Weißt du, Christina, sagte sie, dafür ist die Frauenbewegung unheimlich gut: Man lernt, öffentlich frei zu sprechen.»

Es ist dieser Satz, der bei Christina von Braun irgendwann einen unschönen Verdacht weckt, der für Alice Schwarzer wenig schmeichelhaft ist: «Ich befürchte, daß die Frauenbewegung für Alice austauschbar ist. Wenn es damals eine Bewegung der Brillenträger gewesen wäre, wo sie gelernt hätte, aktiv zu werden und aufzutreten, wäre sie Führerin der Brillenträger geworden.»

Alice Schwarzer ist im MLF bald für ihre Redefreudigkeit bekannt. «Sie redete viel, und jedesmal machte es ‹bumm› wie bei einem Donnerschlag», spöttelt eine frühere MLF-Frau. Alice sei als «eher deutsch» wahrgenommen worden. Außerdem habe sie eine «große Schnauze gehabt», ergänzt eine andere Ehemalige. Sie sei «expressiv» gewesen, «pragmatisch, effizient und sehr individualistisch». Dabei «kein bißchen kartesianisch» – was in Frankreich soviel bedeutet wie kein bißchen rational und fast einem Charakterfehler gleichkommt. «Alice war nicht intellektuell», bestätigt Claude Hennequin Guillon, «in großen theoretischen Diskussionen verlangte sie oft mehr Pragmatismus.»

Die Französinnen wundern sich über diese aktive Deutsche. «Manchmal lächelte man auch über sie, weil sie so laut auftrat», erinnert sich Christina von Braun. Die MLF-Frauen schätzen Alices zupackende Art; vor allem bei öffentlichen Aktionen und in der Arbeit mit Medien ist sie ausgesprochen anerkannt. Von ihren Mitstreiterinnen bekommt sie den Spitznamen «la grosse Berta», eine Anspielung auf die Dicke Berta, eine Kanone, mit der die Deutschen im Ersten Weltkrieg geschossen haben. Ab und zu wird sie auch «la teutonne» genannt, die Teutonin. Eine Anrede mit etwas spitzem Unterton – was Freundschaft und Sympathie aber keinen Abbruch tut.

Die neue französische Frauenbewegung entstand in einem politischen Klima, das stark vom Marxismus-Leninismus geprägt war. Die Marxisten betrachteten die Frauenbewegung allerdings als Kultur- und nicht als soziale oder ökonomische Bewegung. Und wie die Kultur galt sie ihnen als Luxus, der sich dem wirklich Wichtigen unterzuordnen hatte: dem Widerspruch zwischen Kapital und Arbeit. Wenn der erst mal beseitigt sei, argumentierten die Marxisten, würde auch der Nebenwiderspruch, die Unterdrückung der Frau, sich in Luft auflösen.

Die Hinhaltetaktik der Männer, ihre oft verständnislose oder zynische Reaktion, brachte die Frauen auf die Palme. «Ganz konkret erlebten wir in dieser Zeit, was Unterbezahlung am Band mit der Gratisarbeit in der Küche zu tun hat und was die Nebenrolle der Frauen in linken Organisationen mit ihren Demütigungen im Genossen-Bett», schreibt Alice Schwarzer.

Die Feministinnen verkündeten die Parole: Das Private ist politisch. Sie stießen sehr schnell auf ihre eigenen Themen und pfiffen darauf, sich weiterhin gegenüber den Genossen zu rechtfertigen. Wie in der bundesdeutschen Frauenbewegung wurde über Lohn für Hausarbeit diskutiert, wurden Kampagnen veranstaltet gegen Pornographie in Kino und Werbung und Gewalt gegen Frauen angeprangert. Die Aktivistinnen redeten sich die Köpfe heiß: Sollten Frauen die etablierten Parteien unterwandern oder lieber eine Frauenpartei gründen? Was prägt die weibliche Psyche: die Biologie, die Ökonomie oder die kulturellen Muster?

Je verständlicher diese Fragen formuliert wurden, desto mehr Aufmerksamkeit fanden sie in der Öffentlichkeit. Ein Rezept, das sich Alice Schwarzer übrigens für ihre spätere Arbeit gut merken wird. Vor allem das Thema Abtreibung bildete über Jahre ein einigendes Band zwischen den verschiedenen Fraktionen der Frauenbewegung. Im Zuge dieser Debatte kam es zu einer der spektakulärsten Aktionen des MLF. Am 5. April 1971 bekannten 343 Französinnen in der politischen Wochenzeitschrift *Nouvel Observateur*: «J'ai avortée.» Ich habe abgetrieben. Unterschrieben hatten das «Manifeste des salopes», das Manifest der Schlampen, so prominente Frauen wie Simone de Beauvoir, die Schauspielerinnen Jeanne Moreau und Cathérine Deneuve, die Schriftstellerinnen Marguerite Duras und Violette Leduc.

Die Nation war aufs äußerste schockiert und befremdet. Die «Selbstbezichtigungsaktion», sagt Alice Schwarzer, «war exemplarisch für unsere Art zu handeln gegen bestehende patriarchalische Ordnung, gegen herrschende Doppelmoral.»

Ein weiterer großer Erfolg des MLF war das Tribunal, das die Verbrechen gegen die Frauen öffentlich anprangerte. Es fand im Mai 1972 statt – pünktlich zum Muttertag. An der Großveranstaltung mit dem Titel «États généraux de la femme» nahmen rund dreitausend Menschen teil.

Das Ereignis zog auch Frauen aus anderen Ländern an. Zu den Teilnehmerinnen aus Deutschland gehörte Claudia Pinl, eine Feministin, die extra aus Köln nach Paris fuhr.

Am ersten Tag des Tribunals ist Claudia Pinl bei Alice Schwarzer zum Frühstück eingeladen. «Die Wohnung glich im Augenblick einem Heerlager», berichtet sie später, «überall stand Gepäck von angereisten Frauen herum, auf einem langen Tisch waren Reste von Milchkaffee und Croissants, dauernd ging die Klingel oder das Telefon, die Frankfurterinnen waren da und die Münchnerinnen und ein paar aus Berlin.» Mitten in diesem Chaos habe Alice auf dem schwarzweiß gesprenkelten Steinfußboden ihres Badezimmers, «verzweifelt mit der Hand tastend, nach ihren Haftschalen» gesucht.

Dann geht es ab in die Mutualité, das Pariser Veranstaltungszentrum. Das Tribunal findet in einem großen Saal statt, Tausende Frauen stehen herum, Stühle gibt es nicht. Allein, zu zweit, zu dritt stellen sich die Frauen ans Mikrofon und berichten, wie sie von Männern gequält, geschlagen, vergewaltigt worden sind. Claudia Pinl: «Sie schrien es ins Mikrofon, steigerten sich hinein und erlebten ihre ganze Demütigung und Wut noch einmal, und die Frauen im Saal mit ihnen.»

Abseits des Trubels im Saal tragen Alice Schwarzers Freund Bruno und ein paar andere Männer ihr Scherflein zur Emanzipation bei: Sie hüten die kleinen Kinder von Teilnehmerinnen des Tribunals. Diesen selbstlosen Einsatz können Brunos konservative Geschlechtsgenossen in der Presse bestaunen: Die Zeitschrift *Express* veröffentlicht ein Foto von den «États», das Bruno mit zwei zufriedenen Babys im Arm zeigt.

Abtreibung, Gewalt gegen Frauen, Sexualität. Drei große Themen, die die feministische Debatte beherrschten, als Alice Schwarzer in Paris lebte. Sehr früh und sehr heftig stritten die Französinnen auch über weibliche Homosexualität. Eine Diskussion, die das Leben so mancher MLF-Frauen drastisch veränderte. Ein Teil der Bewegung propagierte den Wechsel ins lesbische Lager als ideologischen Fortschritt. «Hétéro c'est collabo», wer heterosexuell ist, der kollaboriert, verkündete diese Szene – und scheute sich nicht, mit der vollen Wucht des Begriffs «collabo» zu operieren, der Franzosen bezeichnet, die während der deutschen Besatzungszeit gemeinsame Sache mit den Nazis machten.

Wenn sich eine Frau zum lesbischen Leben bekannte, blieb noch die Frage: Ist sie nun eine Kopf- oder eine Bauchlesbe? Das Wortungetüm erklärt sich so: Eine Bauchlesbe wird von der Erotik in die Arme von Frauen getrieben, eine Kopflesbe entschließt sich in einem Willensakt und aus Vernunft zur gleichgeschlechtlichen Liebe. Irgendwann im Zuge dieser ganzen Debatten muß wohl auch Alice Schwarzer ihre Liebe zu Frauen entdeckt haben. «Bei Alice war das bestimmt keine ideologische Entscheidung», glaubt Claude Hennequin Guillon, ihre damalige Mitstreiterin.

Die Auseinandersetzungen zwischen feministischen

Lesben und nichtlesbischen Feministinnen sorgten jahrelang für Kämpfe, Ausgrenzung und Spaltung in der französischen Bewegung. So zerbrach Mitte der siebziger Jahre die Redaktion der feministischen Zeitschrift *Questions féministes*, weil die Lesben mit den sogenannten Heteras nichts mehr zu tun haben wollten.

Während sich die MLF-Frauen untereinander über Homosexualität streiten, leben viele von ihnen weiter mit ihren Männern. Oder sie unterhalten mal zu dem einen, mal zu dem anderen Geschlecht leidenschaftliche Liebesbeziehungen. So ist es in dieser Szene nichts Besonderes, daß es im Leben von Alice Schwarzer weiterhin ihren Lebensgefährten Bruno gibt. «Bruno war in diesen Kreisen sehr integriert», betont Christina von Braun. Auch Aktivistinnen der deutschen Frauenbewegung werden Alices Freund später noch kennenlernen. Als sie schon wieder in die Bundesrepublik zurückgekehrt ist, werden deutsche Feministinnen Brunos Wohnung weiterhin als Anlaufstelle in Paris nutzen.

Durch den MLF angestachelt, wird Bruno eines Tages selbst in Sachen Emanzipation aktiv. Zusammen mit einigen anderen Männern gründet er den «Mouvement de libération des hommes», MLH, die Bewegung zur Befreiung des Mannes, die allerdings nur zwei, drei Jahre existiert. «Es waren zehn Männer, die wußten, daß ihre Frauen den wichtigsten Kampf des 20. Jahrhunderts führen», bemerkt Claude Hennequin Guillon durchaus selbstbewußt.

«Der Himmel gehört dem, der fliegen kann, das Meer dem, der schwimmen und ein Schiff steuern kann.» Diese Bemerkung stammt von Simone de Beauvoir, und es geht nicht um Navigation, sondern um die Frauenfrage. Das ist die Aufforderung an den weiblichen Teil der Menschheit, sich die Welt zu erobern.

Simone de Beauvoir ist eine Ikone der neuen Frauenbewegung. Auch für Alice Schwarzer. Die kurz nach der Jahrhundertwende geborene Französin hat mit ihrer Studie *Das andere Geschlecht* ein Grundlagenwerk des Feminismus vorgelegt, ihr Motto «Man wird nicht als Frau geboren, man wird dazu gemacht» ist ein Kernsatz zur Frauenbefreiung.

Das andere Geschlecht wurde 1949 in Frankreich veröffentlicht. Die Erstausgabe trug die Banderole: «Die Frau, das unbekannte Wesen». In diesem Werk analysiert Beauvoir die Hierarchie der Geschlechter umfassend. Sie stellt die traditionellen Rollen in Frage und untersucht, wie es dem Mann gelingen konnte, sich die Herrschaft über die Frau zu sichern.

Ein unglaubliches Theater brach los, denn der französische Mann fühlte sich in seinen delikatesten Teilen getroffen. Der Schriftsteller Albert Camus, der damals noch zum Freundeskreis von Jean-Paul Sartre und Simone de Beauvoir gehörte, brachte das Verbrechen der Autorin auf den Punkt, als er ihr entgegenschleuderte: «Sie haben den französischen Mann lächerlich gemacht!»

Alice Schwarzer liest Beauvoirs Studie irgendwann in den sechziger Jahren. «In der Nacht, die vor der Existenz der Neuen Frauenbewegung herrschte, war *Das andere Geschlecht* so etwas wie ein Geheimcode, den wir erwachenden Frauen uns weitergaben», schreibt sie.

Im Mai 1970 begegnet sie der Philosophin zum ersten Mal persönlich. Eigentlich will sie deren Lebensgefährten Jean-Paul Sartre, der sich bei den Arbeitskämpfen und sozialen Revolten nach '68 sehr engagiert hat, zur Frage der «revolutionären Gewalt» interviewen. Simone de Beauvoir kommt in Sartres Wohnung am Boulevard Raspail, findet die Journalistin Schwarzer im Gespräch mit ihm vor – und ärgert sich.

Aus Alice Schwarzers Mund klingt die Begegnung so: «Wir saßen also da, und ich hatte so ein Kleidchen mit kurzen Ärmeln an, das über den Knien ständig hochrutschte. Damals war ich auch noch blonder, ich war ein richtig nordischer Typ. Plötzlich geht der Schlüssel in der Tür, und Beauvoir kommt herein. Schaut streng, guckt herum, und dann fällt ihr Blick auf meine nackten Knie. Ich dachte nur eines: Scheiße, Scheiße, jetzt glaubt die, Sartre hat sich mal wieder von so einer kurzberockten Blondine beschwatzen lassen, seine Zeit zu verlieren.» In dieser schrecklichen Situation, so Alice Schwarzer, habe sie erstmals «Beauvoirs ‹tête-de-chameau› (wörtlich übersetzt: Kamelkopf)» kennengelernt, ihre «berüchtigte abweisende Miene, wenn ihr Situationen oder Menschen nicht passen».

Die Jüngere versucht, zögerlich Konversation mit der berühmten Älteren zu treiben, doch Madame läßt sie kalt abblitzen. «Machte nichts», tröstet sich Alice Schwarzer, «für mich war es dennoch eine wirklich bewegende Begegnung.» Es wird nicht die einzige bleiben. Die beiden Frauen treffen sich schon bald wieder.

Als Simone de Beauvoir *Das andere Geschlecht* schrieb, war sie eigentlich keine Frauenrechtlerin. Am Ende ihres Buches bezeichnete sie sich sogar als «Antifeministin». Sie hoffte, daß sich die Probleme der Frauen in einem zukünftigen Sozialismus von selbst lösen würden. Anfang der siebziger Jahre gab sie diese Hoffnung auf. Sie wurde Feministin und stellte sich, wie sie sagte, der Frauenbewegung «zur Verfügung».

Beauvoir gehörte zu den Prominenten, die den Abtreibungsaufruf des MLF im *Nouvel Observateur* unterzeichneten und ihre Wohnungen für Abtreibungen zur Verfügung stellten, damit – falls die Polizei bei der illegalen Aktion eingriff – der Skandal auch wirklich zum Skandal wurde. In Sartres Zeitschrift *Les Temps Modernes* betreute sie eine Seite über den «alltäglichen Sexismus», sie war Präsidentin der Liga für Frauenrechte und unterstützte die Initiativen zur Gründung von Frauenhäusern. Beauvoir war es auch, die zusammen mit dem MLF die «États généraux de la femme» plante und organisierte.

«So wie Sartre für einen Teil der radikalen Linken zum compagnon de route geworden war, so wurde nun auch Beauvoir für eine Strömung der Frauenbewegung, für die Radikalfeministinnen, zur Wegbegleiterin», resümiert Alice Schwarzer. Von den MLF-Frauen sei die Philosophin zunächst mit einer «Mischung aus Respekt und Chuzpe» behandelt worden, doch bald habe man sie «ins Herz» geschlossen.

Sechs bis acht MLF-Frauen treffen sich regelmäßig mit der Schriftstellerin. Die Gruppe plant und diskutiert, dabei wird gegessen und getrunken. Abwechselnd stellen sich die Frauen in die Küche – außer Beauvoir, die Hausarbeit haßt. Bei einem dieser Treffen beschließt die Gruppe, daß Alice ein programmatisches Interview mit Simone de Beauvoir führen soll. Den Text will man verkaufen, um das fehlende Geld für das Tribunal in der Mutualité aufzutreiben.

Eigentlich eine gute Idee, doch die Frauen sind sich nicht einig. Denn andere aus dem MLF finden es unmöglich, Geld für einen Text zu nehmen, und werfen Alice Schwarzer vor, sie verwechsele Feminismus mit ihrer journalistischen Karriere.

Das Interview wird geführt und Anfang 1972 an den *Nouvel Observateur* verkauft. Das bringt 2000 Franc. Der Text macht Schlagzeilen, sogar außerhalb Frankreichs. Denn zum ersten Mal verkündet Simone de Beauvoir: «Ich bin Feministin.» Dieses Gespräch bildet den Auftakt zu einer Reihe von sechs langen Interviews, die Alice Schwarzer in einem Zeitraum von zehn Jahren mit der Schriftstellerin führen wird.

Alice Schwarzers Bewunderung und Verehrung für die Französin ist schier grenzenlos. «Die Person Simone de Beauvoir, die Summe ihres Werkes und ihres Lebens, war – und ist – Symbol», schwärmt sie. «Symbol für die Möglichkeit, trotz allem ein ganzes Stück selbstbestimmt und frei von Konventionen und Vorurteilen zu leben, auch als Frau.» Alice Schwarzer preist Beauvoirs «Intelligenz», «Energie», «Schönheit» und «Erotik», ihre «Freiheit des Denkens», ihren «Übermut», ihre «Neugier», ihren «Fleiß» und noch einige wunderbare Charaktereigenschaften mehr. Im Nachruf auf die französische Denkerin betont Alice Schwarzer, wie gut sich Beauvoir als Ideal geeignet habe. «Menschen brauchen Vorbilder. Keine vernebelnden, entmündigenden Idole. Aber mitreißende Vorbilder. Solche, die vorleben, daß widerständiges, integres Denken und Leben möglich ist, mehr noch: erfüllend sein kann.»

Scharf verteidigt sie die Verehrte gegen Kritik. In einem Zeitungsartikel, der 1997 in Deutschland erscheint, kanzelt Alice Schwarzer gleich eine ganze Riege «krittelnder Autoren» ab. Eine von Beauvoirs Biographinnen bezeichnet sie als «voreingenommen und nörgelnd» und als «distanzlos». Das Verhältnis von Autorinnen zu der «Übermutter» Beauvoir sei «unsouverän und angespannt». Gerade «intellektuellen Frauen» wirft Alice Schwarzer vor: «Sie scheinen sich einerseits blind mit dem Vorbild zu identifizieren, doch das einstige Idol andererseits für ihr eigenes Ungenügen zu hassen.»

Doch die meisten Frauen, die Alice Schwarzer hier derart schurigelt, sind mitnichten Personen, die Beauvoirs Verdienste anzweifeln. Sie haben nur berechtigte Anfragen an das Theoriegebäude und den Lebensentwurf der feministischen Heroine gestellt.

Es scheint, als wäre ein Angriff auf Simone de Beauvoir – die mit Kritik durchaus souverän umzugehen verstand – irgendwie auch ein Angriff auf Alice Schwarzer.

Die Deutsche übernimmt im Kern die feministischen Positionen der Französin. Wie Beauvoir lehnt Alice Schwarzer jeden Ansatz zur Frauenbefreiung, der mit der «Natur» der Frau oder der Differenz zwischen den Geschlechtern operiert, kategorisch ab. Beauvoir: «Ich glaube nicht, daß etwas Besonderes von der Weiblichkeit zu erwarten ist.» Wer darauf setze, glaube «an eine weibliche Natur – wogegen ich mich immer gewehrt habe. All diese Konzepte muß man vom Tisch fegen.» Schwarzer: «Es ist zweifelsfrei das ausschließliche Verdienst des Feminismus, die Ideologie von der ‹Natur der Frau› ... als zentrales Unterdrückungsinstrument gegen Frauen erkannt zu haben.» Und: «Den Differenzialismus, die Strömung, die sich jetzt wieder auf den Unterschied beruft, halte ich für eine reaktionäre Entwicklung.»

Für die beiden Feministinnen hat die Gleichheit der Geschlechter absoluten Vorrang. Beauvoir: Frauen sollten «in Gleichheit mit den Männern sich die von Männern geschaffenen Werte aneignen, statt sie abzulehnen». Schwarzer: «... die zentrale Forderung des Feminismus ist das Gleichheitspostulat, da kann es überhaupt kein Abweichen geben.»

Beauvoir und Schwarzer warnen beide vor einer «Mystifizierung der Mutterschaft», denn das sei der Kern des «Weiblichkeitswahns». Beide unterstellen, daß sich Mutterschaft in einer patriarchalen Gesellschaft mit einem beruflich und politisch aktiven Leben – und so mit Freiheit und Menschenwürde – nicht vereinbaren lasse. Beauvoir: «Ich bin den meisten typisch weiblichen Sklavenarbeiten entgangen, war nie Mutter und nie Hausfrau.» Da man den Frauen nicht die Schönheit des Geschirrspülens anpreisen könne, «preist man ihnen die Schönheit der Mutterschaft». Schwarzer: «Die Umstände, die Gesellschaft, die Männergesellschaft, die Väter machen Mutterschaft heute zur Sklaverei!»

Beide Frauen fordern die Hälfte der Welt. Beauvoir: «Wenn man uns sagt: ‹Immer schön Frau bleiben. Überlaßt uns nur all diese lästigen Sachen: Macht, Ehre, Karrieren … Seid zufrieden, daß ihr so seid: erdverbunden, befaßt mit menschlichen Aufgaben …› Wenn man uns das sagt, sollten wir auf der Hut sein!» Schwarzer: «Den Frauen die halbe Welt, den Männern das halbe Haus!»

Die Identifikation mit Simone de Beauvoir bleibt für Alice Schwarzer keine Frage der Theorie. Auch im Privaten scheint sie ihrem Leitstern nachzueifern. Alice Schwarzer führt keine Ehe, hat keine Kinder und erotische Erfahrungen mit beiden Geschlechtern – wie Beauvoir. Alice Schwarzer ist stolz auf ihre männlichen Persönlichkeitsanteile, ohne die weiblichen verleugnen zu wollen – wie Beauvoir. Alice Schwarzer sieht sich als eine Frau, die «aus dem Käfig der Weiblichkeit ausgebrochen» ist. Simone de Beauvoir versteht sich als «Ausnahmefrau», die sich dem Weiblichkeitsdiktat erfolgreich widersetzte. Und während Alice Schwarzer über Simone de Beauvoir sagt, sie sei «kein sonderlich selbstgrüblerischer Mensch» gewesen, sagt Christina von Braun über Alice Schwarzer: «Sie ist überhaupt nicht angekränkelt von Zweifeln.»

Alice Schwarzer glaubt, Simone de Beauvoirs Lebensprinzip erkannt zu haben: «Eine Frau, die sich entschließt, nicht länger hinzunehmen, sondern zu nehmen, gegen alle Konventionen und Widerstände.» Gibt es ein besseres Motto für das Leben der Feministin Schwarzer?

Sich zu nehmen, was sie will, sich durchzusetzen, hat Alice Schwarzer in ihrer Pariser Zeit zunehmend besser gelernt. Das ging in der damaligen Szene wohl auch nicht anders. Der feministische Zirkel war ein Wespennest voller Spannungen und Konflikte. Die Auseinandersetzungen zwischen den Strömungen machten dem MLF schließlich den Garaus.

Es gab drei wichtige Fraktionen. Zum einen die «luttes des classes», die klassenkämpferische Linie der linksextremen Gruppen, die sich streng an marxistische Analysen hielten. Dann die «féministes radicales», zu denen Alice Schwarzer gehörte; sie verstanden sich auch als links, doch sie gaben dem Kampf gegen das Patriarchat den Vorrang, der Kampf gegen das Kapital stand für sie nur an zweiter Stelle. Und schließlich die Gruppe «Psychanalyse et Politique», die sich um die Psychoanalytikerin und heutige Europaabgeordnete der Radikalsozialisten Antoinette Fouque sammelte.

Von ehemaligen MLF-Frauen wird hauptsächlich Fouque für die frühe Spaltung der französischen Frauenbewegung verantwortlich gemacht. Fouque zog den Groll von Anfang an auf sich – auch den von Alice Schwarzer und Claude Hennequin Guillon. «Ich wollte etwas Neues», beschwert sich Claude, «etwas anderes als die alten politischen Parteien. Aber Fouque hatte den traditionellen Stil der Macht.» Ihre Gegnerinnen warfen Fouque autoritäres Auftreten und einen extrem hierarchischen Stil vor. Hinzu kam, daß ihre Gruppe weitgehend von der Erbin eines Konzerns finanziert wurde, was sie den anderen MLF-Frauen nicht sympathischer machte. Auf Fouque angesprochen, faucht eine ehemalige MLF-Frau noch heute erbittert: «Fouque, das ist der absolute Haß. Sie war immer antifeministisch und wollte immer der Chef sein. Sie ist von der Macht besessen – ein Guru.»

Harte Worte. Und ein Hinweis darauf, wie Frauen, die auszogen, sich und ihre Schwestern zu befreien, miteinander umgesprungen sind. Ähnlich harte Worte wird auch Alice Schwarzer von deutschen Feministinnen bald zu hören bekommen.

«Ich habe abgetrieben»

Die Revolte
der Frauen beginnt

1975. Demonstration gegen den § 218

Während sich in Frankreich ein feministisches Bewußtsein entwickelte, während die Französinnen in Paris Ram-
bazamba machten und Alice Schwarzer dabei das Abc
einer Bewegungsaktivistin lernte, währenddessen waren
auch die bundesdeutschen Frauen längst munter geworden.

Wo entstand die Neue deutsche Frauenbewegung? An
einem Ort, an den sich Frauen immer gerne zurückgezo-
gen haben, wenn sie in Ruhe miteinander reden wollten –
und an den sie von Männern mit Vorliebe geschickt wurden. Wo also? In der Küche! Zwischen Tellern und Töpfen
wurde das erste Frauenbefreiungssüppchen gekocht.

An einem Winternachmittag in Berlin, gegen Ende des
Jahres 1967, entschloß sich Helke Sander zu einem Besuch
in der Marburger Straße. Die heutige Filmemacherin, damals knapp dreißig Jahre alt, war Theaterregisseurin und
Studentin an der Filmakademie, außerdem alleinerziehende Mutter eines Sohnes. Obwohl keine typische Studentin – sie war älter als ihre Kommilitonen, hatte das
Kind und mußte neben dem Studium arbeiten –, war sie
Mitglied im SDS, dem Sozialistischen Deutschen Studen-
tenbund, der Speerspitze der Studentenbewegung. Dort
hatte sie gelernt, daß sich alles um «Befreiung» drehte, um
«Solidarität mit allen Ausgebeuteten und Unterdrückten
hier und anderswo». Der Gedanke, der ihr kam, war nur
folgerichtig: «Wenn man von der Befreiung der Menschheit redet, dann könnte ja auch ich befreit werden.»

Helke Sanders Freiheitsdrang entsprang einem handfesten Bedürfnis. Sie wollte sich ihr Leben so einrichten
können, daß ihr neben den verschiedenen beruflichen und
privaten Belastungen noch Zeit blieb, um politisch zu

arbeiten. Durch den SDS hatte sich ihr eine völlig neue Gedankenwelt erschlossen. Sie war neugierig, sie wollte an Versammlungen teilnehmen, mitdiskutieren, mitmachen. – Keine Zeit. Wenn sie nicht arbeitete oder studierte, mußte sie sich um ihren Sohn kümmern. Ein Platz im Kindergarten war rar in Berlin. Und die Kommune, in der sie wohnte, konnte sie nur wenig entlasten.

Schon einmal hatte sie einen Zettel ans Schwarze Brett in der Uni gepinnt. Sie wollte Frauen kennenlernen, die auch Kinder hatten und mit denen sich bestimmte Probleme gemeinsam lösen ließen. Vielleicht konnte man sich ja zusammentun. Niemand meldete sich. Sie selbst kannte kaum Frauen. «Wer als Frau intellektueller war und etwas auf sich hielt, wollte mit Männern zusammensein, denn die machten ja die spannenden Sachen.» Die Frauen im SDS hielten sich an ihre Männer – und aus den Diskussionen weitgehend heraus. «Wenn die Männer anfingen zu reden und sich am Tisch vorlehnten, lehnten sich die Frauen zurück, so saßen sie quasi in der zweiten Reihe.»

Helke Sander machte einen zweiten Anlauf. Da gab es die Anti-Springer-Kampagne des SDS. Und ihr war aufgefallen, daß sich ein gut Teil der Artikel, die die Blätter des Verlagsimperiums füllten, gezielt an Frauen wandte. Tenor: Wie mache ich es meinem Mann auch mit wenig Haushaltsgeld gemütlich? Oder: Hübsch sein, wenn er abends nach Hause kommt. Unzählige studentische Arbeitskreise untersuchten die Machtstrukturen des Springer-Konzerns, kein einziger beschäftigte sich mit der Frage, welche Rolle den Frauen in den Publikationen zugewiesen wurde. Diese Analyse, dachte Helke Sander, sei sicher lohnend und müsse vor allem Frauen ansprechen und interessieren.

Also marschierte sie in die Marburger Straße. Dort traf sich in der Wohnung von Peter Schneider – damals Student, heute Schriftsteller – ein SDS-Arbeitskreis. Da traute sie sich gerade noch hin. «Ich war damals sehr schüchtern, solange es nicht um meine Arbeit ging, und mit Peter Schneider hatte ich schon mal drei Worte im SDS geredet.»

Um drei Uhr nachmittags kam sie an, bis fünf saß sie auf der Stuhlkante und hörte den Genossen zu, die Wichtiges zu bereden hatten. Dann berichtete sie von ihrer Idee. Die Genossen guckten leicht irritiert. Peter Schneider murmelte hilflos: «Du, geh doch mal in die Küche zu Marianne, die interessiert sich auch für so was.»

Marianne Herzog, Peter Schneiders damalige Freundin, saß am Küchentisch. An der Wand über ihr hing ein Poster von Che Guevara, im Regal neben ihr lag zwischen den Kochbüchern *Die Frau und der Sozialismus* von August Bebel, auf dem Tisch vor ihr stand ein aufgeklappter Pappkoffer, in dem sich Broschüren zur finanziellen Benachteiligung von Frauen am Arbeitsplatz stapelten. Das Material hatte Marianne Herzog von Ulrike Meinhof bekommen.

Helke Sander redete soviel wie noch nie zuvor. Marianne Herzog verstand ihr Problem nur allzu gut. Sie war selbst Mutter und hatte ihr Kind mit zwei Jahren zur Adoption freigegeben, weil sie es allein nicht mehr schaffte. Als Helke Sander nachts um drei die Küche und Marianne verließ, war die Neue deutsche Frauenbewegung aus dem Ei geschlüpft. Und die Idee der Kinderläden geboren.

Beim nächsten Treffen waren sie schon zu dritt. Das erste Flugblatt entstand, es folgten die ersten konsternierten Reaktionen der Genossen und die erste Veranstaltung. Keine der Frauen hatte bisher eine große Versammlung organisiert. Sie waren schrecklich aufgeregt. «Um uns zu beruhigen, verschwanden wir immer mal wieder auf der Toilette mit einer Flasche Schnaps», erinnert sich Helke Sander belustigt. Hundert Leute hatten sich eingefunden.

Viele Frauen, wenige Männer. Thema: Frauenbefreiung und Kinderfrage. «Feminismus» war noch ein Schimpfwort, und das später gebräuchliche Schlagwort «patriarchal» war noch nicht in Mode.

Die neu entstandene Gruppe traf sich nun immer mittwochs im Republikanischen Club. Sie nannte sich «Aktionsrat zur Vorbereitung der Befreiung der Frauen». Jede Woche fanden sich fünfzig Neue ein, höchstens die Hälfte kam aus dem universitären Umfeld. Es gab einige Männer darunter, die meisten jedoch waren Mütter. Es muß viele Küchen in der Bundesrepublik gegeben haben, in denen Frauen nur auf ein Signal gewartet hatten, um sich aufzumachen. Helke Sander: «Uns trieb nicht die Wut. Mehr der Spaß und eine unendliche Neugier. Es war großartig, daß bestimmte Dinge, die man für naturgegeben gehalten hatte, theoretisch und praktisch aufgebrochen werden konnten. Und dann diese neue überwältigende Möglichkeit, mit Frauen zu kommunizieren. Das war ein Lustgewinn.»

Ab und an tauchte bei den Treffen auch mal die eine oder andere miesgelaunte Studentin auf, die von ihrem Freund geschickt worden war: Geh doch da mal hin, da kannst du dich emanzipieren. Denn noch fanden es manche linke Männer ganz chic, daß Frauen ihre eigene Spielwiese gefunden hatten.

Den Aktionsrat beschäftigten Hunderte Fragen: Warum kommen Frauen in allen Revolutionen zu kurz? Haben Frauen Probleme, die Männer nicht haben? Wenn ja, warum und welche? Wenn es einen «Penisneid» gibt, warum soll es dann keinen «Fotzenneid» geben? Aber vor allem ging es immer wieder um die Verbindung der «Frauen- mit der Kinderfrage». Die Frauen wollten alles wissen, alles erfahren, und das möglichst sofort. Sie wollten Texte lesen und theoretisch diskutieren. Aber sie redeten auch über ihre «Frustrationen» – ein Wort, das es in der Umgangssprache vorher nicht gab – und über die «Verdrängung von Sexualität». Sie sammelten Literatur und tauschten Informationen aus.

Helke Sander, die diese Zeit in ihrem eindrucksvollen Film «Der subjektive Faktor» festhielt, freut sich noch heute über den Enthusiasmus, der sie alle befallen hatte. «Früher war nur wichtig, was Männer machten und daß man von ihnen anerkannt wurde. Das änderte sich plötzlich. Frauen hielten andere Frauen auf einmal für kompetent. Wir sind nach diesen Treffen immer völlig ergriffen rausmarschiert.» Das Ganze hatte sehr bald praktische Konsequenzen. Keine vier Monate nach dem Küchengespräch in der Marburger Straße waren in Berlin die ersten zehn Kinderläden gegründet.

In der Zwischenzeit drang die Kunde von renitenten US-Amerikanerinnen nach Europa. Anfang 1968, im Rahmen einer Anti-Vietnam-Demonstration in Washington, veranstalteten radikale Frauen eine Leichenprozession für die «traditionelle Weiblichkeit». Das Biest gehöre unter die Erde, argumentierten die Aktivistinnen, weil es «dreitausend Jahre die Sache der Gewalt gestützt und allen Kriegern geholfen hat, sich so richtig tüchtig zu fühlen». Auf einem Heldenfriedhof wurde eine Puppe mit ausdruckslosem Gesicht und blonden Locken begraben – das Sinnbild der amerikanischen «Mom». Ihre Lockenwickler, Rabattmarken, BHs, ihr Haarspray und Strumpfhalter wanderten mit ins Grab.

Die Bewegung, die sich Women's Liberation Movement nannte, verfolgte zwei strategische Ziele: Zum einen sollten sich Frauen ihrer Unterdrückung bewußt werden, zum anderen sollten sie sich, da sie alle unter der Vorherrschaft der Männer litten, als «Schwestern» begreifen lernen.

Einige Monate später störte «Women's Lib» die Wahl der Miss America. Die Feministinnen riefen Frauen im ganzen Land zu Sabotageaktionen auf. Sie verhöhnten die Schönheitskönigin, dieses «hirnlose Weibchen-Idol», verbrannten Büstenhalter, Lockenwickler, künstliche Wimpern, Perücken und Frauenzeitschriften und kürten ein Schaf zur Miss America. Ein medienwirksamer Auftritt. Die Women's Liberation Movement wurde ein Begriff, auch im Ausland. Es machte den Europäerinnen Mut für ihren Protest.

Kaum hörten die US-Feministinnen vom Frauenaktionsrat in Berlin, versuchten sie Kontakt aufzunehmen und schrieben einen Brief. Es ist eines dieser merkwürdigen Ereignisse in der Geschichte, die sich zu wiederholen scheinen. Denn bereits hundert Jahre zuvor hatten amerikanische Frauenrechtlerinnen ihren deutschen Schwestern unter die Arme gegriffen. Die Delegierten eines amerikanischen Frauenverbandes waren 1869 zu einer Konferenz nach Berlin gereist. Bei dieser Gelegenheit brachten sie ihre deutschen Kolleginnen auf die Idee, das Wahlrecht für Frauen einzufordern. Nun, 1968, boten die Frauen aus Übersee erneut ihre Unterstützung an. Diesmal ohne Erfolg. Der Aktionsrat reagierte nicht auf das Schreiben – Helke Sander sagt, es habe am Englisch gehapert.

Im September 1968 beschloß der Berliner Aktionsrat, Helke Sander zum Bundeskongreß des SDS nach Frankfurt zu schicken. Noch glaubten die Frauen daran, daß sie ihre Befreiung gemeinsam mit den Männern bewerkstelligen könnten. Helke Sander: «In unserer Naivität haben wir uns das nicht besonders schwer vorgestellt. Wir wollten die Situation von Frauen untersuchen, und die Männer sollten uns theoretisch unterstützen.» In Frankfurt wollte der Aktionsrat konkrete Forderungen an die Genossen stellen.

Die Frauen waren zwar blauäugig, aber schwach fühlten sie sich nicht, sagt Helke Sander. «Wir betrachteten Frauen und Kinder als revolutionäre Subjekte. Wir haben überhaupt nicht über Opfer gesprochen, aber viel über Macht nachgedacht. Wir hatten alle das Gefühl, eigentlich sehr stark zu sein. Nur daß es irgendwie schiefgegangen ist und es niemand so richtig gemerkt hat.»

Helke Sander wurde von Sigrid Rüger nach Frankfurt begleitet. Die Romanistikstudentin war eine der wenigen SDS-Frauen, die dem Aktionsrat offene Sympathie entgegenbrachte.

Sigrid Rüger lebt nicht mehr. Vor ihrem Tod erzählte sie in einem Interview: «Wir standen also vor dem Audimax der Frankfurter Uni und mußten uns etwas einfallen lassen. Ich kaufte mir Tomaten und dachte, wenn ich sie nicht brauche, dann esse ich sie. Ist ja auch sehr erfrischend in so einem stickigen Sitzungssaal.» Auf dem Wochenmarkt waren Tomaten gerade im Sonderangebot, weich und billig. Sie wurden nie gegessen.

Helke Sander begab sich zum Rednerpult und referierte «mit klappernden Knochen» und in bemühtem SDS-Jargon. Daß der SDS ein «Spiegelbild gesamtgesellschaftlicher Verhältnisse» sei, in dem die Frauen wie überall eine untergeordnete Rolle spielten. Daß Frauen ihre Identität suchten. «Durch Beteiligung an Kampagnen, die ihre Konflikte nicht unmittelbar berühren, können sie sie nicht erlangen. Das wäre Scheinemanzipation. Sie können sie nur erlangen, wenn die ins Privatleben verdrängten gesellschaftlichen Konflikte artikuliert werden, damit sich dadurch die Frauen solidarisieren.» Sie provozierte die Genossen: «Warum sprecht ihr denn hier vom Klassenkampf und zu Hause von Orgasmusschwierigkeiten?» Sie drohte: «Genossen, wenn ihr zu dieser Diskussion nicht bereit seid, dann müssen wir allerdings feststellen, daß der SDS nichts weiter ist als ein aufgeblasener konterrevolutionärer Hefeteig!»

Der Hefeteig wollte nicht diskutieren. Vor allem nicht die Genossen auf dem Podium. Bei den Genossinnen war da schon mehr Interesse. Doch im Gegensatz zu einer weitverbreiteten Legende ist der Ausbruch der Frauenrevolte kein Verdienst der weiblichen Mitglieder des SDS. Am Anfang der Bewegung standen unorganisierte Mütter. Den SDS-Frauen war der Aktionsrat eher unangenehm und der Auftritt von Helke Sander in Frankfurt ausgesprochen peinlich.

Am liebsten hätte man die Frau vom Aktionsrat gar nicht reden lassen. Sie war schließlich keine SDS-Delegierte, auch nicht theoriegestählt. Bei ihrer Ansprache erfaßte die linken Denker ein Grausen. Frauen mit Kindern, hatte Helke Sander kundgetan, «sind am ehesten dazu in der Lage, den Abfallhaufen des gesellschaftlichen Lebens ans Licht zu ziehen, was gleichbedeutend damit ist, den Klassenkampf auch in die Ehe zu tragen und in die Verhältnisse. Dabei übernimmt der Mann die objektive Rolle des Ausbeuters oder Klassenfeindes, die er subjektiv natürlich nicht will.» Der arme Marx! jammerten die Genossen. Sie bastelten sich ihre Theorie zwar selbst aus marxistischen, anarchistischen, existentialistischen, psychoanalytischen und pazifistischen Brocken zusammen, aber wo stand, daß auch Frauen sich so hemmungslos kreativ aus unterschiedlichen Töpfen bedienen durften?

Die Ignoranz, die die Genossen auf dem Podium gegenüber Helke Sander an den Tag legten, machte Sigrid Rüger – rote Haare, grünes Kleid – zur Attentäterin. Sie rief: «Genosse Krahl, du bist objektiv ein Konterrevolutionär und ein Agent des Klassenfeindes dazu!» Und feuerte. Die erste Tomate landete auf dem Haupt des SDS-Ideologen Hans Jürgen Krahl. Die restlichen folgten.

Auch hier gibt es eine frappierende Parallele zu den USA. Dort waren einige Zeit zuvor ebenfalls Tomaten geflogen. Allerdings in umgekehrter Richtung. Als die ersten frauenbewegten Studentinnen auf einem Kongreß ihre Ideen von «Women's Liberation» vorstellten, wurden sie von ihren männlichen Kommilitonen ausgelacht – und mit Tomaten beschmissen.

Nach Sigrid Rügers handgreiflicher Aktion war der Teufel los. «Der Saal war ein brodelnder Kessel, von Empörung bis Zurufen: ‹Ja, richtig! Das war schon lange fällig.› Auch Verwirrung, was man jetzt machen sollte.» Die Debatte wurde abgebrochen.

Dann ging alles sehr schnell. Die SDS-Frauen verabschiedeten eine Resolution im Sinne des Aktionsrats. Die Frankfurter Frauen gründeten einen «Weiberrat», die aus den anderen Landesverbänden initiierten Frauengruppen. Parole: «Die Männer haben ihr Pulver verschossen – wir nicht!» Die Frauenbewegung war da!

«Frauenbewegung nannten wir es erst, als wir merkten, daß wir so viele waren», sagt Helke Sander, die diese Zeit auch als «intellektuelles Abenteuer» in Erinnerung behalten hat. Zwei Monate später, beim SDS-Novemberkongreß in Hannover, propagierte der Frankfurter Weiberrat die endgültige Befreiung der Genossen – auf eine sehr spezielle Art. «Befreit die sozialistischen Eminenzen von ihren bürgerlichen Schwänzen!» verkündete ein inzwischen legendäres Flugblatt. Darauf sind, wie Jagdtrophäen an die Wand gespießt, die Geschlechtswerkzeuge von sechs Obergenossen zu sehen, während eine spitzbusige Emanze grinsend ihr Hackebeilchen schwingt. Außerdem ist zu lesen: «wir machen das maul nicht auf! wenn wir es doch aufmachen, kommt nichts raus! wenn wir es auflassen, wird es uns gestopft: mit kleinbürgerlichen schwänzen, sozialistischem bumszwang, sozialistischen kindern ... kotzen wir's aus; sind wir penisneidisch, frustriert, hysterisch, verklemmt, asexuell, lesbisch, frigid, zukurzgekommen, irrational ... frauen sind *anders*!»

Die «Bräute der Revolution» machten nun selbst Revolution. Und die antiautoritären Männer, die so gern gegen die Wohlstandsbürger pöbelten, waren geschockt. Das Flugblatt, das so kräftig die Kastrationsängste schürt, ist das provokanteste Pamphlet der deutschen Frauenbewegung – auch wenn sich manche ehemalige SDSlerin inzwischen dafür schämt, wie für eine Jugendsünde.

Die Medien berichteten voller Schadenfreude über die aggressiven Weiber im SDS und ihren «Ehekrach» mit den Genossen. Doch meldeten sich auch kluge Stimmen zu Wort. Unter der Überschrift: «Frauen im SDS oder In eigener Sache» schrieb Ulrike Meinhof im Dezember 1968 in *Konkret* einen der grundlegenden Texte der Neuen Frauenbewegung. Im Gegensatz zum üblichen Stil dieser Zeit analysierte sie nicht nur klarsichtig, sondern formulierte auch unverquast. Sie betonte, daß dieser Konflikt nicht in die Privatsphäre gehöre: Die Tomaten, die auf dem SDS-Kongreß geflogen seien, hätten keinen Symbolcharakter gehabt, wie etwa die Wurfgeschosse auf den Schah von Persien bei seinem BRD-Besuch. Die Tomatenwerferin und ihre Komplizinnen hätten nicht «aufgrund entlehnter, mühsam vermittelter Erfahrung» gesprochen, sondern «sie sprachen und handelten, indem sie für unzählige Frauen sprachen, für sich selbst». Der Konflikt sei kein erfundener, kein angelesener, denn jeder, der eine Familie habe, kenne ihn auswendig. Die Frauen hätten «nicht rumgejammert und sich nicht als Opfer dargestellt, die Mitleid beantragen und Verständnis und eine Geschirrspülmaschine und Gleichberechtigung und Papperlapapp. – Sie haben angefangen, die Privatsphäre, in der sie hauptsächlich leben, deren Lasten ihre Lasten sind, zu analysieren.»

Mit der gewohnten weiblichen Zurückhaltung war es nun vorbei. Bei einer SDS-Versammlung wurde ein Genosse von Frauen ausgezogen, weil er mechanisch vor sich hin monologisiert hatte. In Hamburg präsentierten Frauen ihren nackten Busen vor Gericht, um gegen die lust- und sexualfeindliche Justiz zu demonstrieren. «Hat Frau Richter jemals einen Orgasmus gehabt?» fragten sie auf einem Flugblatt und kündigten einen Striptease im Gerichtssaal an – was die Polizei allerdings zu verhindern wußte.

Ähnliche Aktionen folgten. Hauptsache, sie machten Spaß – und Ärger. Die Haltung der Frauen zur Sexualität hatte sich verändert. Sie zeigten es durch ihre Freizügigkeit, obszöne Gesten und aggressive erotische Signale. Der Aktionsrat mischte überall mit. Militanz? Ja, bitte! «Die militanten Panthertanten den Terror längst vor Rauschgift kannten!»

Eine feministische Theorie, auf die sich die Bewegung beziehen konnte, gab es noch nicht. Auch das Wissen um die historische Frauenbewegung und deren Vorkämpferinnen – von Christine de Pisan im 14. Jahrhundert über die Revolutionärin Olympe de Gouges bis zu den Damen des 1865 gegründeten «Allgemeinen Deutschen Frauenvereins» – war gänzlich verschollen. Also mixten sich die Aktivistinnen einen Theorie-Cocktail aus ein bißchen Marx, Lenin, Bakunin und Mao und reicherten ihn mit Rosa Luxemburg, Wilhelm Reich und Ideen der Sexpol-Bewegung an. Hinzu gesellten sich bald feministische Texte aus den USA. «Der Mythos vom vaginalen Orgasmus», ein Essay von Anne Koedt, der gerade in Amerika erschienen war, machte die Runde.

Die Bewegung vereinte Frauen aus dem SDS, der APO und ihrem Dunstkreis. Der Protest war nicht nur betont lustvoll, sondern immer auch für die Öffentlichkeit inszeniert. Als Accessoires dienten bunte Kleider, schnoddrige Sprüche, heftiges Make-up und natürlich Blumen. Flower-Power war schließlich auch angesagt. Mit diesem neuartigen freien Weib mußten die bundesdeutschen Bürger und Bürgerinnen erst einmal fertig werden.

Doch das Phänomen hielt sich nicht lange. Keine zwei Jahre, da hatte sich die antiautoritäre feministische Euphorie abgenutzt. Was als Aufbruch zu einem befreiten Leben anfing, mündete in verbissenen Diskussionen über den richtigen Weg und die richtigen Motive im Kampf um die Befreiung der Frau. Das ging, wie so oft in politischen Bewegungen, mit dem Bedürfnis einher, Abweichlerinnen zu bestrafen. Dieser Zug hängt auch der Frauenbewegung an wie ein böser Fluch: Allzu oft erheben Feministinnen ihr Credo zum Dogma, grenzen Gegnerinnen aus und bekämpfen sie gnadenlos.

Der Berliner Aktionsrat wurde seit Ende 1969 mehr und mehr von linken Dogmatikerinnen dominiert. Niemand redete mehr über den Zusammenhang von Frauenemanzipation und Kinderfrage. Jetzt wurde marxistisch geschult. Frauen sollten sich mal wieder als «Brüder» ins Proletariat einreihen. Selbst in den Kinderläden hatten längst Männer die Regie übernommen.

Diesen orthodoxen Schub hielt der Aktionsrat nicht aus. Er blähte sich zunächst personell auf, zerfieselte dann in viele kleine Gruppen und brach schließlich auseinander. Übrig blieb der «Sozialistische Frauenbund Westberlin», der genau so war, wie sich der Name anhörte – auf Linie. Er verstand sich als eine Art Durchlauferhitzer: Frauen sollten ideologisch auf Zack gebracht werden, um zu ebenbürtigen Partnern der Männer zu avancieren.

Dies war die Zeit, in der sich in der außerparlamentarischen Opposition eine dogmatische Verhärtung breitmachte. Davon blieben auch die seit dem Frankfurter SDS-Kongreß so zahlreich entstandenen Frauengruppen nicht verschont. Je stärker der autoritäre Charakter einer Gruppe war, desto schneller versackte sie im Sektierertum oder verschwand in der Versenkung. Am Anfang der siebziger Jahre herrschte an der Aktivistinnenfront fast wieder Ruhe. Hippie-Heiterkeit und Flower-Power waren nicht mehr gefragt. Aber es gab ja auch noch die Frauen, die zwar vom Emanzipationsvirus befallen waren, doch mit den Politorganisationen nichts zu tun hatten. Die leiser und unspektakulärer operierten. Bei denen, in den vielen Küchen und kleinen Gruppen, grummelte es weiter.

Irgendwann im April 1971 in Paris bekommt Alice Schwarzer einen Anruf von einem französischen Journalisten vom *Nouvel Observateur*. Einige Tage zuvor hat die Zeitung die Selbstbezichtigung veröffentlicht, bei der sich über 300 Französinnen zu einer Abtreibung bekannt hatten.

Seit dem 19. Jahrhundert sorgte die Abtreibungsfrage in vielen Ländern für Konflikte. 1920 wurde in der UdSSR der Schwangerschaftsabbruch freigegeben, andere osteuropäische und skandinavische Staaten folgten mit liberalen Regelungen. Doch für die meisten Länder wie Großbritannien, die USA, Frankreich und die Bundesrepublik brachten erst die kulturelle Liberalisierung der sechziger Jahre und die Frauenbewegung die Frage wieder auf die politische Tagesordnung.

Der Redakteur vom *Nouvel Observateur* berichtet Alice Schwarzer, daß sich die deutsche Zeitschrift *Jasmin* bei ihm gemeldet habe. *Jasmin*, ein Blatt, das man heute mit einem Begriff bezeichnen würde, den es damals noch gar nicht gab – nämlich als Lifestyle-Magazin –, hat von der Abtreibungsaktion erfahren und will sie in der Bundesrepublik kopieren. Das paßt dem Redakteur des linksliberalen *Nouvel Observateur* nicht. *Jasmin* ist ihm zu seicht. Alice Schwarzer ist seiner Meinung. Da findet sie die Illustrierte *Stern* schon passender. Eine Stunde später hat sie die Redaktion an der Strippe. Der *Stern* ist bereit, eine Selbstbezichtigung deutscher Frauen zu veröffentlichen.

Nun kann Alice Schwarzer zum ersten Mal, wie sie sagt, «beide Leidenschaften – Journalismus und Politik», verbinden. Außerdem treibt sie wohl persönliche Betroffenheit zu diesem Unternehmen. Gegenüber einem Journalisten erwähnt sie einmal, daß sie zwar faktisch nie abgetrieben habe, «doch in meinem Kopf hundertmal».

Um die Aktion vorzubereiten, fährt sie im Mai nach Deutschland und macht in Wuppertal Station. Ihre Mutter lebt inzwischen in einer eigenen Wohnung. Kurz nachdem Alice nach Paris gegangen war, hatte Erika Schilling die Gartensiedlung verlassen, um in ihre ersten eigenen vier Wände zu ziehen. Damals war sie bereits 42 Jahre alt. Das Wuppertaler Adreßbuch verzeichnet sie 1964 unter der Anschrift «Tannenbergstraße 47».

Der Kontakt zwischen Erika Schilling und ihrer Tochter ist auch in der Zeit, als Alice in München und Paris lebte, offenbar nicht abgebrochen. Nicht selten reist Alice aus Frankreich in der Tannenbergstraße an.

Damals gab es in der Straße ein Café. Die Frau, die hinter der Kuchentheke stand, verkauft heute noch immer Kuchen in Wuppertal. Sie erinnert sich an die Familie. «Wenn Alice Schwarzer ihre Mutter besuchte, kam sie öfter herüber und hat Gebäck bei mir gekauft.» Eine «lebhafte junge Frau» sei sie gewesen, «sehr weiblich», mit glatten blonden Haaren. Manchmal habe sie ein junger Mann begleitet, «mit dem kam sie dann in einer Ente aus Frankreich angefahren».

Mit der Abtreibungsaktion beginnt für Alice Schwarzer «ein Abenteuer, dessen Ende nicht abzusehen ist». Doch am Anfang steht Knochenarbeit. Sie zieht werbend durch die Lande. Die Reaktionen sind durchwachsen: «Ich stieß auf viele indignierte Gesichter, nicht endende politische Belehrungen. Die ‹Frauen in den Betrieben› wären schokkiert› (so die DKP), das Ganze sei ‹unpolitisch› (so die Gewerkschaft) und ‹bürgerlich reaktionär› (so der Frankfurter Weiberrat).»

Doch bei der Mobilisierung fängt sie nicht ganz bei Null an. Spätestens seitdem die neugewählte sozialliberale Regierung 1969 eine Reform des § 218 angekündigt hat, ist das Thema Abtreibung wieder im Bewußtsein der Öffentlichkeit.

Das Abtreibungsrecht in der Bundesrepublik geht auf Bestimmungen aus dem Jahr 1871 zurück. Als § 218 wurde das Abtreibungsverbot im ersten Reichsstrafgesetzbuch formuliert. Eine Schwangerschaft zu unterbrechen war strafbar und wurde mit einer Geldbuße oder Zuchthaus geahndet. Eine Lockerung gab es erst 1926: die Zuchthausstrafe wurde in Gefängnis umgewandelt, der Abort war straffrei, wenn das Leben der Mutter in Gefahr war.

In derselben Zeit entstand eine regelrechte Massenbewegung zur Abschaffung des «Schandparagraphen», der eine Schwangerschaftsunterbrechung selbst nach einer Vergewaltigung verbot. 1931 gab es eine erste Selbstbezichtigungskampagne «Ich habe abgetrieben». Die Nationalsozialisten setzten diesen Initiativen ein Ende. Vor der Machtübernahme sah es so aus, als könnte der § 218 noch in den dreißiger Jahren gekippt werden. Statt dessen wurde er verschärft. Wer Beihilfe zu einer Abtreibung leistete, wurde ab 1943 sogar mit der Todesstrafe bedroht, wenn «der Täter die Lebenskraft des Deutschen Volkes fortgesetzt beeinträchtigt». Straffrei blieb allerdings, wer «nichtarischen» oder «erbkranken» Nachwuchs abtrieb.

Ab 1945, nachdem die Alliierten die verschärfenden Regelungen außer Kraft gesetzt hatten, blieb es bis Ende der sechziger Jahre still um den § 218 – was nicht bedeutete, daß Frauen nicht abtrieben. Sie hatten es immer getan, trotz Strafe, moralischer Ächtung und Gefahr für Leib und Leben. In den fünfziger und sechziger Jahren wurden unzählige Kurpfuscher vor Gericht gestellt. Anfang der siebziger Jahre schätzten Experten die Zahl der illegal abgebrochenen Schwangerschaften zwischen 200000 und einer Million pro Jahr.

Als der sozialdemokratische Bundesjustizminister Gerhard Jahn 1969 eine Reform des § 218 in Aussicht stellte, ließen Christdemokraten, Kirchen und konservative Ärzte keinen Zweifel, daß sie sich diesen Plänen mit allen Mitteln widersetzen würden. So übernahmen ab 1970 Frauen selbst die Initiative. Sie sammelten Unterschriften, schrieben offene Briefe, verteilten Informationen über abtreibungswillige Ärzte, vermittelten Fahrten zu holländischen und englischen Abtreibungskliniken und organisierten selbst Abtreibungen ohne die Hilfe ausgebildeter Mediziner. Schritte in die bewußte Illegalität. In Frankfurt gründete sich, mit dem Ziel, den «Schandparagraphen» abzuschaffen, die «Frauenaktion 70».

Mitten in diese Debatte um die Abtreibung platzt Alice Schwarzer mit der Aktion für den *Stern*, die sie aus Frankreich importiert. Es gibt ein grobmaschiges Netzwerk von Frauen, auf das sie sich beziehen kann. Start bei der «Frauenaktion 70». Die hat rund fünfzig Mitglieder und den Slogan: «Mein Bauch gehört mir!» Mit sechs Frankfurterinnen sitzt Alice Schwarzer am 3. Mai in Eschersheim bei Käsegebäck um einen Couchtisch und verfaßt einen Aufruf. Frauen sollen sich öffentlich einer Abtreibung beschuldigen. Egal, ob sie selbst einmal in dieser Lage waren oder sich nur symbolisch mit ihren Geschlechtsgenossinnen solidarisieren. Die Frauen wollen eine Flut von Prozessen provozieren, die das geltende Abtreibungsrecht als Fiktion entlarvt. «Indessen», berichtet Alice Schwarzer, «als das Papier nach zwei Stunden Redigierarbeit auf dem Couchtisch lag, fand sich niemand der Initiatorinnen bereit, die Selbstbezichtigung, abgetrieben zu haben, auch zu unterschreiben.» Dennoch beginnt die «Frauenaktion 70», den Aufruf zu verbreiten. So kommt die Lawine ins Rollen.

In Frankreich hat Alice Schwarzer gelernt, welche Breitenwirkung ein Thema entfaltet, sobald es die Menschen wirklich angeht. Die Angst, ungewollt schwanger zu werden, kennt jede Frau. Und fast jede fürchtet die Situation, nicht frei über einen Abbruch entscheiden zu dürfen. Wie schon in Frankreich ist es dieses Elend, das auch die deutschen Frauengruppen zu einer eingeschworenen Gemeinschaft werden läßt: Weg mit dem § 218! Noch heute sagt Helke Sander anerkennend: «Als Alice mit der 218-Kampagne kam, fanden wir das natürlich alle wunderbar und richtig und gut und haben auch alle unterschrieben.»

Knapp vier Wochen lang sind Frauen auf Trab, reden, argumentieren, überzeugen. Jede, die den Aufruf unterschreibt, beweist Courage. Etwa die Hälfte der Unterschriften für die Kampagne sammeln Frauengruppen in Frankfurt, München und Berlin. Die restlichen Namen und Adressen kommen nach dem Schneeballprinzip zusammen.

Von der Abmachung mit dem *Stern* wollen beide Seiten profitieren. «Er hatte die Auflage, und wir hatten das Aufsehen», kalkuliert die Journalistin Schwarzer. Am 30. Mai steht sie mit den Unterschriftenlisten in der Hamburger Redaktion. Bis zum Schluß redet sie mit: beim Titeln, dem Layout, dem begleitenden Artikel. Erst dann liefert sie die Listen ab.

Am 6. Juni 1971 werden die Zeitungskioske zum selbstgewählten Pranger. Vom Titelbild des *Stern* blicken mehr als zwei Dutzend Frauen den Käufern entgegen: «Wir haben abgetrieben!» Unter ihnen die Schauspielerinnen Romy Schneider, Senta Berger, Vera Tschechowa und Sabine Sinjen. Im Innenteil folgen Namen und Wohnorte aller 374 Bekennerinnen. Alice Schwarzer und ihre Mutter Erika Schilling gehören dazu.

Es ist längst nicht die erste Aktion gegen das Abtreibungsverbot in der Bundesrepublik, aber zu diesem Zeitpunkt ist es die einzige, «die ausschließlich von Frauen initiiert wurde und hauptsächlich von ihnen getragen wird», betont Alice Schwarzer. Zufrieden zieht sie Bilanz: «Wir Frauen hatten hoch gepokert, ich hatte mich weit vorgewagt. Mit Erfolg.»

Nach der *Stern*-Aktion kehrt Alice Schwarzer wieder nach Paris zurück. Sie habe sich, sagt sie, nur als Mittlerin zwischen den französischen und den bundesdeutschen Frauen verstanden. Trotz ihres großen Erfolgs verfolgt sie aus der Ferne die weitere Diskussion erstaunlicherweise «mit steigender Wut». Was diesen Ärger verursacht, ist nur schwer nachzuvollziehen, denn die Kontroverse um den § 218 hat große öffentliche Aufmerksamkeit erregt und wird weiterhin heftig geführt. Das Thema ist in aller Munde. Doch nur Eingeweihte wissen, daß es Alice Schwarzer war, die die Initiative ergriffen hatte. Draußen im Lande ist ihr Name noch kein Begriff. Über die *Stern*-Kampagne wird ungeheuer viel berichtet, der Name Schwarzer steht jedoch im Hintergrund. Sie selbst begründet ihren Unmut damit, daß man ihr die Möglichkeit versperrt habe, journalistisch in die Debatte einzugreifen, da sie als Feministin «unpassend bis peinlich» für die Medien geworden sei.

Den ganzen Sommer über gab es in der deutschen Presse fast täglich neue Meldungen in Sachen Abtreibungsrecht. Es folgten weitere Demonstrationen, Unterschriftensammlungen und öffentliche Selbstbezichtigungen. In einigen Bundesländern ermittelten die Staatsanwälte gegen die Bekennerinnen im *Stern*. Vor allem die Gegner einer liberalen Regelung warfen geifernd mit den uralten Vokabeln des Frauenhasses um sich und geizten nicht mit Häme. So wühlte ein Autor der *Welt am Sonntag* begierig in weiblichen Eingeweiden. Er bezog sich auf die «Dame ohne Unterleib» und schrieb: «Nicht weniger krüppelhaft als die Schaustellung ‹keines› Unterleibes ist die Schaustellung des Unterleibes.» Die Bekennerinnen, «samt und sonders Verfechterinnen des freien Sexus», provozierten «ekelerregende Vorstellungen». Er könne sich keinen Mann vorstellen, «der die Aufmerksamkeit auf den operierten Unterleib seiner Frau oder seiner Geliebten zu lenken wünscht». Mit diesem Selbstbekenntnis machten sich Frauen unattraktiv, denn «die Schamlosigkeit, mit der sie uns ihr Privatestes enthüllen, macht ihr Privatestes reizlos». Übrig bleibe «eine abstoßende Reklame, ein Striptease, der sich nicht mehr mit der totalen Nacktheit begnügt, der nun – es mußte so kommen – auch die Gedärme entblößt».

Trotz dermaßen dummdreister Attacken wuchs in der Bevölkerung die Zustimmung für ein liberales Abtreibungsrecht. In einer Umfrage des Allensbacher Instituts für Demoskopie nach der *Stern*-Aktion waren 46 Prozent der Befragten dafür, den § 218 zu streichen, 39 Prozent waren dagegen; die Meinungsforscher von Infratest ermittelten 54 Prozent dafür und 35 Prozent dagegen. Noch einige Monate zuvor war die Unterstützung deutlich geringer ausgefallen.

Schon bei den Unterschriftensammlungen zum *Stern*-Aufruf hatten sich neue Frauengruppen gegründet, weitere folgten nach der Veröffentlichung des Appells. In zwanzig Städten war die «Aktion 218» vertreten, ihr politisches Selbstverständnis reichte von «sozialistisch» bis «sozialdemokratisch».

Im Juli 1971 reisten Vertreterinnen der 218-Aktion mit Säcken und Waschkörben voller Unterschriften zu einem Bundestreffen nach Frankfurt; dort übrigens trafen sich Helke Sander und Alice Schwarzer zum ersten Mal. Viele Jahre später, nachdem sich die beiden Frauen gut kennengelernt haben, sagt Helke Sander über Alice Schwarzer: «Wir haben uns oft gestritten. Aber ich mag Alice als Mensch und höre ihr gern zu. Sie ist sehr intelligent und ausgesprochen witzig. Außerdem kann sie einiges hinnehmen.»

Die 218-Aktivistinnen konnten damals zufrieden sein: 86 100 Menschen forderten, den § 218 ersatzlos zu streichen. 2345 Frauen hatten den Appell «Ich habe abgetrieben» unterzeichnet. 973 Männer hatten bekannt, «Komplize» bei einer Abtreibung gewesen zu sein.

Für Alice Schwarzer ist die Beseitigung des § 218 «eine der Hauptvoraussetzungen für die Selbstbestimmung der Frau überhaupt ... Erst wenn die Frau nicht mehr unter der Demütigung der heimlichen Abtreibung und der lähmenden Angst vor der unerwünschten Mutterschaft leben muß, kann sie den Kopf erheben und weiterblicken», schrieb sie vor knapp dreißig Jahren.

Kurz vor der Jahrtausendwende ist der § 218 noch immer nicht abgeschafft. In regelmäßigen Abständen gerät das Thema in die Diskussion, ob es um die Hexenjagd in Memmingen oder um bayerische Alleingänge bei der Auslegung der Gesetzeslage geht. Doch daß wir inzwischen überhaupt ein liberaleres Abtreibungsrecht haben, ist den Erfolgen der Frauen in den siebziger Jahren zu verdanken – gewiß nicht zuletzt dem Engagement von Alice Schwarzer.

Die Feministin ist davon überzeugt, daß mit der von ihr initiierten und so nachhaltig wirksamen *Stern*-Aktion die Neue deutsche Frauenbewegung begonnen hat: «Die Aktion führte zu einer wahren Explosion, die nicht nur den § 218 erschütterte, sondern darüber hinaus Auslöser der neuen Frauenbewegung in der Bundesrepublik wurde.»

Diese Auffassung ist weit verbreitet und dennoch problematisch. Zweifelsohne sind die Folgen der *Stern*-Kampagne kaum zu überschätzen. Doch daß die 218-Aktion tatsächlich die deutsche Frauenbewegung ausgelöst hat, läßt sich zu Recht bezweifeln. Es gibt verschiedene Gründungslegenden. Seitdem an den Universitäten Frauenforschung betrieben wird, widmen sich die Wissenschaftlerinnen auch der Geschichte der Frauenbewegung. Und bei ihnen herrscht weitgehend Übereinstimmung, daß der Ursprung der Revolte in der Studentenbewegung anzusiedeln ist. Der gewichtige Stellenwert der Abtreibungskampagne im *Stern* ist unbestritten. Die meisten Forscherinnen gehen jedoch davon aus, daß die Kampagne einen neuen entscheidenden Impuls gegeben hat, indem sie bereits existierende Frauenzirkel aktivierte, zur Gründung neuer Gruppen führte und das feministische Anliegen in weite Kreise hineintrug.

Letztlich ist das Forschen nach dem Urschrei der Bewegung ein müßiger Streit um Henne und Ei – wäre da nicht die Tendenz von Alice Schwarzer, die Sache wie eine Glaubensfrage zu behandeln. Statt sich im Bewußtsein ihrer eigenen Leistung ruhig zurückzulehnen, ereifert sie sich. 1971 veröffentlicht sie ihr erstes Buch – *Frauen gegen den § 218* –, und dort schreibt sie über die Pionierinnen von 1968: «Die deutschen Frauen, wohlgeübt in honettem Streben nach ihren Rechten, nie und nimmer aber in der Revolte gegen den Mann, beließen es bei der Tomate.» Innerhalb der Studentenbewegung sei mitnichten «ein erster

Schritt zu einer revolutionären Frauenbewegung in der Bundesrepublik gemacht worden». Und an anderer Stelle betont Alice Schwarzer, der deutschen Frauenbewegung hätte gefehlt, was für die französische charakteristisch gewesen sei: «Selbstbewußtsein», «Phantasie» und «anarchistisch geprägte Radikalität».

Über die Motive für Alice Schwarzers Animositäten läßt sich nur spekulieren. Vielleicht ist sie versucht, auf der Suche nach dem richtigen Feminismus nur einen Weg gelten zu lassen.

Vom Sommer 1971 an gondelt Alice Schwarzer zwischen Frankreich und der Bundesrepublik hin und her. Sie spielt sowohl in der französischen als auch in der deutschen Frauenbewegung eine Rolle. Die *Stern*-Kampagne war eine kollektive Aktion, an der unsere Heldin zwar einen wesentlichen Anteil hatte, jedoch nicht selbst im Mittelpunkt stand. Mit ihrem Buch *Frauen gegen den § 218*, das bereits einige Monate nach der Selbstbezichtigungsaktion erscheint, meldet sie sich auch als Persönlichkeit entschieden zu Wort.

Und bereits da entfaltet sich jene Begabung, die sich als charakteristische Stärke der Alice Schwarzer erweisen wird. Sie zeigt sich als geschickte Strategin, die immer zwei Fronten im Auge hat: die allgemeine Öffentlichkeit und die frauenbewegte Szene. Taktik: durch eingängige politische Argumente überzeugen und die eigene Rolle herausstreichen.

Durch die «Aktion 218» hat Alice Schwarzer Kontakt zu allen möglichen Gruppen. Dazu gehört auch die «Aktion 218 Köln», die sie mitbegründet hat. Ein Mitglied dieser Gruppe ist Claudia Pinl, die Alice Schwarzer während des großen Tribunals in Paris besucht hat.

Damals war Claudia Pinl Anfang Dreißig und Redakteurin bei den *Gewerkschaftlichen Monatsheften*, dem Theorie-organ des Deutschen Gewerkschaftsbundes. Eine Frau, nicht besonders groß und schmal, mit dunkelblonden Haaren und einem energischen Schritt, die sich selbst als «eher unauffällig» bezeichnet. Mit ihrer Familie – der Vater war Wissenschaftler – war sie schon in der Welt herumgekommen, bevor sie in Köln und Berlin Politik studierte und den Aufbruch der 68er miterlebte. Später arbeitet sie als freie Journalistin hauptsächlich für den Hörfunk, schreibt als Bonner Korrespondentin für die *taz*, engagiert sich einige Jahre als wissenschaftliche Mitarbeiterin bei der Grünen Fraktion im Bundestag und veröffentlicht zwischendurch mehrere Bücher. Eine zähe Frau mit einem versteckten Charme, die von sich sagt, daß sie «persönlich und politisch auf Frauen bezogen» sei.

Über einige Jahre gehört Claudia Pinl zum engeren Umfeld von Alice Schwarzer. Sie bewundert deren Energie und Tatkraft, plant und arbeitet mit ihr und trennt sich schließlich im Streit. 1984 veröffentlicht Claudia Pinl unter dem Pseudonym Julia Bähr ein Buch mit dem Titel *Klatschmohn – Eine Geschichte aus der Frauenbewegung*, das ihr viel Ärger mit Alice Schwarzer einbringt. *Klatschmohn* ist ein stark von der damaligen Aufbruchstimmung der deutschen Frauenbewegung beeinflußtes Dokument.

Im Herbst 1971 begegnen sich Claudia Pinl und Alice Schwarzer zum ersten Mal. Claudia Pinl ist «sehr beeindruckt» von dieser Frau mit der Brille und den langen blonden Haaren, die reden kann «wie ein Wasserfall. Einfälle, Ideen, Analysen, alles in rasantem Tempo.» Daß Alice in Paris gewohnt und gearbeitet habe, «hinderte sie nicht daran, alle paar Wochen wie ein Gewitter in Köln, Frankfurt oder München einzufallen, alles gründlich durcheinanderzuwirbeln und die von ihrem Redeschwall leicht betäubten Frauen mal wieder mit 'ner neuen Idee zurückzulassen». Alice könne andere mitreißen, «weil sie selbst im tiefsten Inneren von ihren Sachen überzeugt ist und unter einem unheimlichen Druck steht, sie zu propagieren». Als Leitbild sei sie ihr damals jedoch nicht aufgefallen, weil sie immer nur stundenweise anwesend war.

Noch fragten die Frauen auch nicht nach Führungsfiguren. Sie waren gerade erst dabei, sich von Bevormundungen freizustrampeln. Seit sich die Gruppen der «Aktion 218» konstituiert hatten, beschäftigten sie sich – sozusagen im Schatten der Abtreibungsdiskussion – auch mit anderen Themen. Sie redeten über die vielen Formen der Frauenunterdrückung, über Sexualität, Pornographie, Macht und Gewalt zwischen den Geschlechtern, Vergewaltigung, über den weiblichen Körper als Objekt in der Werbung und den Medien … Diese Themen wird Alice Schwarzer im Laufe der kommenden Jahre eines nach dem anderen aufgreifen und in die öffentliche Diskussion bringen.

Mit dem thematischen Spektrum erweiterte sich auch der Kreis von Frauen, die sich von der Bewegung angesprochen fühlten. Auf dem Bundesfrauenkongreß im März 1972 in Frankfurt am Main traf sich bereits ein bunter Haufen, von der aufmüpfigen Hausfrau bis zur organisierten Anhängerin der Revolution. Obwohl in vielen 218-Gruppen auch Männer mitarbeiteten, waren sie vom Kongreß ausgeschlossen. «Die Arbeit am erwachsenen Mann ist einzustellen!» propagierten die Frauen. Alice Schwarzer war auch auf der Veranstaltung und nahm an einer Arbeitsgruppe teil, die sich mit den Strategien der Frauenbewegung beschäftigte.

Auf dem Kongreß ging es neben dem Abtreibungsrecht um die Lage der erwerbstätigen Frau, die Funktion der Familie und die Selbstorganisation von Frauen. Am Schluß der Tagung verlasen die Aktivistinnen vor laufenden Fernsehkameras eine Resolution: «Auf dem Kongreß kamen wir überein, uns separat zu organisieren, solange Frauen in besonderer Weise und mehr unterdrückt sind als Männer», hieß es. «Wir rufen alle Frauen auf, sich für die Durchsetzung ihrer berechtigten Interessen selbst zu organisieren.»

Diese Worte gaben den Startschuß: Auslöser für eine Massenbewegung, die Zehntausende Frauen aus allen sozialen und Bildungsschichten erreichte. Zwar war das Stichwort «Autonomie» noch gar nicht gefallen, doch genau darum ging es.

«Autonomie» ist das wichtigste Merkmal der deutschen Frauenbewegung. Der Begriff kam so harmlos daher und beinhaltete doch eine heftige Provokation. Als autonom verstand sich die Bewegung seit Frankfurt in zweierlei Hinsicht. Die Projekte und Initiativen organisierten sich selbstbestimmt, separierten sich von Männern und arbeiteten unabhängig von anderen politischen Gruppen. Es gab kein institutionelles Zentrum und – eigentlich – auch keine Führungspersönlichkeiten. Statt dessen entstand ein enges Netz von Gruppen und Informationskanälen.

Die Bewegung wollte auch mit dem Staat und seinen Institutionen nichts zu tun haben. Der wurde als patriarchal abgelehnt. Und diese Ablehnung wurde grundsätzlich auf alle Herrschaftsstrukturen bezogen: «Wir wollen in unseren Gruppen die auch von uns Frauen verinnerlichten Autoritätsstrukturen und Herrschaftsmechanismen in Frage stellen und solidarisch abbauen.» Eine Utopie der euphorischen Aufbruchstimmung. An diesem Punkt wird die Bewegung schmerzhafter scheitern als an manchem anderen.

Um ihrem Anspruch auf Unabhängigkeit gerecht zu werden, brauchte die Bewegung Anlaufpunkte. So richteten Frauengruppen in verschiedenen Städten Beratungs- und Informationszentren ein. Die Selbsthilfeinitiativen beschäftigten sich mit Medizin und dem Gesundheitswesen, informierten über Verhütung und Schwangerschaftsabbrüche. Nachdem die «Pille», die in den frühen sechziger Jahren aufkam, zunächst gefeiert wurde, weil sie Frauen vor der Angst vor einer ungewollten Schwangerschaft befreite, wuchs in den siebziger Jahren die Skepsis gegenüber dem Medikament. Die Frauengruppen kritisierten das bedenkenlose Verschreiben der «Pille» und die unzureichende Beratung über andere Verhütungsmethoden. Trotz der sexuellen Revolution wußten die Frauen für heutige Begriffe unvorstellbar wenig über sich und ihren Körper. Um über ihn bestimmen zu können, mußten sie ihn erst einmal kennenlernen. Wie ein fremdes Terrain. «Alsbald kamen auch in Köln die Plastik-Specula kistenweise an, und die Frauen beguckten sich alle ihre Mösen von innen», notiert Claudia Pinl in ihrem Buch *Klatschmohn* über den bis ins Abstruse ausufernden Forschungsdrang.

Eine wichtige Rolle spielte in dieser Phase die Berliner Gruppe «Brot und Rosen». Sie wollte die Frauen- und Kinderfrage auch in einen Zusammenhang mit Themen wie Verhütung und Abtreibung bringen. «Brot und Rosen» bestand aus einem Dutzend Frauen, die sich zwar als Feministinnen verstanden, aber vom Betrieb in der Szene ein wenig fernhielten. Ein zweites Mal war es Helke Sander, die mit der Gründung einer Gruppe der Frauenbewegung einen entscheidenden Impuls gab. Mit von der Partie war auch Verena Stefan, die einige Jahre später mit ihrem Buch *Häutungen* Furore machen sollte.

Und es bildeten sich die ersten Selbsterfahrungsgruppen. Die Idee stammte aus der amerikanischen Frauenbewegung, die die «consciousness-raising groups» erfand. Frauen sollten einander ihre subjektiven Erfahrungen mitteilen, in all ihrer Vielfalt und Widersprüchlichkeit.

Selbsterfahrung ist ein sehr eigenes Modell zur Politisierung. Es war sehr effektiv. Was eine Freiburger Fraueninitiative zu berichten hatte, dürfte ein typisches Zeugnis dieser Zeit sein: «Indem wir unsere Ängste, die wir ja oft als Schwächen kennengelernt haben, mitteilen und bei anderen erleben, lernen wir, daß unser ‹Sich-mies-Fühlen› nicht unser eigenes Versagen ist: daß wir nicht minderwertig und unfähig sind, sondern daß wir dazu gemacht wurden. Hier setzt dann auch die Frage ein, warum das so ist und wem es dient.»

Selbsterfahrung als Methode, um sich der Gemeinsamkeiten bewußt zu werden. Doch das Modell hatte auch einen häßlichen Pferdefuß. Wie läßt sich die ersehnte Geschlossenheit erreichen, wo doch die reale Verschiedenheit so offensichtlich ist? Die Erfahrung gemeinsamer Unterdrückung reichte auf Dauer nicht aus. Frauen sind eben *nicht* alle gleich, haben nicht denselben Horizont, können sich nicht bruchlos miteinander identifizieren. Diese Erkenntnis war ein hartes Brot für viele Gruppen. Sie hielten den Widerspruch zwischen dem Beschwören der Einigkeit und dem Erleben der Differenz nicht aus. Aus dem Wunsch nach Gemeinsamkeit wurde bald der Zwang zur Gemeinsamkeit – und der begann irgendwann die Bewegung zu lähmen. Kritik wurde als Verrat erfahren, die Suche nach neuen Möglichkeiten als Abweichen vom rechten Weg bestraft. So schaffte sich die Bewegung selbst Abtrünnige und Verräterinnen.

Doch so weit sind wir in der Geschichte noch lange nicht. Nach dem turbulenten Kongreß in Frankfurt war erst mal «Äktschen» angesagt: Demos, Tribunale, Kundgebungen. Bis etwa in die Mitte der siebziger Jahre reichte die Phase, in der sich die Bewegung einen geschützten Raum eroberte, um so ein neues weibliches Selbstbewußtsein entwickeln zu können.

Während eine Aktion die nächste jagte, formierten sich die feministischen Fraktionen: die Diskussion zwischen den linken Feministinnen und den feministischen Linken zog sich über Jahre hin. Die Radikalfeministinnen gewannen ideologisch die Überhand gegenüber den Sozialistinnen und Marxistinnen. «Keine Revolution ohne Emanzipation!» lautete ihr Credo. Zu dieser Radikalfraktion, die damals Oberwasser bekam, rechnet sich auch Alice Schwarzer. Diese Strömung stützte sich auf neuere feministische Literatur aus dem Ausland: Simone de Beauvoir wurde ebenso gelesen wie die Amerikanerinnen Betty Friedan, Shulamith Firestone und Kate Millett.

Alice Schwarzer lebt nach wie vor in Paris. Sie arbeitet an ihrem zweiten Buch: *Frauenarbeit – Frauenbefreiung*, das 1973 erscheint. Diesmal geht es um die Probleme von Gratisarbeit im Haus, bei der Erziehung und um die Unterbezahlung im Beruf.

In diesem Band wird auch ein Beitrag von Claudia Pinl abgedruckt. Die Zusammenarbeit zwischen Pinl – der linken Gewerkschaftsfrau – und Schwarzer – der Radikalfeministin – läßt offenbar zu wünschen übrig. Die folgende Anekdote wirft ein Licht auf die Auseinandersetzungen zwischen den Vertreterinnen der verschiedenen feministischen Strömungen. Alice Schwarzer bearbeitete den Text von Claudia Pinl und setzte ihre eigene Auffassung vom wahren Feminismus durch: «Ich tobte», schreibt Claudia Pinl, «als ich entdecken mußte, daß Alice überall da, wo im Manuskript ‹Kapitalismus› stand, ‹und Patriarchat› ergänzt hatte.» Und in dieser Fassung ist der Text dann auch erschienen.

Kaum ist ihr Buch veröffentlicht, ist Alice Schwarzer im Kopf schon beim nächsten Thema. Während sie mit ein paar Frauen «ihrer» Kölner Gruppe in einem Lokal in der Nähe des Doms zusammensitzt, macht sie klar – von kleinen Faustschlägen auf die Tischplatte unterstrichen –, worum es ihrer Meinung nach beim Frauenkampf wirklich geht. «Fazit war jedenfalls», erinnert sich Claudia Pinl später in *Klatschmohn*, «daß der Knackpunkt der ganzen Frauen-Chose die Sexualität sei, die sexuelle Unterdrückung der Frauen durch die Männer, das sei das tiefste Geheimnis und Herrschaftsmittel des Patriarchats». Spricht's und läßt die verdutzten Kölnerinnen mit ihren Flugblättern über Leichtlohngruppen und mangelnde Bildungschancen zurück. «So war das immer», erinnert sich Claudia Pinl, «sie kam rein, brachte eine neue Idee mit, begeisterte uns alle, und wir fingen dann an, emsig zu arbeiten, während Alice längst wieder in Paris oder sonstwo war.»

Doch bevor sich Alice Schwarzer dem «Knackpunkt Sexualität» zuwendet, passiert noch einiges andere. Im Frühjahr 1974 hat sie sich einer Gruppe Berlinerinnen angeschlossen, die kurz vor der Verabschiedung des neuen Abtreibungsgesetzes die «Aktion letzter Versuch» koordiniert. Die 2. und 3. Lesung zur Fristenlösung steht im Bundestag an, und es ist nicht sicher, ob diese liberale Abtreibungsregelung eine Mehrheit finden wird. Die «Aktion letzter Versuch» schafft noch einmal eine breite Mobilisierung und treibt die 218-Gegnerinnen Anfang März wieder auf die Straßen: «Mein Bauch gehört mir!» proklamieren sie. Und: «Das Weib sei willig, dumm und stumm. Diese Zeiten sind jetzt um!»

«Brot und Rosen» veranstaltet ein Forum, bei dem Berliner Ärzte an den Pranger gestellt werden. Die Gruppe veröffentlicht Listen mit Namen und Adressen und bezichtigt die Halbgötter in Weiß, sich an Abtreibungen eine goldene Nase verdient, medizinisch gepfuscht und Steuern hinterzogen zu haben. Es ist ein Tribunal, das mit Tohuwabohu endet, weil die Teilnehmerinnen sich über den Nutzen dieser Aktion nicht einigen können.

Zur selben Zeit geht Alice Schwarzer den umgekehrten

Weg. Sie versucht, Ärzte auf ihre Seite zu ziehen, und plant zusammen mit einer Freundin eine Selbstbezichtigung von Medizinern und Medizinerinnen – so eine Aktion hat zuvor bereits in Frankreich stattgefunden. «Wochenlang putzten wir Klinken, wurden in Kliniken, Praxen und Wohnungen vorstellig», schreibt sie. «Endlich hatten wir 328 beisammen, die bereit waren, sich öffentlich mit den Frauen zu solidarisieren.» Der Aufruf der Mediziner erscheint am 11. März 1974 im *Spiegel*: «Wir meinen, daß wir als Ärzte verpflichtet sind, Frauen unser Wissen für diesen Eingriff zur Verfügung zu stellen. Denn der Zwang zur Mutterschaft ist ein schwerwiegender Eingriff in das Leben einer Frau und eine Verletzung der elementarsten Menschenrechte. Darum fordern wir: mindestens die Fristenlösung!»

Eigentlich ist für denselben Tag ein Beitrag zum Thema Abtreibung im Fernsehmagazin *Panorama* geplant. Autorin: Alice Schwarzer. Ein Film, in dem eine Gruppe von Medizinern das Ärztemanifest vorstellt. Dann wird eine Abtreibung nach einer bisher kaum bekannten, schonenden Methode gezeigt.

Kurz zuvor war Alice Schwarzer wieder einmal in ihrer Kölner Frauengruppe angelandet. Diesmal mit Informationen über die Absaug- oder Karman-Methode, die von Amerikanerinnen schon seit längerem propagiert und in einigen holländischen Kliniken bereits angewandt wurde. Claudia Pinl notierte: «Sie sagte: Karman – das ist die Idee! Da müßt ihr was machen, schreiben, propagieren! Und schon arbeiteten wir am Thema Absaugmethode.»

Mit dem Film aber gibt es Probleme. Die «Panorama-Affäre» wird später durch die Presse gehen. Zwei Stunden vor der geplanten Sendung hat sich die Mehrheit der ARD-Intendanten gegen den Beitrag entschieden. Die Fernsehchefs wollen angeblich die «Publikation eines strafbaren Tatbestandes» verhindern. Der Beitrag wird abgesetzt – ein Eingriff in die Pressefreiheit. Die Sendung *Panorama* flimmert zwar dennoch über die Bildschirme, allerdings ohne den Chef und Moderator Peter Merseburger und seine Leute. Die protestieren durch ihre Abwesenheit im Studio gegen die erfolgte Zensur. Statt dessen werden die Moderationen und Zwischentexte von einem Sprecher verlesen.

Merseburger bezeichnet die Kapitulation der Intendanten als «einen Akt widerlicher Heuchelei» und wirft ihnen «Zurückweichen vor dem massiven Druck der katholischen Kirche» vor. Damit liegt er richtig. Als der Film tags zuvor angekündigt worden war, kam der Protest der katholischen Kirche postwendend, die evangelische Kirche sowie die Abtreibungsgegner in der CDU schlossen sich dem an.

Die Mehrzahl der Intendanten wirft Alice Schwarzer vor, sie betreibe Werbung für einen Rechtsbruch. Außerdem sei sie sowieso die falsche Autorin für einen objektiven Film, da sie sich ja bekanntlich gegen den § 218 engagiere.

Trotz aller Turbulenzen kann der Abtreibungsfilm eine Woche später doch noch gezeigt werden, wenn auch nur im 3. Programm von NDR und Radio Bremen. Anschließend ist eine Diskussion anberaumt, bei der auch die Gegenseite zu Wort kommen und demonstrativ der Schein der Objektivität gewahrt werden soll.

Derart angestachelt, geht die öffentliche Debatte um den § 218 weiter, doch Alice Schwarzer ist nicht zufrieden. Zu bald, stellt sie bedauernd fest, habe sich die Diskussion nicht mehr um die Abtreibungsfrage gedreht, sondern um die Strukturen im öffentlich-rechtlichen Fernsehen.

In der Frauenszene ist Alice Schwarzer nun eine ernstzunehmende Größe, die sich langsam einen besonderen Status erobert. Sie hält hier und da sehr publikumswirksame Vorträge über die Neue Frauenbewegung.

In dieser Zeit, so Helke Sander, hätten sich viele Frauen Alices Bild «wie eine Ikone» ins Zimmer gehängt. «Da fing Alice auch an, sich zum Guru zu entwickeln. Aber das laste ich ihr wirklich nicht alleine an.»

Trotz dieser Verehrung durch die Bewegungsfrauen ist der Name Alice Schwarzer in der breiten Öffentlichkeit noch kein rechter Begriff. Der große Coup, mit dem sie die Gemüter der Bundesdeutschen erregen wird, steht noch aus.

Bevor sie ihre Zelte in Frankreich endgültig abbrechen wird, bevor Schluß ist mit ihrer Pendelei zwischen deutschen und französischen Frauengruppen, beteiligt sie sich als feministische Reisende noch an einem weiteren Projekt. Zur Freude der Frauenszene erscheint 1975 der erste «Frauenkalender». Dieses in lila Plastik gebundene Notizbuch im Taschenformat, das auf dem Umschlag das Frauenzeichen mit der geballten Faust im Mittelpunkt trägt, wird ganze Generationen von Frauen durch die Jahre begleiten. Seit mehr als zwei Jahrzehnten kommt der Kalender in der gleichen Aufmachung daher, nur die Faust ist ihm im Laufe der achtziger Jahre verlorengegangen.

Der erste Kalender wird von fünf Frauen herausgegeben: von Sabine Zurmühl, die später die Frauenzeitschrift *Courage* mitbegründen wird. Von Ursula Scheu, die in bester Beauvoir-Tradition ein berühmtes Buch über die frühkindliche Erziehung schreiben wird: *Wir werden nicht als Mädchen geboren, wir werden dazu gemacht.* Von Renate Bockhagen, die in der Gründungsgruppe für das erste Berliner Frauenhaus arbeitete. Von Hilke Schlaeger, die später Gesellschafterin im Verlag Frauenoffensive werden wird.

126

Und von Alice Schwarzer. Wer den Kalender aufschlägt, wird von fünf jungen Gesichtern angestrahlt, die sich wie die Bremer Stadtmusikanten hintereinander aufgereiht haben: Sabine Zurmühl mit dunklem Schopf und Mittelscheitel, Ursula Scheu mit langer, üppiger Mähne, Alice Schwarzer mit glatten schulterlangen Haaren und tief in die Stirn fallendem Pony. Frisch und glücklich sehen sie aus, übermütig und offensichtlich ganz stolz auf ihre Leistung.

Am Frauenkalender wird sich Alice Schwarzers erster Riesenkrach mit der deutschen Frauenbewegung entzünden. Das kollektive Glück der Kalendermacherinnen soll nicht lange halten.

«Es gibt kein Privatleben»

Eine feministische
Gegenkultur entsteht

1975 – das Jahr, in dem Der kleine Unterschied *erscheint*

Berlin 1975, im Jahr der Frau. In Friedenau, am Breitenbachplatz, werden die Bäume langsam vom Rohbau der
Stadtautobahn erdrückt. Dazwischen ein Zeitungsladen,
ein Sarottigeschäft, ein Friseur und ein paar Kneipen. Eine
Gegend, wo Beamte mit ihren Familien zu Hause sind und
sich Wohngemeinschaften noch als Exoten fühlen. In einem bürgerlichen, fast piefigen Haus verspricht im Erdgeschoß ein Beerdigungsunternehmer «Pietät»; ein paar
Treppen höher lebt Alice Schwarzer. Zum Hausstand gehören zwei Mitbewohnerinnen, die beide in der Frauenbewegung aktiv sind. Eine davon ist Alice Schwarzers Lebensgefährtin.

Die Frauen-WG hat es sich in der großzügigen Altbau-
wohnung behaglich gemacht. Niedrige Sitzmöbel und ein
alter Eßtisch im Gemeinschaftsraum, dunkle Töne vom
Sofa bis zu den Teppichen. Bücher stehen herum, es riecht
nach Schreibtischarbeit. Über dem Tisch hängt ein Poster
von Marilyn Monroe; Marilyn mit viel Kleid und Mona-
Lisa-Lächeln. Ein eher keusches Foto der Sexgöttin, die
einmal Alices Jugendschwarm war und die sie inzwischen
zum Symbol ausgebeuteter Weiblichkeit erkoren hat.

In diesen vier Wänden geht es schon etwas gediegener
zu als in den meisten Berliner Wohngemeinschaften. Die
Frauen fahren zwar einen klapprigen Renault 4, aber in
Alices Kleiderschrank stößt man durchaus auf das Firmen-
zeichen von «Yves Saint-Laurent», und hier kommt weder
der billigste Wein ins Haus noch ein Alles-Aldi-Menü auf
den Tisch. Hier wird mit Genuß gegessen und getrunken;
auch wenn das bei Linken verpönt – weil bürgerlich ist.

Die Wohnung am Breitenbachplatz wird zu einem An-
laufpunkt der Berliner Frauenszene. Meist sei es da ziem-

lich lustig zugegangen, erzählen frühere Besucherinnen und erinnern sich ein wenig wehmütig an die Treffen mit dem endlosen Gekicher und Geschnatter.

Im Februar des Jahres hat Alice Schwarzer einen spektakulären Auftritt im Fernsehen. Auf Einladung der WDR-Frauenredaktion liefert sie sich ein Wortgefecht mit Esther Vilar, einer Autorin, die in ihrem vehement debattierten Buch *Der dressierte Mann* den Zipfelträger bedauert und ihm auch das «Recht auf zwei Frauen» zugesteht.

Vilar verlegte sich auf die Frage, wie die Frau es trotz ihrer Unterbelichtung geschafft hat, sich den Mann gefügig zu machen. «Die Frauen lassen die Männer für sich arbeiten, für sich denken, für sich Verantwortung tragen. Die Frauen beuten die Männer aus ... Die Männer sind stark, intelligent, phantasievoll, die Frauen schwach, dumm und phantasielos.»

Klingt hübsch gemein, ist aber nicht originell. Eigentlich nahm sich Vilar nur ein Beispiel an der Amerikanerin Valerie Solanas: So wie Solanas auf Männer einschlägt, versucht sich Vilar an Frauen. Bereits 1968 hatte Solanas ihr *Manifest der Gesellschaft zur Vernichtung der Männer* verkündet. Frauen bleibe nichts anderes übrig, als «die Regierung zu stürzen, das Geldsystem abzuschaffen, die umfassende Automation einzuführen und das männliche Geschlecht zu vernichten». Der Mann sei eine «unvollständige Frau, eine wandelnde Fehlgeburt», beherrscht vom «Vagina-Neid» und noch nicht einmal als «Zuchtbulle geeignet». Weil er zu «menschlichem Kontakt und zum Mitleid» unfähig sei, habe er «die ganze Welt in einen Scheißhaufen verwandelt». Deshalb müsse er auch wie Scheiße behandelt werden.

Im Vergleich mit Solanas' üppig wuchernden Haßphantasien auf das Männergeschlecht ist Esther Vilars Weiblichkeitskritik langweilig hausbacken. Wo Valerie Solanas mit der nervösen Verve der Tabubrecherin agiert, fehlt Esther Vilar das Zeug zur Pamphletistin. Sie wärmt nur ranzige Vorurteile auf, die nicht einmal mehr dazu taugen, einer gewissen Sorte Frau ironisch den Spiegel vorzuhalten. Doch Vilars Buch erscheint zur rechten Zeit, um Furore zu machen: Frauen, die gerade ein neues Selbstbewußtsein entdecken, fühlen sich vors Schienbein getreten und Männer, die durch die Frauenbewegung verunsichert sind, in ihren Klischees bestätigt. Und so befindet Alice Schwarzer, daß es im Jahr der Frau dringend notwendig sei, Vilars «zynischen» Argumenten Einhalt zu gebieten. «Viele Frauen waren verletzt, empört, aber eben nur privat», sagt sie. «Es galt, öffentlich darauf zu antworten.»

Der WDR hat die Sendung für Weiberfastnacht angesetzt. «Das Ganze war wohl auch von der Redaktion selbst durchaus als Gag, als ‹Weiberzank› geplant gewesen», glaubt die geladene Alice Schwarzer. Mit ihrer «Ernsthaftigkeit und Betroffenheit» im Gespräch habe sie diese Absicht allerdings «durchkreuzt».

Bei dem Streitgespräch sitzen sich die beiden Frauen in Sesseln gegenüber, als Pufferzone dient nur ein kleines Cocktailtischchen, eine Gesprächsleitung gibt es nicht. Alice Schwarzer im wadenlangen Kleid mit Stiefeln in eher weiblicher Aufmachung, voll geballter Energie und eifernd in ihrer Mission; Esther Vilar in langen Hosen und engem Pulli, dunkelhaarig, sehr schmal und knabenhaft kühl.

Alice Schwarzer zu Esther Vilar: «Wie kommen Sie zu dieser Frauenverachtung und zu dieser Männerverherrlichung?»

Esther Vilar zu Alice Schwarzer: «Weil ich den Quatsch nicht länger anhören kann, den Sie und Ihre Genossinnen in der Öffentlichkeit verbreiten.»

Spätestens diese Diskussion, faßt der *Stern* im nachhinein zusammen, «machte die 32jährige Journalistin bei den unzufriedenen Frauen im Land populär. Wie ein Maschinengewehr ratterte damals die Schwarzer auf ihre intimste Feindin ein.» Die *Stuttgarter Zeitung* stellt fest, Alice Schwarzer habe Esther Vilar, «die noch im vorigen Jahr ‹in› gewesen» sei, «siegreich die Publicity-Palme entrissen». Die *Welt* spricht von der «tele-aktiven Vilar-Killerin» und freut sich am «legendären giftgetränkten Hennen-Hack-Duell», aus dem die «Emanzipations-Queen weniger stark gerupft» als ihre Gegnerin hervorgegangen sei.

Aus Alice Schwarzers Mund klingt das ein wenig anders. «Statt cool-objektiv drüberzustehen und ein Gespräch à la Frühschoppen zu führen, war ich empört, wie Millionen Frauen, und – zeigte das auch. Ich hatte Sachverstand *und* Gefühl, ich inszenierte diese 45 Minuten nicht nur, ich lebte sie auch. Sehr bewußt und sehr überlegt.»

Sie muß diese Erfahrung genossen haben. Und den anschließenden Erfolg. Sie hat es geschafft! Nun kennt die breite Öffentlichkeit Alice Schwarzer. Von Stund an ist sie für Frau Hinz und Herrn Kunz *das* Aushängeschild der Frauenbewegung. Zum ersten Mal wird sie als «Deutschlands berühmteste Feministin» tituliert. Noch zehn Jahre später vermerkt sie stolz: «Und noch im Rückblick, Jahre danach, spricht ein Medienexperte von einem ‹wahrhaft homerischen Streitgespräch› und ein WDR-Redakteur von ‹einer der wenigen originären Sendungen› in der Geschichte des Fernsehens überhaupt.» Doch leider, fügt sie hinzu, habe man ihr danach nie wieder eine vergleichbare Sendung angeboten.

Das Publikum reagiert auf das Fernsehduell gespalten. Der *Stern* resümiert: «Männer und Muttchen schlugen sich auf die Seite der Vilar, während auf die Schwarzer der geballte Beifall unzufriedener Geschlechtsgenossinnen zukam.»

Diese Frau polarisiert. So wie sie selbst dazu neigt, mit scharfen Gegensätzen zu operieren und Zwischentöne zu vermeiden, spaltet sie auch die Gemüter. Da gibt es nur Freund oder Feind.

Von der Wut, die sie bei Männern auslösen kann, hatte Alice Schwarzer bereits früher eine Kostprobe bekommen. An der Universität Münster, wo sie im Rahmen eines Lehrauftrags im Wintersemester 1974 über den «Stellenwert der Sexualität in der Emanzipation der Frau» referierte, fühlten die Studenten ihr wichtigstes Anhängsel bedroht. Sie verpaßten ihr den Beinamen «SAS: Schwanz-ab-Schwarzer».

Die Friedenauer Wohnung ist Alice Schwarzers erstes Quartier seit ihrer Rückkehr in die Bundesrepublik, dem Land, «nach dem ich nie aufgehört hatte, Heimweh zu haben». Mit ihrem Lebensgefährten Bruno ist sie nicht mehr zusammen. Zu einem Journalisten sagt sie: «Ich komme grad aus einer sehr langen Beziehung, ich weiß, was es heißt, mit einem sanften Unterdrücker zusammenzusein. Männer, das ist im Augenblick nicht mein Problem.»

Für ihren Freund Bruno sei die Trennung «sehr brutal» gewesen, erzählt Claude Hennequin Guillon, Alices französische Freundin. Auch Christina von Braun, die weiterhin in Paris lebte, bemerkte, daß Bruno unter der Trennung «ungeheuer gelitten hat». Er habe die gemeinsame Wohnung behalten und Alice noch relativ häufig in Deutschland besucht.

«Mit dieser Rückkehr gab ich ein Hin und Her nicht nur zwischen zwei Ländern, sondern auch zwischen zwei Welten auf», schreibt Alice Schwarzer und meint den Mentalitätswechsel und die unterschiedliche Rolle, die sie als Feministin hüben und drüben spielt. Doch im Grunde bedeutet der Länderwechsel weit mehr. Die Rückkehr markiert einen Einschnitt in ihrem Leben – vergleichbar ihrem Aufbruch nach Frankreich, ihrem Entschluß, Journalistin zu werden oder sich der Frauenbewegung anzuschließen.

Als sie mit 32 Jahren in Paris ihre Zelte abbricht, läßt sie auch ihr heterosexuelles Leben hinter sich, und dies ist vermutlich der Zeitpunkt, an dem sie sich von ihrem Mädchentraum von Familie und Kindern verabschiedet. Diese Lebensphase scheint abgeschlossen. Es ist, als hätte sie Frankreich als Zwischenstation gebraucht, um aus dem engen Kokon ihrer Jugend zu schlüpfen und sich nun, flügge geworden, ein ganz anderes, ein neues Leben in ihrer alten Heimat aufzubauen.

Zu diesem Entschluß werden verschiedene Gründe beigetragen haben: der Beruf, die Liebe und wohl nicht zuletzt die deutsche Frauenbewegung. Die kann ein kämpferisches Talent gut gebrauchen, dort läßt sich noch etwas erobern, da lassen sich noch neue Gefährtinnen gewinnen.

Ostern 1975 kommt Claudia Pinl zu Besuch nach Berlin und schreibt später über ihre Begegnung mit Alice: «Bei dieser Gelegenheit lernte ich auch ihre Freundin kennen.» Und während Alice «Avocados mit wohlschmeckender Soße servierte», habe ihre Freundin «stundenlang» zwei afrikanische Trommeln bearbeitet.

Vom Temperament scheinen Alice Schwarzer und ihre Freundin sehr gegensätzlich zu sein. Ihre damaligen Bekannten schildern Alice als lebhaft, aufgedreht und voll missionarischen Eifers in Frauenfragen, ihre Partnerin als ruhig, selbstbewußt und trotz ihres Humors eher streng. Sie sei ein Lehrerinnentyp, heißt es, intellektueller als ihre Lebensgefährtin und dieser keinesfalls unterlegen. Deshalb sei es kein Wunder, daß zwischen den beiden ab und an kräftig die Fetzen geflogen sind.

Seit einiger Zeit arbeitet Alice Schwarzer an ihrem dritten Buch. Nach den Protokollen zum § 218 und denen zur Frauenarbeit soll es jetzt endlich um den «Knackpunkt der ganzen Frauen-Chose» gehen, um das Thema, das sie schon lange umtreibt – die Sexualität.

Als die WG am Breitenbachplatz den gemeinsamen Hausstand gründet, hatten sich Frauen bereits Freiräume geschaffen und angefangen, eine feministische Gegenkultur zu entwickeln. So gehörte es in der Berliner Szene auch längst dazu, lesbisch zu lieben. Immer mehr Frauen entdeckten die Liebe zum eigenen Geschlecht als Weg zur Selbstverwirklichung. Die einen teilten den Tisch mit einem Mann, aber das Bett auch ab und an mit einer Frau. Die anderen schwenkten von einem heterosexuellen endgültig auf ein homosexuelles Leben um. Die dritten hatten schon immer Frauen bevorzugt und konnten es jetzt ganz offen zeigen. Zwei Zeitungen von und für Lesben waren bereits gegründet: *Unsere kleine Zeitung* (UKZ) sowie die *Lesbenpresse*. Und das erste *Frauenjahrbuch*, das auch in diesem bewegten Jahr 1975 erscheint, widmete Lesben ein eigenes Kapitel.

Ähnlich wie die französische hatte auch die deutsche Bewegung sehr bald nach ihrem Aufbruch angefangen, über Homosexualität zu debattieren. Die ersten Schritte machten die Frauen sehr vorsichtig, sehr ängstlich, sehr gehemmt. «Die Reaktion der Gesamtgruppe», notierte eine lesbische Frau aus dem Rheinland, die versuchte, in ihrer 218-Gruppe ihr Problem anzusprechen, «schwankte zwischen betretenem Schweigen, spöttischem Lächeln und offener Ablehnung. Von der Not, der Betroffenheit wurde kaum gesprochen.» Und eine andere berichtete: «Es gab fürchterliche Aggressionen. Nichts wurde gelöst in unserer Gruppe. Es wurde nicht darüber gesprochen.» Ein Jahr lang habe sie ihre «Homosexualität so weggetan» und dann gemerkt, «die verstehen das überhaupt nicht und wollen das auch gar nicht!»

Frauenliebe war Ende der sechziger Jahre noch ein eisernes Tabu, auch wenn sie nicht durch das Strafgesetz bedroht war. Sie galt als pervers. In diesem Ressentiment waren auch Bewegungsfrauen gefangen. So funktionierte in den ersten Frauengruppen die Stigmatisierung zunächst genau wie sonst in der Gesellschaft.

In der ersten Nummer der *Frauenzeitung* von 1973 blickten die Lesben aus dem «Frankfurter Weiberrat» auf ihr mühsames Coming-out zurück. Die Debatten seien «abstrakt, verschroben und scheu bis verklemmt» gewesen. «Die eigentliche Diskussion, wie wir alle zu unserer Sexualität, unseren Zärtlichkeiten zu Männern und Frauen, auch zu denen, die Frauen lieben, emotional und rational stehen, konnten wir alle nicht diskutieren.» Das habe sich auch nicht schlagartig geändert, als sich die Lesben von den Heteras absonderten. Selbst die Lesbengruppe habe «wochenlang nicht als Gruppe miteinander reden» können.

Kein leichter Anfang. Doch bereits 1972 kamen Lesben in Berlin zu ihrem ersten internationalen Pfingst-Treffen zusammen und zeigten sich der Öffentlichkeit. Mit steigendem Selbstbewußtsein wuchs der Machtanspruch. «Frauen, denkt daran: Weibliche Heterosexualität ist heilbar!» Nur im lesbischen Leben verkörpere sich der wahre und radikale Feminismus: «Feminismus ist die Theorie, Lesbianismus die Praxis!» Die Auseinandersetzungen zwischen lesbischen und heterosexuellen Frauen gehören zu den dramatischen Kapiteln der Bewegungsgeschichte.

Der Standardvorwurf der Lesben an die Heteras hieß: Ihr stabilisiert die Frauenunterdrückung, indem ihr mit den Unterdrückern zusammenlebt.

Der Standardvorwurf der Heteras an die Lesben war

eher formaler Natur und lautete: Ihr setzt uns unter Druck, seid elitär, zu radikal und dogmatisch.

Die Vorkämpferinnen der Lesbenfront führten eine symbolische Auseinandersetzung, die heute den Eindruck vermitteln kann, als hätten sie den Spieß der Unterdrückkung nur umdrehen wollen. Das führte zu einem aufgeladenen Klima, in dem beide Seiten die jeweiligen Unsicherheiten nur noch schwer zulassen konnten. So stellten manche Lesben weibliche Homosexualität nicht als eine, sondern als die einzige Möglichkeit dar, Sexualität auszuleben.

In dem von Lesben in Berlin gegründeten Selbsthilfeprojekt «Notruf für vergewaltigte Frauen» wurde der Lesben-Hetera-Konflikt besonders scharf ausgetragen. Denn die homosexuelle Seite operierte mit dem pauschalen Argument: «Jeder Mann ist ein potentieller Vergewaltiger!» Auch in der von Mitte der siebziger bis Mitte der achtziger Jahre existierenden Frauenzeitschrift *Courage* wurde in dieser Frage hart gestritten. In dem Kollektiv arbeiteten stets viele Lesben, Frauen mit Mann und Kindern hatten eher einen schweren Stand. Es wurden exemplarische Auseinandersetzungen geführt. Und auch völlig absurde. Ein Beispiel: Einmal vergraulten einige Lesben eine Frau aus dem Zeitungsprojekt, die sich den Sannyassin verschrieben hatte und nun, wie unter denen so üblich, sich nicht nur orange kleidete, sondern auch mit der «Mala» schmückte, an der das Bild des Meisters Baghwan hing. Die Lesben wollten daraufhin nicht mehr mit ihr zusammenarbeiten, weil sie «einen fetten Mann um den Hals» trug.

Totalisierende Gesten, autoritäre Ansprüche – die Bewegung der Feministinnen wurde durch den Lesben-Hetera-Konflikt zermürbt und zerrissen.

Alice Schwarzer wirkt kaum wie eine bange Natur, die fürchtet, sich öffentlich zu exponieren. Sie empfindet Skandale «durchaus als lustvoll». Die Gefahr, einen bestimmten Skandal zu provozieren, hat sie allerdings vermieden: nämlich den um ihr homosexuelles Leben. Ihre Liebe zu Frauen gehört zu den verborgenen Kapiteln ihres Lebens. Nun aber propagiert gerade Alice Schwarzer über die Jahre: «Nur wenn Frauen Männern privat nicht mehr ausgeliefert sind, nur wenn das Dogma der Vorrangigkeit der Heterosexualität in Frage gestellt wird, haben Frauen die Chance zu einer eigenständigen, nicht mannfixierten Entwicklung.» (1975) Und: «Den Männern das Monopol aufkündigen und auch Frauen lieben können ist irgendwann Folge eines konsequenten Feminismus.» (1982) Und: «Ich bin lesbisch? In meinen Augen eher Kompliment als Beleidigung (auch wenn und gerade weil die spalterische, diffamatorische Absicht dabei so unübersehbar ist).» (1985)

Ihre Berliner Bekannten aber erinnern sich gut, daß Alice Schwarzer großen Wert darauf legte, ihre lesbische Beziehung nicht öffentlich bekanntwerden zu lassen. So hat sie es auch in den Jahren darauf gehalten. Bis in die jüngste Zeit. «Alice», ärgert sich Claudia Pinl, «versucht ja auf Teufel komm raus zu kaschieren, daß sie lesbisch lebt.»

Warum? In der Frauenszene, in der sie sich in Berlin und anderswo bewegte, hatte sie Diskriminierung nicht wirklich zu befürchten. Dort galt lesbische Liebe geradezu als die bessere Alternative. Rücksichtnahme, wie sie viele Homosexuelle gegenüber ihren Familien praktizieren und sich deswegen nicht zu ihren Gefühlen bekennen, dürfte vermutlich im Umgang mit einer so unkonventionellen Frau wie ihrer Mutter kaum eine Rolle gespielt haben. Auch hatte Alice Schwarzer als freie Journalistin und Autorin keine unmittelbaren Repressionen durch einen Arbeitgeber zu fürchten.

Zu Beginn ihrer feministischen Karriere könnte das Schweigen weniger mit Angst vor Sanktionen als mit kluger Berechnung zu tun gehabt haben. Mitte der siebziger Jahre war Homosexualität – trotz heftiger Diskussionen in der Frauenszene – gesamtgesellschaftlich noch längst nicht akzeptiert. Ein Mordprozeß warf ein deutliches Licht auf die Stimmung im Land.

Seit August 1974 stand ein lesbisches Liebespaar in einer norddeutschen Kleinstadt vor Gericht. Die Frauen wurden beschuldigt, einen Mörder gedungen zu haben, um den Ehemann der einen aus dem Wege zu schaffen. Einen Mann, über den seine Ehefrau aussagte, er habe sie bis zu dreimal täglich vergewaltigt.

Der Prozeß begann, als das patriarchale Selbstbewußtsein durch die anhaltende Frauenrevolte bereits angekränkelt war. Und lesbische Frauen galten als die schlimmsten Frevlerinnen wider die Männlichkeit. «Und so kam es», schreibt Alice Schwarzer, «daß der Prozeß umfunktioniert wurde: zum Musterprozeß gegen die lesbische Liebe. Es war ein wahrer Hexenprozeß.»

So hatte es sich der Richter nicht nehmen lassen, mit einer «in der deutschen Gerichtsgeschichte einmaligen Anordnung», wie die *Frankfurter Rundschau* schrieb, den Sensationsreportern unbegrenzte Fotografiererlaubnis und Anwesenheit bei der Vernehmung der Angeklagten zur Person zuzugestehen. So befand er es «prähistorisch und daher überflüssig», einen Zeugen zum Zustand der Ehe anzuhören. Die Liebesbriefe der Frauen hielt er allerdings nicht für «prähistorisch», die ließ er im Gerichtssaal verlesen.

Bild fragte: «Kann die Liebe zwischen zwei Frauen so absolut sein, so endgültig? Oder ist sie krankhaft, nicht normal?» *Bild* wußte: «Die Leidenschaft der lesbischen Frauen kann zu den grausamsten Konflikten führen: zu verlassenen Kindern, zerrissenen Ehen, zu aller Art von Unglück, Tötung, Selbstmord, Mord ...» Die Frauenhatz in den Medien war so brutal und perfide, daß sich fast hundertfünfzig Journalistinnen und Journalisten offiziell beim Deutschen Presserat beschwerten.

Am 1. Oktober 1974 wurden die beiden Frauen lebenslang ins Gefängnis geschickt. In seiner Urteilsbegründung meinte der Richter, daß nicht der Ermordete durch sein Verhalten seine Frau zu Ekel und Haß provoziert habe, sondern diese Gefühle der lesbischen Bindung zuzuschreiben seien.

Der Prozeß und das Urteil brachten die gesamte Frauenbewegung so richtig auf die Barrikaden. «An ihrem Fall wird *allen Frauen* demonstriert, was Männer für weiblich halten, was Männer aus weiblicher Sexualität machen und welche Strafe darauf steht, wenn Frauen auf diese Sexualität pfeifen», hieß es im *Frauenjahrbuch '75*.

Das gesellschaftliche Klima in dieser Zeit ermunterte also keinesfalls dazu, sich öffentlich als Lesbe zu bekennen. Vor allem, wenn man in dieser Gesellschaft anerkannt werden wollte. Und das wollte Alice Schwarzer verständlicherweise. Sie wollte nicht nur im Binnengewässer der Frauenbewegung schwimmen, sondern auch im großen Meer der gesellschaftlichen Öffentlichkeit.

Das könnten damals ihre guten Gründe gewesen sein, mit der Art ihrer privaten Beziehungen hinterm Berg zu halten. Denn selbstverständlich hat sie das Recht auf ein Privatleben. Und sie ging wohl davon aus, daß sie mit ihrer Mission mehr Menschen erreichen würde, wenn sie sich nicht als Lesbe outete. So bot sie weniger Angriffsfläche und hatte mit weniger Vorurteilen zu kämpfen.

Wahrscheinlich lag sie damit richtig – soweit es ihre Wirkung auf breite Bevölkerungsschichten angeht. Nicht umsonst ist sie die einzige bundesdeutsche Feministin, die weit über das Ghetto der Bewegung hinaus hohes Ansehen genießt.

Bei ihren ersten Gehversuchen auf der großen Bühne der Öffentlichkeit war ihr Stillschweigen also verständlich. Doch – sie ist ein Vierteljahrhundert dabei geblieben.

In diesem Vierteljahrhundert sind Homosexuelle selbstbewußter geworden, und ihre Bewegung hat politische Erfolge erstritten. In einer ausdifferenzierten Medienlandschaft stellt sich Homosexuellen, die Figuren des öffentlichen Lebens sind, verschärft die Frage, ob sie sich öffentlich bekennen. Das ist kein privates, sondern ein politisches Problem.

Das freiwillige Coming-out und auch das unfreiwillige Outing werden von der Homosexuellen-Bewegung als zwei Instrumente betrachtet, die gleichgeschlechtliche Liebe in einer heterosexuellen Gesellschaft präsenter zu machen. Und es gilt als ein Weg für die Betroffenen, sich nicht länger verstecken und verbiegen zu müssen. Doch sehen auch die Befürworter des Outing die Probleme, die sich mit einem solchen Schritt verbinden: Nach wie vor sind die persönlichen Konsequenzen schwer einzuschätzen. Gerade für ältere Homosexuelle kann das öffentliche Bekenntnis massive Ängste vor der Homophobie der Gesellschaft aktivieren. Ihre Generation hat die Ächtung wesentlich drastischer erfahren. Doch bleibt unterm Strich, so die Position der Aktivisten, ein politisches Argument entscheidend: Wer es in der heterosexuellen Welt zu etwas gebracht hat und seine sexuelle Orientierung nicht offenlegt, unterstützt so den üblichen Wahrnehmungsmechanismus, mit dem in dieser Gesellschaft Homosexualität ausgeblendet wird.

Als Alice Schwarzer 1997 in einem Interview gefragt wird, ob ein offener Umgang mit Homosexualität nicht eine ähnlich befreiende Wirkung haben könne wie ehedem die 218-Kampagne, antwortet sie trocken: «Wenn die Betroffenen es für richtig halten zu schweigen, haben sie ihre Gründe. Die Dinge müssen reif sein. Wir haben höchstens die Pflicht, zu einem Klima beizutragen, in dem Homosexualität so selbstverständlich wird wie Heterosexualität.»

Nach so langer Zeit scheinen ihr die Dinge noch immer nicht «reif». So viel Vorsicht!

Man fragt sich, warum ein gefeierter Medienstar, wie es Alice Schwarzer in den neunziger Jahren ist, so zurückhaltend bleibt. Dies in Zeiten, in denen hämische Schlagzeilen über eine homosexuelle Feministin hoffentlich auf ihre Urheber zurückfallen würden. Schließlich ist diese Gesellschaft gegenüber Homosexuellen tatsächlich liberaler geworden – auch der Frauenbewegung sei Dank.

Alice Schwarzer betrachtet den Entschluß, zu ihrem lesbischen Leben zu schweigen, ausschließlich als ihre Privatangelegenheit. Selbstverständlich hat sie das Recht auf Privatheit wie jede andere. Doch ist ihre Argumentation in diesem Punkt nicht haltbar. Ehemalige Mitstreiterinnen verweisen zu Recht auf eine wichtige Erkenntnis der Frauen- und Lesbenbewegung, die noch immer Gültigkeit beanspruchen kann: daß das Betonen von alternativen Lebensformen – auch in der Liebe und Sexualität – ein Politikum ist. Beispiele dafür sind Cornelia Scheel und Hella von Sinnen, Martina Navratilova und Rita Mae Brown.

Erica Fischer ist eine Pionierin der österreichischen Frauenbewegung und Autorin des Buches *Aimée und Jaguar*, das die Geschichte einer Frauenliebe im Dritten Reich erzählt. Sie kennt Alice Schwarzer, schrieb eine Zeitlang für *Emma* und stellt unumwunden fest: «Eine

Frau wie Alice, die eine derartig öffentliche Person ist, hat die Pflicht, sich als Lesbe zu bekennen. Das ist sie den anderen Frauen schuldig.» Und Susanne von Paczensky, damals Herausgeberin der Rowohlt-Reihe «frauen aktuell» und auch eine prominente Feministin, die trotz mancher Meinungsverschiedenheit grundsätzlich die politischen Verdienste Alice Schwarzers betont, sagt zur Frage von deren Homosexualität: «Gerade weil sie eine Galionsfigur für den Feminismus wurde, müßte sie es sich selbst übelnehmen, an so einem wichtigen Punkt nichts gesagt zu haben. Ich habe es eigentlich immer erwartet. Inzwischen hat sie vielleicht den Zeitpunkt verpaßt.»

Für diesen Lebenswiderspruch bei Alice Schwarzer gibt es privat sicher viele gute Gründe. Und doch erklären sie nicht hinreichend die Kluft, die sich gerade in ihrem Fall zwischen gelebtem Leben und propagiertem Programm auftut. Diese Kluft zeigt sich, wenn man einen Blick auf die Glaubenssätze wirft, mit denen die Frauenbewegung angetreten ist – allen voran Alice Schwarzer. Die zentrale Losung lautete: «Das Private ist politisch!» An diesem Punkt setzen die Grundsatzforderungen der Frauenbefreiung an: Sei es beim Protest gegen den § 218, bei dem der Konflikt um die Kontrolle weiblicher Sexualität und Gebärfähigkeit exemplarisch ausgetragen wurde; sei es bei der Diskussion um unbezahlte Haus- und Familienarbeit, um Vergewaltigung in der Ehe und Gewalt in Beziehungen.

«Das Private ist politisch» kratzt an den Grundfesten der bürgerlichen Gesellschaft und der Geschlechtertrennung. Denn hier wird das Politische neu definiert. Gerade der Kult um die Privatsphäre hält Frauen in ihrer weiblichen Rolle gefangen – als Ehefrau, als Mutter, als Hausfrau. So will es das ideologische Konzept: Männer gehören in die Welt, Frauen ins Haus. Dann werden die Angelegenheiten der Männer zu öffentlichen, die der Frauen zu privaten.

Die berühmte Formel der Frauenbewegung will diese Verhältnisse auf den Kopf stellen: Sie zielt zum einen auf Emanzipation aus Männerherrschaft im privaten Bereich, zum anderen aber auch auf eine Aufhebung der Geschlechtertrennung im politischen Raum.

Alice Schwarzer gehört zu den entschiedenen Verfechterinnen dieser Maxime. Seit Mitte der siebziger Jahre predigt sie in immer neuen Varianten, daß Sexualität nicht nur eine Frage der Intimsphäre ist. In ihrem Fernsehinterview mit Esther Vilar setzte sie sogar noch eins drauf und verkündete: «Es gibt kein Privatleben!»

Noch 1994 provozierte sie mit ihrer drastischen Sicht der Dinge einen Eklat. Anlaß war ihr Buch über den Tod des Politikerpaares Petra Kelly und Gert Bastian. Im Nachwort der Taschenbuchausgabe zeichnet Alice Schwarzer die Auseinandersetzung, die es um den Text gegeben hatte, aus ihrer Sicht nach: «Am meisten empörte diese Söhne, daß ich es gewagt hatte, von der ‹Impotenz› des Ex-Generals zu sprechen. Genauer gesagt: von der Tatsache, daß er ‹zumindest mit ihr (Kelly) nicht mehr konnte oder wollte›. Der schrille Ton der Anwürfe – Moralismus, Voyeurismus, Wühlen im ‹Intimleben› – war entlarvend. Das Problem dieser Väter scheint auch das der Söhne zu sein. Auch für die Söhne ist Privatleben wieder ‹Privatsache›, wird Sexualität nicht als Kommunikation und Spiegel einer Beziehung begriffen und werden eigene Ängste kaschiert.»

Soweit Alice Schwarzers Haltung, wenn es um die Sexualität anderer Menschen geht. Daß sie Fragen nach ihrem eigenen Privatleben abwehrt, stellt sich im Licht dieser vehementen Verteidigungsrede als ein Widerspruch dar, den man *dieser* Frau nicht durchgehen lassen kann. Auf die direkte Frage des *Express*: «Sind Sie lesbisch?» beharrt sie 1992: «... kein Wort über mein Privatleben.»

Als Alice Schwarzer 1997 von *Amica* auf ihre widersprüchliche Haltung angesprochen wird, reagiert sie ähnlich abwehrend:

«Frage: Sie selbst haben Ihr Privatleben immer hübsch unter Verschluß gehalten. Antwort: So soll's auch bleiben. Frage: Warum eigentlich? Einer Ihrer Leitsätze war doch immer, daß das Private politisch ist. Antwort: Die Schamlosigkeit des heutigen Enthüllungsjournalismus hat mit dieser Erkenntnis nichts zu tun. ‹Das Private ist politisch› meint, daß das angeblich Persönliche gesellschaftliche Ursachen hat. Es meint aber nicht, daß Menschen sich bis aufs Mark der Öffentlichkeit auszuliefern haben.»

Nun kommt aber der politische Anspruch, sich zum lesbischen Leben zu bekennen, aus der Frauenbewegung selbst und ist eine geradezu klassische Forderung. Im *Frauenjahrbuch* '76 etwa wird programmatisch verlangt, daß Lesben den Kampf gegen die patriarchalische Realität «explizit als Lesben führen, daß sie sich in feministischen Kampagnen als Lesben einbringen, denn immer, wo Lesben sich generell als ‹Frauen› darstellen, tragen sie zu dem gesellschaftlichen Schweigen über Liebe zwischen Frauen bei . . .»

Alice Schwarzer ist nicht eine beliebige Person des öffentlichen Lebens, von der unbotmäßig verlangt wird, sie solle sich der Öffentlichkeit ausliefern. Denn in ihrem Fall sind öffentliche Rolle und das Thema Sexualität untrennbar miteinander verknüpft – mehr als bei jeder anderen prominenten Frau. Aus ihrer subjektiven Sicht ist es verständlich, daß sie auf ihr Privatleben pocht; schließlich hat sie schon jahrelang den Kopf hingehalten. So ist es sicher strapaziös, auch noch als lesbisches Rollenvorbild dienen zu sollen. Da sie sich ihr Renommee jedoch mit einer radikalen Haltung in sexuellen Fragen erworben hat, weckte sie selbst die Erwartung, daß gerade sie zu ihrer sexuellen Orientierung stehen würde.

Im Spätsommer 1975 veröffentlicht Alice Schwarzer den *«Kleinen» Unterschied und seine großen Folgen*. Ein Buch, in dem Frauen über sich, ihre Beziehungen, ihre Arbeit, ihre Sexualität sprechen. Ein Buch über die banale Brutalität des Frauenalltags und die Mär von der «erfüllten Weiblichkeit». Da rauscht es heftig im Blätterwald.

«Der dressierte Mann ist tot, es lebe die unterdrückte Frau ohne Orgasmus.» *(Stuttgarter Zeitung)*

«Alice Schwarzer – Deutschlands populärster Männerschreck.» *(Spandauer Volksblatt)*

«Hier hat eine ‹frustrierte Tucke› andere frustrierte Tukken schamlos exploriert, um einen Bestseller zu schreiben.» *(Süddeutsche Zeitung)*

«Warum, verflixt noch mal, bringt es diese intelligente Frau nicht fertig, ein einziges Mal durch die Gitterstäbe ihrer Ideologie zu blicken auf jenen Mann etwa, der zärtlich den Arm um seine Frau legt und sagt: ‹Ich hab dich lieb.›» *(Berliner Morgenpost)*

Das öde Leben von Frauen – eingeschnürt zwischen Küche, Kinder und Koitus – läßt die Medienwogen schäumen. Alice Schwarzer hat den Nerv getroffen. Mit dem «Knackpunkt der ganzen Frauenchose», der Sexualität. Denn in der Sexualität, so sagt sie, spiegelten sich «Männergesichter in den Augen identitätsloser und gedemütigter Frauen wie erstarrte Symbole und unmenschliche Fratzen».

Die siebzehn Interviews sind nicht repräsentativ, aber ihre individuellen Wahrheiten sind bedrückend in ihrer Melancholie und stillen Grausamkeit. Die Protokolle zeigen, so die Autorin, die «Funktion der Liebe bei der Entmündigung, Erniedrigung und Ausbeutung von Frauen». Die «Mundpropaganda der Frauen und der dann einsetzende Geifer vieler Männer» machten das Buch berühmt.

Wie vor ihr die Amerikanerin Anne Koedt versucht Alice Schwarzer darin den «Mythos vom vaginalen Orgasmus» zu entlarven, der Frauen zum Koitus verdamme, von dem sie nichts als Verdruß, die Männer hingegen den Genuß hätten. Dabei übernimmt sie Koedts Grundgedanken, die seit Ende der sechziger Jahre in der bundesdeutschen Frauenszene kursieren, bettet sie in eine Frauenbefreiungstheorie ein und unterfüttert diese mit Interviews. So wird die Legende vom vaginalen Orgasmus in eine breite Öffentlichkeit transportiert. Noch nachhaltiger als bei der §-218-Aktion entfaltet sich hier Alice Schwarzers Stärke, ein Thema zu riechen und medial so aufzubereiten, daß es schlagartig populär wird.

Aus heutiger Sicht ist der Aufruhr, den die These von der «Orgasmus-Lüge» und die Beichte der Frauen über die Misere ihres (Sexual-)Lebens entfachte, schwer nachzuvollziehen. Doch Mitte der siebziger Jahre enthielt das Buch Sprengstoff. Es ermutigte Tausende von Frauen, zum ersten Mal in ihrem Leben über ihre Sexualität zu reden. Die Frauen, die die verklemmte Erziehung der fünfziger Jahre erlitten hatten, konnten solche Dinge in der Regel weder mit der besten Freundin noch mit dem eigenen Mann besprechen. Wie hätte eine Frau – die sich mit ihrem Schicksal allein wähnte – auch zugeben können, daß sie keinen Orgasmus hatte? Frauen wußten so erschreckend wenig.

Männer hingegen hatten sich im Schlafzimmer lange sicher gefühlt. Doch plötzlich mußten sie sich von einer Frau Schwarzer maliziöse Angriffe auf ihr Allerheiligstes gefallen lassen. Etwa solche: «Und in diesem Zipfel liegt das Mannestum? Liegt die magische Kraft, Frauen Lust zu machen und die Welt zu beherrschen?» Alice Schwarzer vermaß diesen Zipfel und stellte fest: «Tatsächlich nicht sehr groß. Im schlaffen Zustand, so versichern die Experten, acht bis neun Zentimeter, im erigierten sechs bis acht Zentimeter mehr.»

Alice Schwarzers Botschaft vom «kleinen Unterschied» zielte nicht nur auf die Anhängerinnen der Frauenbewegung. Hauptadressatin war die Frau von nebenan, die sich über ihr weibliches Schicksal noch wenig oder gar keine Gedanken gemacht hatte. Die wußte plötzlich: Sie steht nicht alleine da mit ihren Problemen. *Der kleine Unterschied* wurde quer durch die Bank gelesen: von jungen und alten, frauenbewegten und -unbewegten, gebildeten und einfachen Frauen – und einigen Männern. Das machte ihn zum Riesenerfolg. Dazu kam der Presserummel. Die «patriarchalische Negativ-Propaganda», glaubt Alice Schwarzer, habe Frauen «erst recht» dazu bewogen, das Buch zu lesen. «Und – sie fanden sich wieder.»

Die «Genialität Schwarzers», schreibt Volker Elis Pilgrim, bestehe in ihrer Fähigkeit, «mit dem profanen Ansatz der Darstellung geschlechtlicher Misere zwischen Mann und Frau» in die «Tiefe der Emanzipationsauseinandersetzung» zu dringen. Ihr sei es zu danken, wenn aus deutschen Schlafzimmern ein «bundesweites Hau ab!» dringe, «das den Mann erschüttert».

Doch lebt dieses Buch auch von Verallgemeinerungen, Vergröberungen und Projektionen. «Wie in ihren linken Intimfeinden», urteilt ein Autor im *Spiegel*, sei in der Feministin Schwarzer «die Fähigkeit zur Totalisierung» zu entdecken: «Ein Gedanke wird ihr – für eine Weile wenigstens – zum Universalschlüssel für ein gesamtes Gebäude (und bricht dann vielleicht im Schloß ab).»

Alice Schwarzer präsentiert die Analyse der Protokolle, als handele es sich um eine repräsentative Untersuchung, deren Ergebnisse sie apodiktisch formuliert: «Frauen erkaufen sich menschliche Nähe, Hautkontakt, Zärtlichkeit und soziale Anerkennung durchs Bett.» Oder: «Erster Beischlaf als Pflichtübung im Ritual des Frauwerdens. Keine tut es aus Lust, alle tun es aus Angst.» Oder: «Keine der

Frauen, die explizit über ihre Sexualpraktiken sprechen, erlebt einen sogenannten vaginalen Orgasmus.» Oder: «Alle Männer, mit denen Frauen eine befriedigende Sexualität erleben, sind im positiven Sinne ‹unmännlich›.»

Daraufhin verflucht eine *Kursbuch*-Autorin ihre Geschlechtsgenossinnen, weil sie nicht lauthals aufschreien, «wenn Alice Schwarzer mit dem Sex aufräumt wie die Hausfrau ihre drei Zimmer, Küche und Bad. Auf, auf, Frauen, seid gegen das Bumsen, dann werdet ihr frei sein.» Alice Schwarzer habe «einen Zwang, heterosexuelle Beziehungen anzuprangern», und schaffe «nicht nur einen Unterschied und große Folgen, sie schafft mit einem Schlag Tausende. Plötzlich sind Frauen neue Wesen», dank einer Schwarzer, «die alles deichselt».

Tatsächlich aber führen sich nach der Veröffentlichung des Buches vor allem männliche Kommentatoren auf, als habe ihnen die eigene Frau just das Bettzeug auf die Wohnzimmercouch gepfeffert und sich statt dessen den *Kleinen Unterschied* unters Kopfkissen gepackt. Sie beschimpfen die Autorin, die interviewten Frauen oder gleich alle Beteiligten. Die Häme, mit der Alice Schwarzer überschüttet wird, ist brutal. Und dazu perfide, da sie so willkürlich daherkommt.

Da heißt es, sie – die gerne ißt, gut kocht, viel von einer rheinischen Frohnatur und deren Humor hat – sei eine «frustrierte Tucke». Außerdem eine «Männerhasserin». Es nützt ihr wenig, immer wieder zu versichern, daß sie ihren Kampf für Frauen und nicht gegen Männer führe und «normale Erfahrungen mit sehr freundlichen Männern» gemacht habe. So ein Schlag sitzt.

Ein Punkt, auf dem die Berichteschreiber mit Vorliebe herumhacken, ist Alice Schwarzers körperliche Erscheinung. Da zählen nicht ihr Charme, ihre Energie, ihre Lebendigkeit. Sie wird zur «Nachteule, mit dem Sex einer

Straßenlaterne», zur «neurotischen Kuh», die «mit stechendem Blick durch die Brille guckt, wie eine Hexe im bösen Märchen», zum «Schreckgespenst». Der *Spiegel* druckt einen Leserbrief mit dem Wortlaut: «Mir ist der A... der O. lieber als der Kopf der S.» Und ein *Stern*-Leser darf Alice Schwarzer zur «Miß Hängetitt» küren.

Sie kontert frech: «Ich sag doch auch nicht, daß Herr Schmidt einen schlaffen Pimmel hat.» Sie wehrt sich: «Am meisten überrascht mich, wie diese quallbäuchigen Männer mit ihren grauen Krawatten mir zu sagen wagen, ich sei sexuell frustrierend. Die sollten mal öfters in den eigenen Spiegel kieken!» Doch die Verletzung ist zu spüren: «Die Nation ist sich offenbar einig, daß ich sehr häßlich bin», sagt sie einmal.

Des weiteren wird Alice Schwarzer unterstellt, daß sie sich dem gängigen Schönheitsdiktat verweigere. Sie selbst erwähnt zwar häufig, daß ihr Mode immer Spaß gemacht habe, doch diese Vorliebe paßt nicht ins Bild einer Emanze. Also wird sie dem Vorurteil gemäß zurechtgeschildert: «Sie gebraucht weder Lippenstift noch Büstenhalter, schmucklos sind ihre Kleider, weit geschnitten, wadenlang, hängig.» – «Sie weiß, daß sie nicht zu den Glamour-Gestalten gehört, die von Männern bevorzugt werden, aber sie trägt diese Ablehnung (die sie auch von Frauen erfährt) mit trotziger Haltung und weicht keinen Fingerbreit in die eigene Verschönerung oder Verweiblichung aus.»

So die bundesrepublikanischen Medien. Doch als ein Berichterstatter aus der Schweiz auftaucht, den die Schwarzer-Hysterie in deutschen Landen eher befremdet, kommen andere Sachen zu Papier. Ihm erscheint Alice Schwarzer «so blond-blauäugig-tapfer, hellwach und charmant, in einem dunkelblauen Kleid mit weißen Blümchen und einem feinen Halskettchen».

Irgendwann in dieser Zeit fährt Alice Schwarzer nach Hamburg, wo sie für ein paar Tage eine befreundete Journalistin und deren Mann besucht. Vielleicht würde sich niemand mehr an die Stippvisite erinnern, hätte es dabei nicht einen häßlichen Zwischenfall gegeben: Alice Schwarzer schlendert, mit dem Mann ihrer Freundin plaudernd, über die Straße. Da kommt ihr ein kleiner Junge entgegen. Er sieht sie, und kaum hat er sie passiert, ruft er ihr laut hinterher: «Du alte Hexe!» Alice Schwarzers Begleiter ist fassungslos und empört. Doch sie bleibt gelassen und meint aufgeräumt: «Ach, das kenn ich schon.»

Wieviel Spott und Hohn hält ein Mensch aus? Wie lange kann er eine solche Hatz ertragen, ohne Schaden zu nehmen? «Ich fühle mich durch diese Klischees, die man mir anhängt, vergewaltigt», sagt Alice Schwarzer, als die Diffamierungskampagne auf vollen Touren läuft. «Am meisten ärgere ich mich, daß man mir aberkennt, was ich haufenweise habe: eine dicke Portion an Menschlichkeit und 'ne ganze Menge Humor.»

Daß sie «dauernd angepinkelt werde», überrasche sie nicht, es «treffe» sie aber dennoch. «Manchmal habe ich die Zeitungen auf den Boden geschmissen und getobt und geschrien: ‹Diese Schweine!›» Und: «Eine solche Häme verletzt trotz allen Wissens um die Motive der Geifernden.»

1976, nicht lange nach der Schlammschlacht um den *Kleinen Unterschied*, veröffentlicht der *Spiegel* ein Porträt von Alice Schwarzer, aus dem bereits zitiert wurde. Es ist kritisch, es ist umstritten und löste eine Debatte auch in anderen Zeitungen aus. Der Autor – also ein Mann – hatte sich intensiv mit der Person und ihrer Biographie beschäftigt. Er glaubte dann, bei der Feministin ein Unvermögen zu entdecken, kritische Anfragen zu ertragen. Seiner Meinung nach wirkten in diesem Verhalten «auch paranoische Ängste» mit.

Menschen, die so massiv wie Alice Schwarzer ungerechtfertigten Angriffen ausgesetzt sind, tun sich dann oft schwer, eine angemessene Kritik zu ertragen. Wenn auf jemanden so verletzende Erfahrungen einprasseln, sind Gefühle der Ohnmacht unvermeidbar. In solchen Situationen sind auch Erwachsene ihren alten Kinderängsten schutzloser als sonst ausgeliefert. Vielleicht hat Alice Schwarzer aus ihrer Geschichte heraus gelernt, sich als Verfolgte zu gerieren, wenn sie mit Kritik konfrontiert wird. Diese Haltung, in unerquicklichen Lagen den Notstand für sich auszurufen, ist ein auffälliges Verhaltensmuster der öffentlichen Person Alice Schwarzer.

Nach dem Erscheinen des *Kleinen Unterschieds* im Oktober 1975 startet Alice Schwarzer eine Diskussionsreise, die sie quer durch die Republik führt. Titel der Veranstaltungen: «Die Frau in der Diskussion» oder auch «Wer hat Angst vor Alice Schwarzer?»

In Berlin soll das Ereignis im kleinen Saal der Akademie der Künste stattfinden. Dabei haben die Veranstalter vergessen, daß der Name Schwarzer inzwischen ein beträchtlicher Publikumsmagnet ist. Es wird chaotisch. Ein völlig überfüllter Raum, Männlein und Weiblein kauern auf dem Boden, auf Tischen und Heizkörpern. «Typisch», meint Alice Schwarzer, «beim Frauenthema gibt's eben erst nur 'ne kleine Ecke.» Umzug ins Foyer. Die Stimmung ist gereizt, weil niemand was versteht. Ein Mann fragt: «Darf ich überhaupt noch was fragen?» Eine Frau will wissen, wie viele Frauen sich dem «Zwang zur Schönheit» beugen und ihre Haare färben lassen. Alice Schwarzer sagt, daß Emanzipation der Frauen nur möglich sei in Verbindung mit der Emanzipation von Männern, daß sie sich aber «nicht im permanenten Dialog mit Männern ausbluten» lasse.

154

In Darmstadt erscheinen am Buß- und Bettag, vormittags um elf Uhr, 2000 Leute, um die Vorzeigefeministin zu hören; in Büdingen ist abends das Bürgerhaus gerammelt voll; tausend Zuhörer und Zuhörerinnen strömen ins Schwabinger Bräu in München.

Alice Schwarzer spricht vom «Wesen mit Penis», hält es für «Verrat», länger nur bei Worten und Utopien zu bleiben, und liefert sich immer wieder Gefechte mit linken Genossen, die sie als «engstirnig» und «bürgerlich» schmähen. «Frau Schwarzer, wollen Sie die Misere dieser Gesellschaft auf beide Geschlechter gleichmäßig verteilen, oder wollen Sie eine bessere Gesamtgesellschaft?» Nach solchen Auftritten geht's manchmal im Wirtshaus weiter, wo interessierte Frauen sich den Star Alice aus der Nähe ansehen können.

Und wieder, wie bei dem Gefecht mit Esther Vilar, gibt es zu den Veranstaltungen kraß unterschiedliche Einschätzungen in den Medien. Die eine Seite lobt die «ganz und gar undogmatische, bis zur Selbstironie humorige Feministin», die die «charismatische Fähigkeit» habe, «Schweigende zum Reden zu bringen, Mutlosen Mut zu machen und die Schwachen zu stärken». Sogar «eine vertraueneinflößende Melancholie», die Alice Schwarzer «unübersehbar ins Gesicht geschrieben» stehe, wird entdeckt.

Die Gegenseite lästert über das «mit dem Schnellfeuergewehr» abgeschossene «großkalibrige Vulgär-Vokabular in ideologisch blankpolierten Patronen» der Alice Schwarzer, streicht ihre «Begabung fürs Agitatorische, Missionarische und Rhetorische» heraus und kritisiert, manchmal in etwas schwer verständlichen Formulierungen, ihre Arroganz: «Und kam einmal die Frau/der Mann aus dem Volke, von der Basis, unbeholfen und bedürftig: wie komisch doch nur, weil unangemessen, leider auch offenbar für Alice Schwarzer ...»

Alice Schwarzer hingegen schwärmt von der «Radikalität der ‹Basis›», sprich: der einfachen Frau. Intellektuellere Frauen hält sie eher für verkorkst: «Nie waren die Diskussionsbeiträge der Frauen so entfremdet und legitimatorisch wie in den Uni-Sälen, nie so ehrlich und radikal wie in Bürgersälen, in Großstädten wie auf dem Land.»

Nach diesem Auftrittsmarathon ebbt der Medienrummel um Alice Schwarzer erst einmal ab. Allerdings geht die Diskussion um sie weiter. Nun im Rahmen der Frauenbewegung.

Seit dem ersten bundesweiten Frauenkongreß 1972 hatte sich die autonome Bewegung kontinuierlich verbreitert. Alice Schwarzer trug ihren Teil dazu bei. Kaum war sie wieder irgendwo aufgetreten, hatten die Frauengruppen am Ort neuen Zulauf.

In diesen Gruppen fanden Frauen oft zum ersten Mal einen geschützten Rahmen, in dem sie sich öffnen konnten und auf Gleichgesinnte trafen. Doch bei nicht wenigen, die sich fähnleinschwenkend der Bewegung anschließen wollten, endete das Unternehmen auch schon mal mit Wut und Enttäuschung. Es gab häufig Spannungen zwischen den «Neuen» und den «Alten» in den Frauengruppen, zwischen den Haus- und den berufstätigen Frauen, zwischen Müttern und Nichtmüttern. So manche Frau mußte feststellen, daß der Weg zu Befreiung beileibe nicht durch einen Rosengarten führte und daß sich die solidarischen Schwestern als böse Stiefschwestern entpuppen konnten.

Im *Frauenjahrbuch '75* machten einige Frauen ihrem Frust so richtig Luft. Die Konflikte, die sie schilderten, könnten sich anderswo ähnlich abgespielt haben. Da ärgerte sich eine Hausfrau aus Hamburg: «Ich denke mir, ich gehe mal in eine Frauengruppe der neuen Frauenbewegung, die wissen schließlich, was Unterdrückung heißt, da

darf ich *wenigstens sagen*, wie erniedrigt ich mich fühle ...
Einige Frauen sagen: Schön! Endlich eine Neue, die was
tun will! Aber da kommen andere und sagen: Gar nicht
schön, was will die hier, wir sind schon viel länger dabei, da
sind wir schon viel weiter, du wirfst uns zurück ... Sprich
lauter, sprich konzentrierter, wiederhole dich nicht, unter-
brich nicht! ... Und unterbrechen mich, sobald ich den
Mund aufmache, und sagen, ja, kennen wir schon ... Ich
habe das Gefühl, meine Beiträge sind schon deshalb nichts
wert, weil ich sie gebracht habe, eine blöde Hausfrau und
Mutterkuh.»

Eine andere fluchte: «Ich bin sauer, sauer, am sauersten!
Ihr seid ein beschissener Verein.» Sie sei «in Tränen aufge-
löst» von den letzten Sitzungen heimgekommen. «Man
traut sich ja nicht zu sagen, daß man keine Zeit hat, nur
weil man waschen, putzen, bügeln muß oder einfach nur
bei den Kindern bleiben will. Es kommt mir vor, als ob ich
von einer Zwangsjacke in die andere umgestiegen bin.»

Viele Frauen, die sich einmal in einer Frauengruppe engagiert haben, können ein Lied vom Dominanzgehabe singen – von autoritären Gesten und ideologischer Borniertheit, aber auch von kollektivistischer Gleichmacherei und
kleinlichen Animositäten. Wo waren sie geblieben, die Ansprüche der Bewegung, überkommene Herrschaftsmechanismen aufzubrechen und solidarisch abzubauen? Die
Realität hatte die Frauen eingeholt.

Die Kämpfe spielten sich nicht nur in den einzelnen
Gruppen ab. Es gab auch übergreifende Konflikte und Organe, in denen sie ausgetragen wurden. Irgendwann entzündet sich der erste offene Streit um Alice Schwarzer. Da
gibt es auf der einen Seite eine diffuse «Bewegung», in der
das Kollektiv hochgehalten und wo gern nach der Methode Champignon verfahren wird: Wer seinen Kopf zu
weit nach draußen streckt, dem wird er abgesäbelt. Auf

157

der anderen Seite steht Alice Schwarzer, die in der Öffentlichkeit bereits als Deutschlands Feministin Nummer eins gehandelt wird.

Sie selbst schreibt zu ihrer Rolle Mitte der siebziger Jahre: «Handelnd hervortreten, mich stellen und auch Freude an einem Erfolg haben – das fand und finde ich richtig. Aber auf ein solches Piedestal gehoben werden – das schien und scheint mir objektiv falsch und subjektiv nicht wünschenswert. Der Versuch meiner Isolierung als ‹Star› begann.» Andere Heldinnen der bundesdeutschen Frauenbewegung, die es durchaus gibt, sind jedenfalls nie in der Öffentlichkeit bekannt geworden.

Eine Feministin, die mit Alice Schwarzer in Berlin in einer Mediengruppe zusammengearbeitet hat und nicht mit Namen genannt werden will, erzählt: «Alice Schwarzer schwieg nie, wußte immer, was zu tun war, und hielt alle, die nicht ihrer Meinung waren, schlicht für deppert.» Für Frauen, die nicht ihre Kraft, Power und ihr Selbstbewußtsein gehabt hätten, habe sie «absolut kein Verständnis» gezeigt. Sie habe versucht, eine dominante Rolle zu spielen, sei auch oft von oben herab gewesen. «Sie beanspruchte die Führungsrolle, und die anderen wollten sie nicht hochkommen lassen. Daraus ergaben sich immer Kämpfe.»

Auch andere Schwarzer-Kennerinnen haben mehrfach Situationen erlebt, die – ausgelöst durch Alice Schwarzers Dominanzgebaren – in wüsten Krächen mit Schwestern aus der Bewegung endeten. Oft mögen Neid und Mißgunst der Kontrahentinnen zum Streit geführt haben, aber gewiß spielte ein gesunder Widerstand gegen autoritäres Auftreten auch eine Rolle.

Der frauenbewegte Unmut gegen Alice Schwarzer breitet sich sogar bis ins deutschsprachige Ausland aus. Die «sozialistische Frauenbewegung Österreichs / Männergruppe Oberösterreich» bemängelt in einem 1976 verfaßten Leserbrief, daß Alice Schwarzer mitnichten das sei, was sie zu sein vorgebe: eine «uneigennützige Verteidigerin» der Frauenemanzipation. «Ihre ständige Eigenwerbung, ihre unermüdliche Selbstpublicity, ihr systematischer Versuch, ohne einen eigenständigen intellektuellen Beitrag sich mit schierer Ellbogengewalt zur Galionsfigur der Bewegung heraufzuarbeiten, hat alle verbittert, die einst gehofft hatten, in ihr eine würdige Sprecherin zu finden.»

Die Betroffene sieht das anders. Da tut sich eine tiefe Kluft auf: zwischen dem Selbstbild, das Alice Schwarzer entwirft, und der Fremdwahrnehmung ihrer Person. Wo Kritikerinnen ihr vorwerfen, rücksichtslos an die Macht zu drängen, beschreibt sie sich als Heldin wider Willen. «Am meisten hat mich die Stilisierung meiner Person zur Führungsfigur auf Kosten der Frauen in der Bewegung getroffen», meint sie. «Es schmerzt mich, daß gerade ich dazu benutzt werde, andere zu verdecken ... Es hat einiges zusammenkommen müssen, damit gerade ich in diese Rolle der ‹Führungsfigur› gedrängt werden konnte, gegen die ich mich, weiß Göttin, immer wieder energisch verwehrt habe.»

Vielleicht ist es ihr in dieser Phase bereits so zur zweiten Natur geworden, sich als Nummer eins zu begreifen, daß sie es gar nicht mehr merkt, wenn sich andere beiseite gedrückt fühlen. Eine komische kleine Szene illustriert, wie unbekümmert sie die eigenen Bedürfnisse auslebt. 1975 macht Alice Schwarzer mit Claudia Pinl und einigen anderen Frauen eine Wanderung durchs Fichtelgebirge. Ausgehungert landet die Gruppe in einem Café. Bienenstich wird bestellt. «Nun hat Alice die Eigenart», plaudert die Autorin Pinl in ihrem Buch *Klatschmohn*, «beim Essen immer von den Tellern ihrer Nachbarinnen zu naschen.» Auch damals habe sie prompt den Finger in den Bienenstich einer ihrer Wandergefährtinnen gesteckt – was der überhaupt nicht gepaßt habe. «Es gab einen Wortwechsel, der im Nu eskalierte.» Alice habe der Gefährtin vorgeworfen, sie sei «kleinkariert und spießbürgerlich», diese habe zurückgebrüllt, «was Alice sich eigentlich einbilde», ob sie glaube, sich «alles herausnehmen» zu können. «Da stand Schwarzer auf, hob den Tisch an, so daß ich schon dachte, die schmeißt uns die ganze Kaffeetafel vor die Füße, aber nein, der Tisch krachte mit Getöse wieder auf seine vier Beine.» Alice habe geschrien, die andere «möge doch an ihrem Bienenstich ersticken, und rauschte raus».

Damals, so Claudia Pinl, habe sie zum ersten Mal den Schwarzerschen Jähzorn erlebt und sei, wie auch später in diesen Situationen, «hilflos und wie gelähmt» gewesen. Von Alice sei «so viel geballte Aggression» ausgegangen, «daß alle um sie herum völlig stumm waren, aus Angst, uns könnte es auch treffen, wenn wir nur den Mund aufmachten».

Andere Kontroversen mit Alice Schwarzer verliefen weniger komisch, wenn auch in den Grundstrukturen oft ähnlich. Offenbar agierte sie mit einer krassen Direktheit, die vielen Frauen, auch aus ihrer damaligen Umgebung, fremd war. Diejenigen, die sich auf Auseinandersetzungen mit ihr eingelassen haben, beschreiben sich selbst auffällig oft als hilf- und sprachlos. Dieses Phänomen führen die betroffenen Frauen auf das massive Temperament und die aggressive Wucht zurück, mit der Alice Schwarzer auftrat. Die anderen Frauen fühlten sich in ihrer Widerstandskraft einfach wie gelähmt.

Der erste große Krach mit Alice Schwarzer, der auf der Bühne der Frauenbewegung ausgetragen und in Publikationen der Bewegung verbreitet wird, entzündet sich am Frauenkalender, den Alice Schwarzer und vier weitere Frauen 1975 zum ersten Mal herausgegeben haben.

Es ist in mehrfacher Hinsicht ein exemplarischer Konflikt. Er zeigt zum einen, wie schwer es für Frauengruppen war, die ersehnten menschlichen und solidarischen Umgangsformen in die Praxis umzusetzen. Er enthüllt aber auch, daß es mit der Solidarität unter Frauen spätestens dann hakte, wenn eine Gruppe den Sprung in die Welt der Geschäfte wagte.

Geld und Feminismus – ein heikles Thema. Mit den Finanzen taten sich fast alle alternativen Projekte schwer. Nicht wenige gingen an entsprechenden Streitigkeiten zugrunde. Die Kontroverse um den Frauenkalender ist in ihrer Schärfe und Erbittertheit heute kaum noch nachvollziehbar. Aber damals schlugen die Wogen hoch und brachten die Vorzeigefeministin bei Teilen der Frauenszene auf die Negativliste. Bis in die jüngste Zeit wird der Kalenderkonflikt von so mancher Bewegungsfrau als Sündenfall zitiert, bei dem Alice Schwarzer die Rolle der Schlange zugewiesen wird.

Das Theater beginnt, kaum daß der erste Kalender erschienen ist. Eine Frankfurter Frauengruppe kann es offenbar nicht ertragen, daß sich eine kleine Gruppe mit einer guten Idee aus dem Einheitsbrei der Bewegung gelöst und ein erfolgreiches Projekt auf die Beine gestellt hat. Hauptvorwurf an die Kalenderfrauen: zuviel Individualismus, zuwenig Kollektiv. Das will die – inzwischen auf drei Frauen geschrumpfte – Kalendergruppe nicht auf sich sitzenlassen. Sie sagt der «Bewegung» einmal ungeschminkt die Wahrheit: prangert Machtgerangel, Konkurrenz und Rivalität unter Schwestern an, bemängelt, daß Eigeninitiative blockiert, sogar denunziert werde, und kritisiert, daß viele Frauen ihre Ohnmacht im Kollektiv versteckten.

Erfrischend offene Worte. Doch sie sind leider ziemlich selbstgerecht. Denn genau das, was die Kalenderfrauen – unter ihnen Alice Schwarzer und Ursula Scheu – der Bewegung hier vorwerfen, haben sie in der eigenen Gruppe praktiziert: Sie haben um Macht gerangelt, rivalisiert und zwei Frauen aus dem Kollektiv vergrault. Eine der Ausgeschiedenen ist Sabine Zurmühl, die bald zur publizistischen Konkurrentin von Alice Schwarzer werden wird. Buhfrau nach Darstellung der Aussteigerinnen: Alice Schwarzer.

Eine gewisse Rolle bei der Auseinandersetzung spielt auch ein Versprechen, das schwarz auf weiß im ersten Kalender steht: «Einen eventuellen Gewinn an diesem Kalender wollen wir in ein ‹Frauenprojekt› investieren.»

Nach dem ersten Krach ändert sich die Besetzung der Kalendergruppe. Doch der Ärger geht bruchlos weiter. Die Frauenbuchläden rufen zum Boykott des Kalenders auf – ein inzwischen beliebtes Kampfmittel in der Bewegung –, falls dessen Vertrieb nicht über ein autonomes Frauenprojekt erfolge. Dann, Anfang 1977, kommt es zum nächsten Streit in der Gruppe. Wieder gehen zwei Frauen, und wieder wird hauptsächlich Alice Schwarzer für die Reibereien verantwortlich gemacht.

Die zwei ausgeschiedenen Frauen verlangen 50000 Mark aus der gemeinsamen Kasse, um einen alternativen Kalender auf die Beine zu stellen. Alice Schwarzer ist wenig begeistert von dieser Konkurrenz. Laut *Kölner Express* droht sie: Einen «Gegenkalender werden wir ... nun unsererseits mit einer einstweiligen Verfügung verhindern.» Der Frauenkalender ist nach den Maßstäben der Bewegung ein recht gutes Geschäft: Von 1975 bis 1976 hat sich die Auflage von 20000 auf 80000 vervierfacht. Und der Kalender funktioniert bis heute – mit den Herausgeberinnen Alice Schwarzer und Ursula Scheu.

«*Eine Kioskzeitschrift in Feministinnenhand*»

Ein alternatives Projekt – die *Emma*

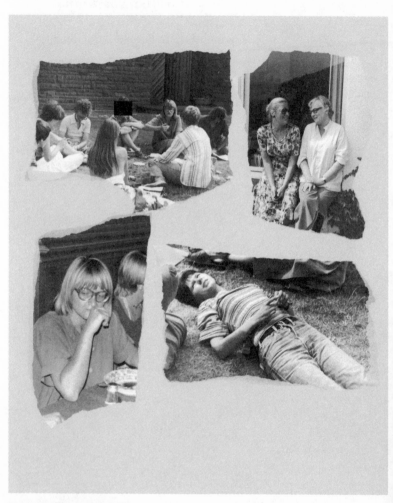

Das Treffen in der Eifel

An einem heißen Wochenende im Juli 1976 sitzt eine Gruppe Frauen auf der Terrasse eines großen Hauses nahe Gerolstein in der Eifel. Journalistinnen, ein paar Graphikerinnen und Frauen aus der Verlagsbranche. Gemeinsam planen sie ein neues Projekt. Eine Zeitschrift. Eine feministische Zeitschrift. Kein kleines Bewegungsblättchen, wie es sie inzwischen in allen größeren Städten gibt, auch kein Spartenblatt wie *Frauen und Film* oder das Selbsthilfemagazin *Clio*. Ein Blatt mit hoher Auflage soll es werden. Eine Publikumszeitschrift, die bundesweit vertrieben wird und sich am Kiosk verkauft. Schon schwirren mögliche Namen für das Kind durch die Luft. Nora? Minna? Berta?

Es ist ein ziemlich bunter Haufen, der hier in leichten Sommerkleidern zusammenhockt. Festangestellte und Freiberufliche, Autorinnen vom Funk, von Frauenmagazinen, von Lokalzeitungen, vom *Stern*, vom *Spiegel*. Etwas haben alle gemeinsam: Sie interessieren sich für Frauenfragen. Alice Schwarzer hat sie gerufen, und rund dreißig sind gekommen. Nicht alle kannten die Initiatorin des Treffens vorher persönlich. Ein Rundschreiben von Alice Schwarzer in Sachen Frauenzeitung, das sie im Frühjahr 1976 durch die Gegend geschickt hatte – «An alle Kolleginnen – bitte weitergeben» –, hatte die Frauen in die Eifel gelockt.

«Die Zeitung soll ausschließlich von Frauen gemacht werden», hatte Alice Schwarzer in ihrem Brief angekündigt. Sie solle «maximal allgemeinverständlich und populär sein» und den «Problemen der Mehrheit der Frauen Rechnung tragen, gleichzeitig jedoch die theoretische Diskussion zur Frauenfrage kreativ und kühn mit vorantreiben». Sie solle «nicht platt agitatorisch sein, nicht schulmeisterlich, sondern ehrlich und selbst betroffen. Kontroverse Standpunkte sollen nicht unterdrückt, sondern ausdiskutiert werden.»

An diesem Wochenende beginnt sich für Alice Schwarzer ein langgehegter Traum zu erfüllen. «Mir persönlich», schreibt sie, «ging eine Kiosk-Zeitschrift in Feministinnenhand seit etwa 1972 durch den Kopf.»

Das Datum ist wohl kein Zufall. Denn im Juli 1972 erschien in den USA die erste Ausgabe von *Ms.* – ein Frauenmagazin, das dem schwachen Geschlecht mehr zutraute als Klamotten, Kosmetik und Kochrezepte. Begründerin, Chefredakteurin und Aushängeschild von *Ms.* war Gloria Steinem, charismatische Feministin und prominente Journalistin. Die amerikanische Frauenbewegung brauchte ein landesweites Publikationsorgan, und *Ms.* bewies, daß ein Blatt in Frauenhand feministisch *und* kommerziell, politisch *und* populär sein kann – so populär, daß es eine breite Leserschaft ansprach. Bis gegen Ende der achtziger Jahre war *Ms.* sehr beliebt.

So etwas Ähnliches muß Alice Schwarzer wohl auch für die Bundesrepublik vorgeschwebt haben. Zusammen mit ihrer Freundin Angelika Wittlich, die sie schon aus der Zeit in Paris kannte, hatte sie schon oft Pläne für eine kommerzielle feministische Zeitschrift geschmiedet. Rückblickend stellt Alice Schwarzer fest: «Theoretisch war mir die Notwendigkeit einer gewissen Autonomie, alternativer Möglichkeiten auch für feministische Journalistinnen schon lange klar. Praktisch waren uns unsere Grenzen in den Männermedien in diesen letzten Jahren überdeutlich klargemacht worden, und sie wurden eher enger als weiter.»

Die Medienlandschaft der siebziger Jahre war für Feministinnen ein steiniges Feld. Daran erinnert sich auch Monika Held, eine Journalistin aus Frankfurt, die Alice Schwarzers Einladung in die Eifel gefolgt war. «Kolleginnen, die in dieser Zeit versuchten, Frauenthemen in den traditionellen Zeitschriften durchzusetzen, sind damit anfangs elendiglich auf den Bauch gefallen», erzählt sie. «Es wollte ja keiner hören, es wollte ja keiner lesen!» Es war die Zeit, als selbst *Brigitte* noch einen Mann als Chefredakteur hatte.

Monika Held – sie ist heute Reporterin bei *Brigitte* – arbeitete damals für den Hessischen Rundfunk und schrieb für die Zeitung der IG-Metall. Im Zuge ihrer Recherchen bei Arbeitskämpfen war ihr aufgefallen, daß Frauen bei einem Streik immer andere Probleme haben als Männer. Für sie war es nicht schwer, solche «Frauenthemen» in ihrer Zeitung unterzubringen, aber das war die große Ausnahme.

Im ersten Jahrzehnt der Frauenbewegung reagierten die Medienmacher vernagelt auf Frauenfragen. Und auch die Frauenbewegung tat sich schwer mit den Medien. Nicht nur mit den Chauvinisten unter den Journalisten, sondern auch mit wohlwollend-kritischen Journalistinnen. Denn die Bewegungsaktivistinnen wollten zwar, daß über ihre Arbeit und ihre Aktionen berichtet wurde – aber bitte sehr: nur solidarisch. Monika Held ist noch heute erbost: «Bevor du von einer Frauengruppe oder einem Frauenzentrum Informationen bekamst, mußtest du dich immer wieder überprüfen lassen, für jedes pipikleine Interview.» Fast so schlimm wie beim Chemiegiganten Hoechst sei es gewesen; da hätte man auch keinen Arbeiter befragen dürfen, ohne daß die ganze Presseabteilung dabei war. «Wenn du zum Beispiel über ein Frauenhaus einen Artikel schreiben wolltest, mußtest du vorher eine regelrechte Aufnahmeprüfung machen. Es war so qualvoll und mühselig. Ein Kreis von Frauen lud dich ein, du saßest auf dem Sofa, wurdest examiniert bis in deine Geburtswehen hinein und in die deiner Mutter. Vorwärts, rückwärts, ganz grauenhaft. Was denkst du? Was fühlst du? Was hast du bisher getan?»

Aus Männerorganisationen kannte Monika Held dieses Palaver zur Genüge. Sie wollte es nicht erneut austragen. Zweimal stellte sie sich der Inquisition, dann war Schluß. Wegen ihrer Verweigerung konnte sie so manchen Artikel über Frauenthemen und manche Radiosendung nicht verwirklichen. Trotzdem glaubt sie im nachhinein zu verstehen, worum es den Bewegungsfrauen ging. «Es ist Angst und mangelnde Souveränität. Die Angst, verraten oder falsch dargestellt zu werden. Die haben versucht, die Berichterstattung zu beeinflussen und alles in der Hand zu behalten.» Die Frauenbewegung habe am Anfang so viel zu verteidigen gehabt, «sie war noch so klein und mußte so strampeln, da war jeder skeptische Artikel schon ein Rückschlag. Du mußt so dogmatisch sein, wenn du etwas Neues anfängst.»

Um aus diesem Dilemma herauszukommen, schien eine unabhängige Frauenzeitung der richtige Weg. Eine Möglichkeit, von der beide Seiten profitieren wollten: Die Bewegungsaktivistinnen hofften auf solidarische Berichterstattung in einem Organ, das ihnen nahestand, und die Journalistinnen auf ein Medium, in dem sie Frauenthemen unterbringen konnten.

Der Zeitpunkt, zu dem Alice Schwarzer ihr künftiges Blatt plante, hätte kaum günstiger sein können. Es war die Hochzeit der autonomen Projekte. Seit 1975 waren überall in der Republik Fraueninitiativen aus dem Boden geschossen, die Verlage gründeten, Buchläden aufmachten, Zeitungen herausgaben, Begegnungszentren eröffneten, Galerien, Cafés und Kneipen betrieben. Viel Engagement, Energie und Zeit flossen in diese Projekte. Häufig waren es

Non-Profit-Unternehmen, die sich kaum selbst trugen, aber sie boten einen Rahmen zur angestrebten Selbstverwirklichung. Es war gesellschaftlich überaus wichtige Arbeit, die viele Frauen hier leisteten. Selbstausbeutung gehörte dazu.

Die Aufbruchstimmung und der Aktionismus der frühen siebziger Jahre setzten sich nun in neuen Formen fort. Die feministischen Wissenschaftlerinnen sprechen von der zweiten Stufe der bundesdeutschen Frauenbewegung: der sogenannten Projektephase. Es lag also in der Luft, ein Frauenprojekt zu planen. Doch was Alice Schwarzer da plante, fiel aus dem Rahmen.

Monika Held war Alice Schwarzer vor dem Treffen in der Eifel nie begegnet. Mit etwas gemischten Gefühlen hatte sie sich auf den Weg gemacht. Ihr Mann fuhr sie im Auto hin; einen Kilometer vor dem Tagungshaus stieg sie aus und ging zu Fuß weiter. «Ich dachte, ich mache mich lächerlich, wenn ich mich von einem Mann bringen lasse, statt alleine zu fahren.» Vorurteile. Sie wurde schon von ihrer Freundin Helga Dierichs, die damals Leiterin des Frauenfunks beim Hessischen Rundfunk war, erwartet und auch von den anderen Frauen herzlich begrüßt und freundlich aufgenommen. Vor allem von Alice Schwarzer. Monika Held war überrascht. «Die Stimmung bei diesem Treffen war unglaublich gut. Alle waren so fasziniert von der Idee, ein Blatt zu machen, das nicht so 'n *Stern* war, so 'n Männerblatt, sondern eines, in dem Frauen schreiben konnten, was sie denken.»

Nach ein bißchen Klatsch und Tratsch, nach viel Kaffee und noch mehr Mineralwasser gibt es eine Vorstellungsrunde. Jede Frau erzählt, woher sie kommt, was sie macht und warum sie sich bei dem Projekt engagieren will. «Bei diesem Treffen haben wir die Zeitschrift wirklich als ein gemeinsames Projekt empfunden», erinnert sich Helga

169

Dierichs. «Allerdings gingen wir davon aus, daß eine die Federführung übernehmen muß – und das sollte Alice sein. Denn sie hatte Kapazitäten frei und auch die entsprechende Energie.»

Während der Vorstellungsrunde ist Alice Schwarzer sehr aufmerksam und macht sich Notizen. «Das Ganze hatte wohl die Funktion, Alice eine Art Heerschau der Talente zu ermöglichen, wo welche Informationsquellen und Begabungen anzuzapfen waren», berichtet Claudia Pinl, die auch zu dem Eifel-Kreis gehörte.

Monika Held sieht es ähnlich. «Ich saß neben Alice, sie schrieb sich die Namen auf und machte hinter jeden ein Plus oder ein Minus.» Das klinge zwar hart, meint Monika Held, sei es eigentlich aber gar nicht. «Als künftige Blattmacherin brauchst du doch klasse Mitarbeiterinnen, brauchst Profifrauen. Was du nicht brauchst, sind Jammerlappen: Frauen, die sagen, hier stehe ich, ernähre mich.» Auch solche Frauen habe es in der Gruppe nämlich gegeben. Solche, die sich beklagt hätten, wie sehr sie in den Männerblättern litten, die am liebsten nur noch im beschützten Frauenrahmen arbeiten und sich ausschließlich mit Frauenthemen beschäftigen wollten. «Ich fand das so trutschig», sagt Monika Held. «Die warteten auf die Offenbarung, und die saß für sie da in Gestalt von Alice Schwarzer und machte eine Frauenzeitschrift. Schlupf, dachten die sich, da krieche ich unter. Das würde mir als Blattmacherin auch nicht gefallen.» Natürlich sei Alice auf der Suche nach Mitarbeiterinnen gewesen, «aber feste Redakteurinnen konnte sie doch nur ganz wenige gebrauchen. Was sollte sie mit den Frauen, die nicht mehr bei anderen Medien arbeiten wollten? Die Honorare, die sie zahlen konnte, waren ja lachhaft.»

In der Hitze schwitzend, aber voller Enthusiasmus machen sich die Frauen an das Programm, das sie an diesem

Wochenende bewältigen wollen. Wie soll das Blattkonzept aussehen? Was für Themen kommen in die ersten Ausgaben? Wer kann wieviel Zeit und Arbeit einsetzen? «Die Atmosphäre war so, wie die besten Frauenversammlungen heute noch sind», erinnert sich Monika Held, «eine Mischung aus hochkonzentrierter Arbeit, albernem Gegacker und großer Intimität.» Als sehr muntere, sehr agile, sehr charmante Animateurin sorgt die künftige Herausgeberin Schwarzer bei der Gruppe für gute Laune.

Nicht kleckern, klotzen. Ein professionell gemachtes Blatt mit gutem Layout, das auf dem Markt von Anfang an ernst zu nehmen ist, soll auf die Beine gebracht werden. Die Vorstellungen der einzelnen Frauen über die praktische Seite des Projekts sind unterschiedlich. Insbesondere im Hinblick auf die Frage, wieviel Einfluß die Unterstützerinnen und Sympathisantinnen behalten sollen. Vorherrschend ist jedoch noch in der Rückschau die Wahrnehmung von Alice Schwarzer als tatkräftiger Schrittmacherin.

Irgendwann geht es in der Runde dann auch ums Geld. Zwei Frauen – eine von ihnen ist Helga Dierichs – schlagen vor, eine Gesellschaft mit beschränkter Haftung zu gründen. Sie wollen in die Zeitschrift investieren, aber dann als Gesellschafterinnen auch mitbestimmen über die Geschäftspolitik. Alice Schwarzer ist dagegen. Sie will sich zwar gerne von den anderen Frauen zuarbeiten und unterstützen, aber nicht das Heft aus der Hand nehmen lassen. Um das Geldproblem zu lösen, hat sie bereits eine Idee.

Schon einige Monate vor dem Treffen in der Eifel hatte sie sich in der Branche informiert. «Was kostet das Papier für die ersten zwei Nummern? Was der Druck? Wieviel Geld ist nötig, wenn man unter den minimalsten Aufwendungen – keine Gehälter, keine Werbung – den Start versucht?» *Der kleine Unterschied* hat ihr einiges Geld eingebracht, das sie in das Projekt stecken will, aber es würde als Startkapital längst nicht ausreichen. So wirbt sie in der Versammlung um Kredite.

Viele der künftigen Mitarbeiterinnen entschließen sich, nicht nur Zeit und Arbeit in das Projekt zu investieren, sondern auch ihre Spargroschen. So wie Monika Held, Helga Dierichs und Claudia Pinl. «Ich habe damals gerade angefangen, als freie Journalistin zu arbeiten, und hatte ganz wenig Geld», erinnert sich Monika Held, «für meine Verhältnisse habe ich relativ viel gegeben, tausend Mark, glaube ich.» Helga Dierichs investiert 5000 Mark. Und Claudia Pinl schiebt Alice Schwarzer während der Sitzung einen Zettel rüber: «Kannst von mir 2000 Mark haben.» Als Alice weiterschwärmt, schiebt ihr Claudia Pinl den nächsten Zettel hin: «Ich erhöhe auf 4000 Mark.» Sie solle doch ruhig mal alle zwei Minuten solch ein Zettelchen rüberreichen, meint Alice Schwarzer da. Prompt stockt Claudia Pinl das Darlehen auf 5000 Mark auf. «Ich hätte ruhig etwas mehr riskieren können», sagt sie, «alle Kreditgeberinnen bekamen zehn Prozent Zinsen und wurden nach einem Jahr ausgezahlt.»

Mit wieviel Kapital das Projekt, das schließlich *Emma* getauft wurde, an den Start ging, rechnete Helga Dierichs einige Monate später in der Gewerkschaftszeitung *Journalist* vor: 100000 Mark seien von Alice Schwarzer gekommen, schrieb sie, 60000–70000 Mark als Kredite von Sympathisantinnen und Mitarbeiterinnen, 60000 aus Abonnements und 80000 als Kredit vom Frauenkalender.

Als Alice Schwarzer ihr Planungstreffen veranstaltet, ist bereits klar, daß die Redaktion ihren Sitz nicht in Berlin haben wird. Die künftige Herausgeberin will nach Köln umziehen.

Köln war gegen Ende der siebziger Jahre das Kulturzentrum der Republik. Das Ruhrgebiet lag ebenso vor der Tür wie die Bundeshauptstadt Bonn. Mit dem WDR beherbergte die Stadt den damals progressivsten öffentlich-rechtlichen Rundfunk, in dem eine ganze Reihe frauenbewegter Redakteurinnen arbeiteten. Und nicht zuletzt wohnten einige Journalistinnen, die Alice Schwarzer bereits für ihre Crew ausgeguckt hatte, in Köln oder der näheren Umgebung. Auch nach Buchhalterinnen, Kauffrauen und Layouterinnen sah sie sich dort um.

Berlin war dagegen alles andere als ihre Domäne. Zwar galt die Stadt als Hochburg der Frauenbewegung, in der jede Menge Modellprojekte entstanden waren – das erste Frauenzentrum, das erste «Haus für geschlagene Frauen», die erste Lesbenzeitung, die erste Frauenkneipe etc. –, aber sie war keine Hochburg von Alice-Schwarzer-Fans. Ihr Verhältnis zur dortigen Szene war mehr als gespannt. Zu oft hatte sich Alice Schwarzer mit den Berlinerinnen angelegt, nicht zuletzt beim Streit um den Frauenkalender.

Die Abneigung zwischen ihr und den Aktivistinnen in der geteilten Stadt war durchaus gegenseitig. In einem Rückblick auf ihre Berliner Zeit schreibt Alice Schwarzer: «Vom temperament- und phantasievollen Pariser Ambiente geriet ich nun unter die im besten Falle ausgeflippten, sonst aber eher bürokratisch-dogmatischen Berliner/innen. Tages- und Geschäftsordnungen und ein Politjargon, auch im Frauenzentrum, bei dem jeder französischen Feministin sicher die Lachtränen übers Gesicht gelaufen wären … Das war mir nicht nur fremd, es war mir auch zuwider.»

Außer solchen Animositäten gab es noch einen sehr handfesten Grund, der Alice Schwarzer mit ihren Plänen aus Berlin vertrieb. Ausgerechnet in dem von ihr so wenig geschätzten Frauenzentrum verfolgten ein paar Schwestern eine ähnliche Idee wie sie selbst. Bereits seit 1975 debattierte dort eine Zeitungsgruppe über eine neue feministische Publikation, die – in Anlehnung an die alte linke Parole: «Jede Bewegung braucht ihre Zeitung» – der Frauenbewegung ein kontinuierliches Forum bieten sollte. Es gab zwar die seit 1972 unregelmäßig erscheinende *Frauenzeitung*, doch die konnte diesem Anspruch nicht genügen. Etwas Neues sollte her.

Eine der Frauen aus dieser Zeitungsgruppe war Sabine Zurmühl. Jene Frau, die mit Alice Schwarzer und anderen den ersten Frauenkalender herausgegeben und sich im Zuge dieses Unternehmens mit ihr überworfen hatte.

Als Alice Schwarzer und ihre Mitstreiterinnen in der Eifel zusammensitzen, liegt das erste Produkt des Berliner Konkurrenzunternehmens gerade vor: Die Probenummer der *Courage* ist da, herausgekommen im Juni 1976. *Courage* – benannt nach der «Landstörzerin Courasche», dem Sinnbild der kämpferischen Frau aus dem Dreißigjährigen Krieg, das der frühbarocke Dichter Hans Jakob Christoffel von Grimmelshausen entworfen hat. Mit der Brechtschen «Mutter Courage», der Marketenderin, die zwar offene Augen hat, aber nicht sieht, Sinn fürs Geschäft hat, aber nicht zur Besinnung kommt, soll die Zeitung nach dem Willen der Macherinnen nichts gemein haben.

Themen der Null-Nummer von *Courage* sind unter anderen Arbeitskampf und Leichtlohngruppen, die Malerin Sarah Schumann und die Journalistin Ulrike Meinhof, Feminismus und Geld und das Pfingst-Treffen lesbischer Frauen. «Die Berliner Frauenzeitung *Courage* ist aus der autonomen Frauenbewegung entstanden», schreiben die Herausgeberinnen im Editorial. «Ziel der Zeitung ist es, die Frauenbewegung zu erweitern.»

Die Bemühungen der Berlinerinnen um ihr «Medium von Frauen für Frauen» wecken in der Eifel eher hochnäsiges Mitleid als Neid. «Die Profis unter uns konnten natürlich nur lachen», notiert Claudia Pinl ein paar Jahre später in ihrer Geschichte der Frauenbewegung, «über die trockenen Insiderinnen-Artikel, über das Bleiwüsten-Layout, über die ganze Aufmachung, die ungefähr so attraktiv war wie die Frauenseite der ‹Prawda›.»

Courage stand ganz in der Tradition der Studentenbewegung und der autonomen Frauenprojekte. Alice Schwarzer setzte auf professionelle Journalistinnen, die *Courage*-Crew hingegen bestand aus jungen, zum Teil arbeitslosen Akademikerinnen und Studentinnen, die wenig praktische Kenntnisse im Zeitungsmachen hatten und noch weniger Kapital. Um sich Geld zu besorgen, veranstaltete die Zeitungsgruppe ein Fest, ein großes Spektakel, bei dem sie 5000 Null-Nummern der *Courage* verkaufte. Den Druck hatte sie aus dem Bafög-Topf einer der Macherinnen finanziert. Solche Feste waren in der Szene eine inzwischen übliche Art der Geldbeschaffung, eine Zeitung dabei zu vertreiben aber war neu.

Durch den Verkauf der Null-Nummer, durch die Eintrittsgelder und einjährige Darlehen von Sympathisantinnen – es war damals gang und gäbe, sich untereinander Kredite zu geben – kam das nötige Kapital für die erste reguläre Ausgabe der Zeitschrift zusammen. Die *Courage 1* erschien im September 1976. Sie nannte sich noch «berliner frauenzeitung» und wurde mit 12000 Exemplaren aufgelegt. Das Titelbild zeigte gut zwei Dutzend Frauenköpfe: die der Mitarbeiterinnen und Autorinnen. Das Projekt betonte seinen kollektiven Anspruch: Eine Chefin und Arbeitshierarchien sollte es nicht geben, statt dessen monatlich eine öffentliche Redaktionskonferenz, bei der Frauen aus der Bewegung mitreden konnten. «Courage, die selbständig handelnde Frau», hieß es zum Selbstverständnis. «Nicht als ungebrochenes Idealbild, wohl aber: sich nicht mit bestehenden Machtverhältnissen zufriedengeben. Alternativen denken und leben.» Dafür sollte *Courage* stehen. «Nicht mehr und nicht weniger.»

Kurz nachdem die *Courage* Anfang 1977 auf den bundesweiten Markt ging, wurde das Unternehmen in eine Frauenverlags-GmbH umgewandelt. Teilhaberin zu sein wurde innerhalb der Zeitungsgruppe zur Prestigefrage. Angeblich waren immer noch alle Mitarbeiterinnen gleich, nur die Anteilseignerinnen waren ein bißchen gleicher.

Fünf Jahre nach ihrer Gründung erreichte *Courage* eine Auflage von 70 000. Sie galt in der Frauenbewegung als eine Art Ordnungsmacht, die den wirren Strom von Meinungen und Theorien kanalisierte. Immer nach der Maxime der Macherinnen: «Das, was uns interessiert, ist auch für andere interessant; das, worüber wir streiten, regt auch andere auf.»

Doch gegen Mitte der achtziger Jahre griff das Konzept nicht mehr, und auch das Kollektiv hatte abgewirtschaftet. Es war zwar seinem Anspruch treu geblieben – formale Hierarchien gab es noch immer nicht –, doch wie überall in den antiautoritären Projekten hatten sich informelle Hierarchien gebildet. Denn auch bei *Courage* gab es natürlich Frauen, die sich aufgrund ihrer Persönlichkeit und Erfahrung besser durchsetzen konnten und dadurch mehr Autorität genossen. Nach dramatischen Auflagenverlusten und einem schmerzhaften Zerrüttungsprozeß in der Zeitungsgruppe erschien die letzte *Courage* – am Schluß tatsächlich mehr der Brechtschen als der Grimmelshausen-Figur ähnelnd – im Mai 1984.

Emma sollte ihre Gegenspielerin überleben. Ihren juristischen Geburtstag feiert sie am 26. Oktober 1976. Da wird die «Alice Schwarzer Verlags-Gesellschaft mit beschränkter Haftung» unter der Nummer HR B 7742 ins Kölner Handelsregister eingetragen. Sitz des Unternehmens: Köln. Eingetragenes Stammkapital: 20 000 Mark.

Gesellschafterin und Geschäftsführerin: Alice Sophie Schwarzer, Publizistin, Köln.

Zwei Monate später wird die Firma in «Emma Frauen-verlags-Gesellschaft mit beschränkter Haftung» umbenannt. 1985 gibt es noch einmal eine Änderung: Das Stammkapital wird um 30000 auf 50000 Mark erhöht. Was sich jedoch seit Anbeginn nicht geändert hat, ist die Liste der Gesellschafter. Alice Schwarzer war und ist bis in die jüngste Zeit die einzige Gesellschafterin der Frauenverlags-GmbH und Herausgeberin von *Emma*.

«Ich hatte mir vorgestellt, die *Emma* nur anzuschieben», meint Alice Schwarzer nach vielen Jahren als Chefin, «aber ich bin leider noch immer unentbehrlich.» Und in einem Interview zum 20jährigen Jubiläum ihrer Zeitschrift schäkert sie: «Ich hatte natürlich gehofft, daß sich mehrere Kronprinzessinnen um meinen Posten reißen. Als ich mit *Emma* begann, dachte ich nicht, daß ich zwanzig Jahre und länger an diesem Schreibtisch sitze.»

Während die Vorbereitungen für *Emma* auf Hochtouren laufen, verschickt das erste Redaktions-Team im September 1976 einen Rundbrief an Frauenzentren und -gruppen. Damals ein durchaus üblicher Weg, um in der Szene für Unterstützung zu werben. In dem Schreiben wird *Emma* vorgestellt. Die Redaktion kündigt das erste Erscheinen der «Zeitschrift für Frauen von Frauen» mit einer Startauflage von 20000 Exemplaren an. Das Ganze sei «sowohl politisch als auch ökonomisch ein sehr gewagtes Unterfangen», bekennen die Verfasserinnen des Briefes. *Emma* werde ausschließlich von Frauen geschrieben und gemacht, habe einen kleinen Kreis fester und «über hundert» freie Mitarbeiterinnen. «De jure erscheint *Emma* in der ‹Alice Schwarzer Verlags GmbH›, de facto handelt es sich um ein kollektives Non-Profit-Unternehmen ... Alle überschüssi-

gen Gelder werden in Frauenselbsthilfe-Projekte gehen ...
Noch aber haben wir kein Geld, sondern brauchen welches. Dringend. Frauen oder Frauengruppen, die uns Kredite geben können und wollen, mögen sich bitte melden.»

Die künftigen Macherinnen wollen «eine andere Art von Journalismus», mit «Informationen und Menschen» anders umgehen und «grundsätzlich» keine Manuskripte «ohne Absprache mit den Autorinnen» redigieren. «Wir verstehen uns als ein Projekt der Frauenbewegung.» Sie wünschen sich «Themenvorschläge, Hinweise, Anregungen» aus der Szene und Adressen von Initiativen. «Mit lieben Frauengrüßen – die *Emma*-Redaktionsfrauen.»

Da bricht das Gewitter los. *Emma* ist kaum mehr als ein Name, ein Konzept und ein Eintrag im Handelsregister, und schon kracht's im frauenbewegten Gebälk.

Im Herbst 1976 erscheint in Berlin die erste Nummer der *Schwarzen Botin*, ein feministisches Satireblatt. Unter der Überschrift «Schleim oder Nichtschleim, das ist hier die Frage» schreiben die Botinnen – eine von ihnen ist die Publizistin Gabriele Goettle – über ihr Organ: «Leserinnen, denen es am Herzen liegt, in der Art des ‹Kleinen Unterschiedes› oder der ‹Häutungen› weiterzuempfinden, werden uns bald die Frage nach unserer Beziehung zur Frauenbewegung und unserem Standpunkt stellen. Diesen sei gleich eingangs gesagt, um jeden Zweifel über unsere Absicht von vorneherein auszuräumen, beides beginnt für uns da, wo der klebrige Schleim weiblicher Zusammengehörigkeit sein Ende hat.»

Ähnlich brüsk geht es in dem Blatt weiter. «Im Januar sollen 200000 Frauen penetriert werden», ist ein Artikel überschrieben. Eine Anspielung auf das Erscheinen der *Emma*. Und dann folgen «Kleine Anmerkungen zu Alice Schwarzer».

In diesen Anmerkungen «zweifeln» die Autorinnen

178

«zwar nicht an der Zurechnungsfähigkeit der rechnungsfähigen Frau S.», aber an der Nachfrage für ihr Produkt. Denn dessen «Zielgruppe» sei unklar. «Der Jargon, dessen Frau S. sich befleißigt, ließ uns dann vermuten, es handle sich bei der Zielgruppe vorwiegend um Frauen der Leichtlohngruppen, Büro-Teilzeitkräfte, Stripteasetänzerinnen und verehelichte Hausangestellte.» Die *Emma*-Herausgeberin verlasse sich offenbar auf ihre «natürliche Begabung zur Geschmeidigkeit». Ihre «Belanglosigkeit» werde aber für die Frauenbewegung in dem Moment «außerordentlich lästig, wo Frau S. sie unbedingt mit ihrer journalistischen Karriere kommerzialisieren will». Der «Galionsfigurmythos», mit dem die Presse die Feministin Schwarzer ausstatte, habe «bei den Frauen überhaupt keine Begeisterung hervorgerufen». Und überhaupt meinen die Schwarzen Botinnen: «Die Constanze hatte doch scheenere Themas als ‹emma›.»

Ein scharfzüngiger Schwinger in die Schwarzersche Magengrube. Dabei boxen sich die Schwarzen Botinnen erst warm. Als nächstes verfassen sie mit Unterstützung des Lesbischen Aktionszentrums Berlin, einigen Frauenbuchläden und -vertrieben einen «Aufruf zum Boykott» und fordern alle Frauenzentren und -gruppen auf, «keinerlei Materialien, Adressen, Aktivitäten und Gelder für *Emma*, sprich Alice Schwarzer, zur Verfügung zu stellen». Begründung: Durch *Emma* drohe die Vermarktung der Frauenbewegung. Es bestehe der Verdacht, daß das Projekt durch traditionelle Verlage mitfinanziert und durch einen Manager von Gruner & Jahr, einen Herrn Huffzky, beraten werde. Die Frauenbewegung solle sich Projekten mit «männlich-kapitalistischem Marketing» verweigern. «Alice Schwarzer ist mit allen patriarchalischen Wassern gewaschen, das Manager- und Ellbogenprinzip ist ihr Erfolgsgeheimnis.»

Alice Schwarzer ist alarmiert. Als das Berliner Frauenzentrum sie zu einer Aussprache auffordert, stellt sie sich Ende Oktober einer mehrstündigen Diskussion. Solche Verfahren, die ein basisdemokratisches Kontrollinstrument waren und doch rasch in Schauprozesse umschlagen konnten, gehörten damals zu den Gepflogenheiten der alternativen Szene. «Die Stimmung war geladen und aggressiv, es hatte sich eine Menge angestaut», meldete die *Courage* Nr. 3 vom November 1976 über das Treffen. Dessen Ergebnis stellt die Zentrumsfrauen offenbar nicht zufrieden. Trotz gegenteiliger Beteuerungen von Alice Schwarzer fürchten sie nach wie vor, daß der Verlagsgigant Gruner & Jahr doch bei *Emma* mitmische und «daß Alice als ‹Alice Schwarzer GmbH› mit 100 000 Mark Kapitaleinlage auch mehr Macht in dem Redaktionskollektiv ausüben könnte».

Nach einer Abstimmung schließen sich die Zentrumsfrauen dem Boykott gegen *Emma* an, gefolgt von den Frauen des *Courage*-Kollektivs. Gemeinsam erneuern sie die Vorwürfe gegen Alice Schwarzer und fordern, daß die Frauenzentren nicht einseitig als «Informationslieferanten» benutzt werden, sondern auch «Einfluß auf die Zeitschrift» haben müßten. Der Boykott gelte, so die *Courage*, bis Alice Schwarzer die Kooperation mit anderen Projekten sicherstellen könne und bis sie «die durch die Frauenbewegung verdienten Gelder» dieser «zu guten Teilen wieder zur Verfügung» stelle.

Die *Emma*-Frauen empfinden die Attacken als ärgerlich und ungerecht. Sie schreiben einen Brief an diverse Frauengruppen und die Unterstützerinnen ihrer Zeitschrift, in dem sie sich heftig beklagen: «Die bisherigen Erfahrungen haben uns leider gezeigt, daß manche Frauen sich kaum für Fakten, Informationen und faire Auseinandersetzungen interessieren, sondern offensichtlich nur eines anstreben: die Diffamation.» Die Emmas weisen alle Vorwürfe strikt zurück und betonen ihre Solidarität mit der Frauenbewegung.

Was steckte eigentlich hinter dieser heute so schwer nachvollziehbaren Kontroverse, den gegenseitigen Anwürfen, den Unterstellungen und Antipathien, die so gar nichts mit der in den Aufbruchszeiten beschworenen Frauensolidarität zu tun hatten?

Sicher war im Auftreten und Verhalten von Alice Schwarzer manches kritikwürdig. Immerhin hatte sie viel Unterstützung und Vorabvertrauen von Frauen aus der Bewegung bekommen und mit diesem Pfund wuchern können. Doch das war nicht der einzige Grund dafür, daß die Attacken ausgerechnet gegen sie so vehement ausfielen: Die Frauenbewegung befand sich in einem schwierigen Klärungsprozeß. Inzwischen gab es Frauengruppen, Frauenzentren, Fraueninitiativen und Frauenprojekte zuhauf. Aus der Vielfältigkeit war ein Dschungel gewuchert, in dem oftmals auch die Gesetze des Dschungels galten. Das mochte natürlich niemand so leicht zugeben. Denn die Frauenbewegung wollte – so ihr Anspruch – zum Kollektiv streben. «Das Kollektiv» stand an erster Stelle.

Gerade Alice Schwarzer war darauf nie gut zu sprechen. Sie wetterte gern gegen den Mythos vom Kollektiv: Das Kollektiv bestehe oft aus einer Mehrheit von Frauen, die noch nicht die Kraft hätten, selbst zu existieren, und einer Minderheit, die manipulierend ‹wir› sagen würde, wo sie ‹ich› meinte. Das alles würde in der Frauenbewegung «wild praktiziert, aber kaum problematisiert. Zumindest nicht öffentlich. Und so schießen die entsprechenden Ambivalenzen und Aggressionen munter ins Kraut ...»

Da zeigte es sich, das Dilemma, in das die Forderung nach Einigkeit und Gemeinsamkeit führte. In der Frauenbewegung wurde zu sehr auf Übereinstimmung gesetzt, zu wenig auf Unterschiede geachtet. Und so schwankte die Frauenschar zwischen dem Bedürfnis nach dem «klebrigen Schleim weiblicher Zusammengehörigkeit» und der sado-masochistischen Lust am Schwesternmord.

Der Schleim – das waren die Kuschelecken, in die sich viele der langsam ermattenden Kämpferinnen zurückziehen wollten. Befördert von dem damals ausbrechenden Kult der «neuen Zärtlichkeit», der auf Aggressionslosigkeit, Weichheit und frauenspezifisches Denken setzte und das Patriarchat mit sentimentaler Gefühlsduselei und überschwappender Weiblichkeit bekämpfen wollte. «So macht das Verlangen nach Selbsterfahrung und Selbstbestätigung das Selbst immer unsichtbarer», polemisierte die *Schwarze Botin*, «frau läßt sich getrost Gedanken kommen, ohne sich welche zu machen: Die neuentdeckten Sinne sollen für das Denken sorgen, sorgen aber nur für sich selbst.»

Seinen gefühligsten Niederschlag fand die Beweihräucherung weiblicher Sinne und Kreatürlichkeit bei Verena Stefan, die in der Frauenszene bereits als Mitglied der Berliner Gruppe «Brot und Rosen» bekannt war. Ihr Buch *Häutungen* lasen damals einfach alle. Verena Stefan propagierte die weibliche Körperlichkeit – im Gegensatz zur angeblich männlichen Denkfähigkeit. Die Autorin wollte unbedingt «ein neues Denken» in einer neuen Sprache einleiten. Und die klang in den Sätzen, die Stefan ihren Leserinnen servierte, so: «dies ist nicht meine welt. ich will keine gleichberechtigung in dieser welt. ich will neben keines mannes brutalität und verkümmerung gleichberechtigt stehen.» In der neuen Sprache fanden sich Metaphern wie «warme, sonnengefüllte Kürbisse» = Brüste.

Das Buch hat bei erstaunlich vielen Frauen eine Saite zum Klingen gebracht. Und wurde begeistert besprochen.

Nicht wenige Kritikerinnen schlossen sich dem Loblied auf die Kreatur an: «Weibliches Denken», glaubte zum Beispiel die Rezensentin der *Süddeutschen Zeitung* erkannt zu haben, «leitet sich aus der Erfahrung der Körperlichkeit ab.»

Soweit zu den Auswüchsen der «neuen Zärtlichkeit». Doch dieser Trend war keine Monokultur. Im Gefühlstopf der Bewegung köchelte nicht nur der Weiblichkeitsbrei – da hatte sich ein aggressives Gemisch aus Ängsten, Rivalitäten, Kontrollmanie und verborgenen Machtgelüsten zusammengebraut.

In einem Artikel des *Frauenjahrbuchs '76* wurde offen Klage über die Zustände geführt. «Viel zuviel Energie verpufft im internen Dschungel», beschwerten sich die Autorinnen. Das «Nichtaustragen von Differenzen» in den Frauenzentren sei «entsetzlich lähmend». Auch die *Lesbenpresse* wetterte gegen die weibliche Selbstdestruktivität, gegen Gängelung und Bevormundung durch die eigenen Schwestern: «Wie überwinde ich meine Verunsicherung durch die zur Verhaltensnorm erhobene Schwäche und Ohnmacht von Frauen in Frauengruppen?»

Schwäche – Stärke, Ohnmacht – Macht. Diese Vokabeln umreißen einen Grundsatzkonflikt der Frauenbewegung. Und einen Konflikt, in dessen Mittelpunkt nicht selten Alice Schwarzer stand.

Es gehört zur Logik von Befreiungsbewegungen, durch die Umwertung alter Werte eine neue Gesellschaft schaffen zu wollen. So ging es der Frauenbewegung darum, aus dem männlichen Wertesystem auszubrechen und weibliche Wertemuster zu etablieren. Für sie galt es als ausgemacht, daß im herrschenden patriarchalen System fast alles, was als typisch weiblich angesehen wurde, verachtet und abgelehnt, was als männlich galt, bewundert und angestrebt wurde. Die Feministinnen zeigten auf, daß die sogenannten männlichen Eigenschaften mit höherem sozialem Prestige verbunden waren – und den Männern wie automatisch den Zugang zur Macht sicherten.

Dieser Wechselwirkung versuchte die Bewegung etwas entgegenzusetzen. Mit dem neuen Bewußtsein sollte die Geringschätzung des Weiblichen endlich überwunden werden. In der patriarchalen Kultur waren Frauen mit Schwäche und Ohnmacht geschlagen. Die Umwertung der Werte bedeutete in dieser Phase auch, daß viele Feministinnen Schwäche und Ohnmacht positiv, geradezu als etwas genuin Weibliches auffaßten. Stärke und Macht galten in dieser Logik als suspekt, weil männlich.

Diese Haltung mußte dann ins Dilemma führen, wenn sich Frauen an die Eroberung männlicher Domänen machten. Einerseits wollten sie das Feld gesellschaftlicher Machtausübung nicht weiterhin den Männern überlassen. Andererseits wollten sie die typisch männlichen Machtstrukturen nicht einfach übernehmen, um nicht den alten männlichen Wertvorstellungen auf den Leim zu gehen.

Als Ausweg wurde das ganz Eigene der Frauenwelt propagiert: Frauen sollten alles anders und möglichst besser machen. Sie sollten nicht nur nach Gleichheit mit den Männern streben, wie es in den Anfängen der Bewegung propagiert worden war, sondern nach wesentlich mehr: nach Selbstbestimmung. Ganz im Sinne des *auto nomos* = sich selbst Gesetze schaffen. Es ging um nichts Geringeres als um die ganz neue Frau. Doch wo sollte die so plötzlich herkommen?

Im Gegensatz zum Gros ihrer Schwestern hat Alice Schwarzer wohl keine Berührungsängste mit den sogenannten männlichen Werten. «Natürlich habe ich eine Menge männlicher Eigenschaften», erklärt sie noch jüngst.

Der offene Einsatz von Macht ist für Frau Schwarzer etwas Selbstverständliches. «Macht ist heute noch für Frauen – wie für alle Unterdrückten – etwas schier Obszönes», stellt sie Ende der achtziger Jahre fest, «und wenn sie die haben, entschuldigen sich die meisten (Gott sei Dank nicht alle) von morgens bis abends dafür. Macht ist aber nicht obszön, sie ist unabdinglich, wenn man etwas verändern will.»

Diese Einsicht war jedoch nicht in der Bewegung verbreitet. Schon gar nicht in den siebziger Jahren. Macht, ihre Struktur und ihre Analyse waren ein Tabu in der Frauenbewegung. Viele feministische Projekte – darunter *Courage* – scheiterten vorrangig an ungeklärten Machtverhältnissen. Weil die Machtverteilung nicht offengelegt wurde, konnten Konflikte nicht wirklich ausgetragen und gelöst werden. «Wir wollten es auch gar nicht lernen, das Regieren», stellt eine ehemalige *Courage*-Redakteurin in einer Bestandsaufnahme jener Zeit fest. «Macht war, als Instrument des Patriarchats, negativ besetzt. Wir wollten ohne jede Macht auskommen, die nur dazu führte, daß sich grundlos eine Person über eine oder viele andere stellte.»

Besondere Leistungen und dadurch bedingte Autorität oder Charisma weckten Aggressionen in den Kollektiven. Denn Besonderheit widerstrebte dem antiautoritären Denken, das den Projekten zugrunde lag. Man glaubte wirklich daran, daß alle Menschen gleich sind. Hand in Hand damit gingen Unduldsamkeit gegenüber abweichenden Meinungen – wodurch neue Impulse unterdrückt wurden, sich Mittelmaß und ideologische Erstarrung breitmachten.

Warum war es so schwer, Widersprüche und unterschiedliche Anschauungen auszuhalten? Das *Frauenjahrbuch '76* sah das als Problem der weiblichen Sozialisation. Den Frauen würde das Selbstbewußtsein geklaut, so daß sie Schwierigkeiten hätten, eine eigene Identität zu entwickeln und selbstbewußt mit Widersprüchen umzugehen.

Wenn es ums Geld ging, traten Widersprüche besonders kraß zutage. Deshalb waren die Auseinandersetzungen in den Gruppen, die sich in die Geschäftswelt gewagt hatten, besonders heftig. «Ein Boykott jagt den anderen, inhaltliche Diskussionen sind passé, heute geht es ums Feilschen von Prozenten, ums Aufpassen, nicht vom Schwesternprojekt übers Ohr gehauen zu werden, die Konkurrenz und der Machtkampf zwischen den Frauenprojekten wuchern», resümierten die Veranstalterinnen des Nationalen Frauenkongresses in München 1977 resigniert.

Alice Schwarzer und ihr Projekt waren also beileibe nicht die einzigen, die im Clinch mit den Schwestern lagen. Doch der Streit um *Emma* war eine der frühesten und heftigsten Auseinandersetzungen dieser Art in der Frauenbewegung.

Noch immer ist die erste *Emma* nicht erschienen, doch das Hickhack geht lustig weiter. Die *Emma*-Frauen sind nach dem Boykott-Aufruf in der *Courage* damit beschäftigt, den Schaden zu begrenzen. In ihrem bereits erwähnten Brief an die Frauengruppen legen sie unter anderem dar, daß es keine Zusammenarbeit mit Gruner & Jahr gegeben habe: «Wir haben allerdings vor einem halben Jahr einmal mit diesem Herrn Huffsky (sic! BM) gesprochen. Ein Kontakt, der nur durch Zufall zustande kam, da er der Vater der Kollegin Karin Huffzky ist.»

Das hätten sie wohl besser nicht behauptet. Denn die Kollegin Karin Huffzky, Journalistin und potentielle Mitarbeiterin der *Emma*, ist so empört und verletzt, daß sie einen offenen Brief an die «Liebe Alice» schreibt. Abgedruckt in der *Courage* 1/1977. Es wird eine bittere Abrechnung mit Alice Schwarzer, der Karin Huffzky, wie sie sagt, «bisher freundschaftlich verbunden» war.

Karin Huffzky stellt klar, daß der Kontakt zu ihrem Vater, einem Gruner & Jahr-Manager, mitnichten zufällig zustande kam, sondern daß sie diesen auf ausdrückliche Bitten hin hergestellt habe. Alice sei «sachkundig und gründlich von einem Kenner des Marktes beraten» worden und habe dessen Ratschläge mit «Charme und Koketterie» entgegengenommen. Dann aber habe sie die Frauenöffentlichkeit mit «verdrehten Fakten falsch informiert» und Diffamierungen verbreitet. Sie mißbrauche ihren «augenblicklichen Marktwert», pflege mit «höchster Begabung» ihr Image und scheue «offensichtlich auch Rücksichtslosigkeit nicht».

Karin Huffzky unterstreicht, daß es sie besonders kränkt, gerade von einer Feministin in ihrem beruflichen Selbstverständnis abgewertet zu werden. «Das stärkste Stück, meine berufliche Existenz zu karikieren, bringst aber Du fertig, Alice: ‹Tochter von Hans Huffsky›, basta! Ich merke, daß ich Dir gegenüber zu blauäugig und naiv war.» Alices «Besuche an der eigenen Grenze» fänden «aus Karrieregründen» nicht mehr statt. «Wie springst Du mit Menschen um?» fragt Karin Huffzky anklagend.

Herbe Vorwürfe. Nach dem Zwist um den Frauenkalender wird Alice Schwarzer hier erneut öffentlich mit harscher Kritik konfrontiert, die sich auf eine konkrete Arbeitserfahrung mit ihr bezieht. Das wiegt schwerer als der Unmut einer diffusen Frauenszene mit einigen verbohrten Protagonistinnen.

Karin Huffzky wird nicht die letzte Frau sein, die sich von Alice Schwarzer persönlich und beruflich mißbraucht fühlt und deren Wohlwollen in Abneigung umschlägt. Es wird sich zum Muster im Leben der Feministin Schwarzer entwickeln, daß sich Freundinnen und Kolleginnen ent-

187

täuscht und wütend von ihr abwenden und zu grimmigen Feindinnen werden.

Dabei gab – und gibt – es auch viele Frauen, die ihr in einer prekären Situation beispringen. Oft sehen gerade diese in Alice Schwarzer vor allem die erfolgreiche Kämpferin für die feministische Sache und verteidigen sie. So eine Schutzphalanx mischt sich denn auch als nächstes in den Streit um *Emma* ein.

Es sind sechs Frauen, die in der *Emma* «eine große Chance erblicken, feministische Denkansätze und deren Ergebnisse einem weiten Kreis von Frauen zugänglich zu machen». Veröffentlicht wird deren Stellungnahme, die Solidaritätsunterschriften verschiedener Initiativen trägt, ebenfalls in der ersten *Courage* 1977. Überschrift: «Vampire in der Frauenbewegung?»

Alice werde in der allgemeinen Öffentlichkeit zur Anführerin der Frauenbewegung gemacht, aber auch unter Frauen gebe es um sie einen Personenkult, heißt es. Und da Alice eitel sei, würde ihr die Starrolle gut gefallen. «Und es ist ebenso deutlich, daß sie sich manchmal durch die Frauenbewegung boxt, als gälte es, eine Sendung im WDR oder einen Artikel im *Spiegel* durchzusetzen.» Doch angesichts dessen, «was Alice für die Frauenbewegung getan hat, hat niemand das Recht, Alice fertigzumachen». Auf ihrem Rücken würden die vielfältigsten Probleme ausgetragen, auch die «Dämonisierung von Macht». Hinter der Konstruktion des Feindbildes Alice Schwarzer stehe das altbekannte Bedürfnis «nach Überwachung und kontinuierlicher Kontrolle» eines Frauenprojekts.

Auch Alice Schwarzer selbst weist immer wieder auf die Schwierigkeiten hin, die die Frauenbewegung mit Macht und Stärke hat. In ihrer biographischen Skizze «Wie ich Feministin wurde» von 1982 heißt es: «Öffentliche Macht hat traditionell für Frauen tabu zu sein, das ist uns lange genug eingeredet worden. Schwäche ist gleich ‹weiblich›, Stärke gleich ‹männlich›. Entsprechend existiert auch in der Frauenbewegung selbst eine fatale Tendenz zur Mystifizierung von Schwäche und zur Dämonisierung von Stärke.» Fast jede Frauengruppe habe «ihre Übermutter, die von der ‹Basis› von Fall zu Fall, zu Recht oder zu Unrecht, massakriert wird». Und zu ihrer eigenen Rolle in der Bewegung seit ihrer Rückkehr aus Frankreich sagt sie: «Ich mußte mich daran gewöhnen, nicht mehr eine unter Gleichen zu sein, sondern auch innerhalb der Frauenbewegung ‹die Schwarzer› (die sich gleichzeitig nur ja nichts darauf einbilden sollte, ‹die Schwarzer› zu sein). Autorität, wenn nicht sogar ‹Star› in einer antiautoritären Bewegung – das konnte nicht nur gutgehen.»

Während die feministische Szene weiter um die «Zeitschrift von Frauen für Frauen» rangelt, richten die Emmas am Kölner Kolpingplatz 1a ihre Redaktionsräume ein. Möbel werden herangeschafft und gestrichen, Regale gebaut, Vorhänge und Kissen genäht. Selbst ist die Frau. Wie viele andere Projekte fängt auch die *Emma* im alternativen, selbstgeschneiderten Kleid an.

Aus diesen handfesten Vorbereitungen des Projekts hält sich Claudia Pinl lieber heraus. Aber von ihren Träumen schwärmt sie noch Jahre später. «Es ging einfach eine Welle der Begeisterung über uns hinweg!» bekennt sie: «Wir Journalistinnen sahen die Morgenröte der ständigen Produktion wirklich kämpferischer Artikel heraufdämmern.» Nichts weniger als «die große publizistische Entlarvung des Patriarchats» hätten sie geplant. Alle hätten sich wahnsinnig darauf gefreut, in einem selbstbestimmten Projekt zu arbeiten, mit anderen Frauen etwas aufzubauen, den Feminismus voranzutreiben und bis ins letzte Dorf zu tragen.

In den Monaten vor Erscheinen der ersten Nummer ist die *Emma*-Redaktion der reinste Taubenschlag. Ständig schneit jemand herein, um mit den Macherinnen den Stand der Vorbereitungen zu diskutieren, neue Ideen anzubringen oder praktische Unterstützung anzubieten. Ohne die tatkräftige Hilfe von Kolleginnen und die Zuarbeit von Sympathisantinnen wäre das Projekt wohl kaum zustande gekommen. Alle aus dem Kreis reizt das gemeinsame Ziel, das Engagement für die Frauensache, das verrückte Wagnis. Zu den Frauen, die in dieser Zeit gelegentlich in der *Emma*-Redaktion auftauchen, gehört Christina von Braun, Alice Schwarzers alte Freundin aus Paris. Sie dreht einen der ersten Filme über *Emma*.

Zum festen Team von Alice Schwarzer gehört seit September 1976 Christiane Ensslin. Sie ist keine Feministin. Sie hat als Redakteurin in einem Sportverlag gearbeitet und dann mit anderen eine Kölner Stadtzeitung gegründet. Zur *Emma* stößt Christiane Ensslin eher aus Neugier. «Als Alice mit *Emma* nach Köln kam, hab' ich die Chance gesehen, etwas ganz Neues zu lernen. Außerdem hat mir Alice imponiert, weil sie eine kämpferische Figur war.»

Ein sehr freundliches, informelles Vorstellungsgespräch, und schon ist die schüchterne Christiane, die zum ersten Mal auf richtige Feministinnen trifft, eine «Emma». «Für mich war es wie der Eintritt in eine Familie, in der man offen, ohne Mißtrauen und sehr fröhlich miteinander umgeht.»

Damals gehörte ziemlich viel Mut dazu, sich Christiane Ensslin ins Haus zu holen. Ihre Schwester Gudrun war als eine der führenden Figuren der Rote Armee Fraktion in Stuttgart-Stammheim inhaftiert. Die Stimmung im Land schrie nach Sippenhaft, und die Terroristenjäger hätten diese nur allzugern praktiziert. Christiane Ensslin: «Wer mich damals eingestellt hat, hat nicht nur den Verfassungsschutz hinter sich hergezogen, sondern mußte damit rechnen, daß dies auch in der Öffentlichkeit übel vermerkt wurde.»

Es war eine dramatische Phase der westdeutschen Nachkriegsgeschichte. Schlag auf Schlag eskalierte die Auseinandersetzung zwischen der sozialliberalen Koalition und der radikalen Linken, zwischen der auf Staatsräson gepolten Regierung und der im bewaffneten Kampf tödlich konsequenten Rote Armee Fraktion. Praktischerweise lenkte die groß inszenierte Terroristenjagd von den tatsächlichen Problemen, wie der aufkommenden Arbeitslosigkeit, erfolgreich ab. Die Bevölkerung spaltete sich in verschiedene Fraktionen, die sich erbittert und feindselig gegenüberstanden. Eine Mehrheit glaubte der politischen Propaganda aus Bonn und sah beim «Krieg der sechs gegen sechzig Millionen» (Heinrich Böll) den Staat existentiell bedroht. Zu Angst und Aggression aufgestachelt, nahm die bürgerliche Gesellschaft die Gewaltszenarien, bei denen Grundrechte geopfert wurden, billigend in Kauf.

Diese Zeit charakterisiert der Journalist Christian Semler durch «seltsam unwirkliche, fast halluzinatorische Züge. Straßensperren, die Polizei mit der Maschinenpistole im Anschlag. Allgegenwärtige Fahndungsplakate, die bereits arrestierten RAF-Mitglieder lustvoll ausgekreuzt. Bei Ausweiskontrollen der Fingerzeig auf die eigene Brusttasche, um nicht durch eine falsche Bewegung fatale Reaktionen der Kontrolleure zu provozieren.»

Die Anhängerinnen der Frauenbewegung reagierten auf das verhärtete Klima im Land so verschieden, wie die Bewegung vielfältig war. Einige Aktivistinnen verabschiedeten sich von der Frage der Frauenbefreiung und widmeten sich dem Kampf gegen das «Schweinesystem». Andere bekundeten ihre Solidarität mit den Gehetzten und Gefangenen der RAF, indem sie sich jenseits der Geschlechterfrage gegen staatliche Repression und unmenschliche Haftbedingungen einsetzten. Wieder andere versuchten Frauenfragen und Engagement in der sich neu formierenden Anti-AKW-Bewegung zu verbinden oder wanderten gleich ganz dahin ab. Und schließlich gab es natürlich noch diejenigen Frauen, die weiterhin das taten, was sie schon vorher getan hatten: Sie kritisierten die patriarchalen Verhältnisse und versuchten, durch den Feminismus gesellschaftliche Veränderungen voranzutreiben.

Während der *Bayernkurier* Feministinnen und Terroristinnen in einen Topf schmiß – «Im neubegründeten ‹Feminismus›, der von der Linken gepredigt wird, sehen Beobachter der Szene einen Hauptgrund für den jüngsten Rollentausch der Geschlechter an der Terrorfront» –, waren die Guerilleros der RAF nicht im geringsten vom Gedanken der Frauenbefreiung tangiert. «Wir waren vom Zerfall der 68er Revolte geprägt, wir wollten ihre sozialrevolutionären und antiimperialistischen Ansätze weitertragen, und der Horizont von neuen sozialen Bewegungen war für uns noch lange nicht greifbar», bekennt Stefan Wisniewski, damals Mitglied der RAF, im Rückblick. «Die Bedeutung der Anti-AKW-Bewegung haben wir einfach lange unterschätzt oder nur unter dem Gesichtspunkt ihrer Militanz gegen den Staat gesehen. Noch schwerwiegender war vielleicht die fehlende Auseinandersetzung mit der Frauenbewegung.»

In der hochneurotischen Atmosphäre im Vorfeld des Deutschen Herbst blickten viele Linke voller Respekt auf Alice Schwarzer, als sie Christiane Ensslin einstellte. «Dafür hätte ich Alice knutschen können», bemerkt die Journalistin Monika Held anerkennend, «da hat sie wirklich Zivilcourage bewiesen. Genau so ein Verhalten verstehe ich unter Frauensolidarität.»

Ursprünglich sollte die damals 37jährige Ensslin als Redakteurin arbeiten, doch sehr bald ist sie für den technischen Ablauf verantwortlich. Außer ihr gehören noch drei weitere Kolleginnen zur Stammbesetzung: Sabine Schruff, die vom *Kölner Stadt-Anzeiger* kommt, Angelika Wittlich, die Redakteurin beim WDR war, und natürlich Alice Schwarzer. Fertig ist die *Emma*-Crew. Ganze vier Frauen.

Das *Emma*-Domizil in Köln besteht aus einer Wohnung, die sich auf zwei Etagen erstreckt. Im dritten Stock des großen Hauses liegen auf rund 150 Quadratmetern die Redaktionsbüros. Dazu gehören neben Küche und Bad auch das sogenannte Kissen-Zimmer, ein Raum, kuschelig hergerichtet mit buntbezogenen Matratzen und jeder Menge Kissen. Hier werden Sitzungen abgehalten, hier gibt es bei Kerzenlicht Tee, hier fühlt sich die fünfte der Emmas – Alice Schwarzers Katze – wie im Vierbeinerhimmel.

Im vierten Stock, in einer hübsch eingerichteten Mansarde, lebt Alice Schwarzer. Von ihrem Dachgarten hat man einen zauberhaften Blick ins Grüne und auf den Kölner Dom. Und wenn sie ihre Treppe hinuntersteigt, steht sie schon mitten in der Redaktion.

«Die ersten vier, fünf Monate bei *Emma*, die Arbeit an der ersten Nummer, habe ich in sehr schöner Erinnerung», erzählt Christiane Ensslin. «Wir haben wahnsinnig viel gearbeitet, aber in einer entspannten Atmosphäre. Wir haben soviel gelacht, haben zusammen gekocht, gegessen, sind abends auch miteinander ausgegangen.» Und weil Christiane nicht viel Wert auf ihr Outfit legt, kümmern sich die Kolleginnen sogar um ihr Styling: schicken sie zum besten Friseur am Platz, suchen ihr eine todschicke schwarze Tuchjacke aus und verpassen ihr hochhackige Stiefel. Christiane Ensslin besitzt sie immer noch.

So freundschaftlich der Umgang ist, so konstruktiv ver-
laufen die Diskussionen. «Sehr gleichberechtigt» habe man
miteinander debattiert, so Christiane Ensslin. Daß Alice
Schwarzer als «anerkannte Theoretikerin» den inhaltlichen
Kurs bestimmte, fand sie völlig in Ordnung. «Ohne ihren
Namen wäre es ja auch nicht gegangen.»

Mehrere Monate harter Arbeit und dann, am 26. Januar
1977 – der große Tag: die erste *Emma* erscheint.

«Ich entbehre nicht autoritärer Züge»

Schwesternstreit in der Bewegung

Emma

3 Mark
Februar 1977

Zeitschrift für Frauen
von Frauen

Alice Schwarzer über Männerjustiz

Romy Schneider: Ich bin es leid, zu lügen!

Hausfrauen und ihre arbeitslosen Männer...

Vietnam – Moderne Amazonen

Es ist ein grauer, milder Wintertag, dieser 26. Januar 1977, die Temperaturen steigen bis auf 13 Grad an. So ein Tag, an dem man garantiert naß wird, wenn man den Regenschirm vergißt, und ganz sicher trocken bleibt, wenn man ihn mit sich trägt. Ein böiger Wind pfeift über den Rhein durch die Kölner Straßen, ab und an wird es stürmisch.

Im Dom, bei der Frühmesse, gedenkt der Priester der Heiligen, die an diesem Mittwoch Namenstag haben. Gefeiert wird das Fest des hl. Titus, der nach der Legende den Apostel Paulus zum Konzil nach Jerusalem begleitete. Titus ist der Schutzpatron gegen die Freigeister. Aber auch die hl. Paula hat Namenstag. Paula, die als Witwe mit Pilgerstab dargestellt wird, hilft bei Geburtsschmerzen und ist die Patronin für eine glückliche Entbindung.

Als die Frühmesse gelesen wird, herrscht nebenan auf dem Kölner Hauptbahnhof bereits Hochbetrieb. Schon mitten in der Nacht sind in der Bahnhofsbuchhandlung, die damals noch vierundzwanzig Stunden geöffnet hatte, die frischen Zeitungen und Zeitschriften angelangt. Und wer ab fünf Uhr morgens den Laden mit der Leuchtschrift «Deutsche Presse» betritt, sieht sie da liegen: die erste *Emma*. Der hl. Titus beäugt sie mißtrauisch von weit oben, aber die hl. Paula hat bei der gelungenen Geburt bestimmt mitgemischt.

Gleich am ersten Erscheinungstag geht der Run auf die *Emma* los. Mittags ist die Zeitschrift für Frauen von Frauen an vielen Kiosken bereits ausverkauft.

Irgendwann an diesem Tag bummelt eine alte Bekannte von Alice Schwarzer durch die Kölner Altstadt. In einer der schmalen Gassen kommen ihr mit weit ausladendem, forschem Schritt zwei Frauen entgegen, die allein schon durch ihr kraftvolles Auftreten die Aufmerksamkeit der Passanten auf sich ziehen. Beide strahlen über das ganze Gesicht. Es sind Alice Schwarzer und Ursula Scheu. Siegerinnen!

Drei Tage später ist die *Emma*-Auflage von 200000 vergriffen. Vom eigenen Triumph überrascht, läßt die Redaktion 100000 Exemplare nachdrucken; auch die gehen weg wie warme Semmeln. Da hat es eine Gruppe Frauen mit lächerlich wenig Kapital geschafft, eine Zeitschrift auf den Markt zu drücken, deren erste Nummer ein spektakulärer Erfolg ist. Ein Meisterstreich.

Von Anfang an hatte Alice Schwarzer auf einen professionellen Vertrieb gesetzt. Im Gegensatz zu vielen anderen Zeitungsmacherinnen aus der Szene verfügte sie über das Know-how und sorgte auch dafür, daß in diesen Bereich investiert wurde. *Emma* wurde vom selben Unternehmen verbreitet, das auch viele Gruner & Jahr-Produkte an die Kioske brachte.

Auf das Erscheinen der feministischen Zeitschrift folgt ein Riesenrummel: Pressekonferenzen, Medienauftritte, Interviewanfragen. Christiane Ensslin: «Uns allen wurde ja prophezeit, daß *Emma* ein Flop wird. Aber mit unserem Erfolg haben wir den Heinis Respekt abgejagt. Und dieser Respekt wurde uns auch gezollt.» Nur ab und an lassen die Profis der Branche durchblicken, daß sie das Projekt für eine Eintagsfliege halten.

Ihren großartigen Einstand wollen die vier Redaktionsfrauen gebührend feiern. Sie kaufen das «Emma-Schaf», einen Citroën mit wunderbar weicher Federung, und düsen, während sie sich von Elvis Presley bedröhnen lassen, bei Nacht und Nebel von Köln nach Brüssel, um Hummer zu essen.

Kurz danach ist Karneval. Da können sich die Emmas in Köln so richtig zeigen. An Weiberfastnacht geht's mit «Helau!» und «Alaaf!» auf den Heumarkt, und dann wird in einer lesbischen Kneipe in der Altstadt weitergefeiert.

Derweil liegt die *Emma* bei den anderen Frauenzeitschriften am Kiosk, ganz das Aschenputtel neben den aufgeputzten Stiefschwestern. Auf ihrem grau-blauen Titelblatt marschieren vier Frauen dem Betrachter entgegen. Schulter an Schulter, auf einer belebten Straße. Von links nach rechts: Christiane Ensslin, Alice Schwarzer, Angelika Wittlich, Sabine Schruff. Entschlossen blicken sie in die Kamera – kaum ein Lächeln. Kein Zweifel, das ist der Einmarsch in eine Arena. *Emma* prangt in roten Lettern über dem Foto, und in der rechten unteren Ecke verkündet ein Aufdruck: «Zeitschrift für Frauen von Frauen».

In der fast geschlossenen Schulterfront ist eine der Frauen aus der Reihe herausgehoben. Im gestreiften Überwurf geht Alice Schwarzer ihren Mitstreiterinnen einen kleinen Schritt voran, trägt den Kopf und die Nase ein bißchen höher: die Erste unter Gleichen. Diese Zeitschrift soll sich mit dem prominenten Namen von Alice Schwarzer verkaufen. Die Schrift, mit der auf dem Titelblatt der Schwarzer-Artikel im Heft angezeigt wird, ist fast doppelt so groß wie die der übrigen Ankündigungen.

«Seit fünf Jahren warte ich auf diesen Moment», schreibt Alice Schwarzer im Editorial. «Mindestens so lange ist klar, daß uns engagierten Journalistinnen die Luft in den Männermedien immer knapper wird ... Klar, daß wir stolz darauf sind!» In *Emma* werde kein Mann schreiben, denn Männer steckten nicht in Frauenhaut, und auch die sensibelsten wüßten nicht, was es bedeute, auf der Straße angequatscht zu werden, seine Periode mit Verspätung zu kriegen oder zwischen Kind und Beruf hin und her zu hetzen. «Wir selbst versuchen, nicht nur anders zu schreiben, sondern auch anders zu leben und zu arbeiten», erläutert Herausgeberin Schwarzer das Selbstverständnis der Redaktion. «Unsere Zeitung wird kollektiv gemacht. Es gibt keine ‹Chefin›, die über die Köpfe der anderen hinweg entscheidet.» Und dann verspricht sie: «Sollten wir jemals Profite machen – was in weiter Ferne liegt –, werden wir dieses Geld in andere Projekte von Frauen investieren ... Herzlich Ihre Alice Schwarzer.»

Für drei Mark bietet *Emma* auf 64 Seiten eine bunte Melange. Informativ und unterhaltsam. Die Mühen hatten sich gelohnt.

Heute, mit gut zwanzig Jahren Abstand, liest sich besonders ein Text wahrscheinlich noch irritierender als schon damals, da der Vietnam-Krieg noch nicht lange zu Ende war. Unter dem Motto: «Moderne Amazonen» steht ein Beitrag über Frauen in Vietnam – Kriegsfolklore in Reinkultur. Die Autorin schwärmt für diese «pickelharten Kämpferinnen», die, vom Kampf und der Revolution gestählt, selbst hochschwanger noch ihr Glück im Schützengraben suchten und «zart wie Lilien» süße Liedchen über ihre Knarren sängen: «Kleine Guerillafrau, deine Waffe ist dein Geliebter ...»

Alice Schwarzer schreibt über Romy Schneider, die seinerzeit noch lebte und die, ihrer Sissy-Rolle leid, nach Frankreich geflohen war und dafür (heute auch das kaum noch vorstellbar) vom deutschen Publikum wie eine untreue Geliebte angefeindet wurde. Alice Schwarzer über sich und Romy Schneider: «Wir sind die beiden meistbeschimpften Frauen Deutschlands.» Ihre Sicht auf die Schauspielerin, die sich so bemühte, der stereotypen Wahrnehmung zu entkommen: «Sie ist eine Frau, die Karriere gemacht hat, ist berühmt, tüchtig und reich und träumt von der großen Liebe, einem Menschen fürs Leben, dem zweiten Kind und selbstgestrickten Pullovern.»

Ein etwas hilfloses Kopfschütteln löst der praktische

Ratgeber «Selbst ist die Frau» aus. Geboten wird Sofort-
hilfe bei verstopften Abflüssen. «Emma ist praktisch und
weiß, wie's gemacht wird.» Das waren die Zeiten, in denen
es Frauen, die bei Autopannen oder technischen Alltags-
problemen männliche Hilfe in Anspruch nahmen, passieren konnte, des Verrats an der Emanzipation bezichtigt zu
werden. Die Bastelanleitung in der *Emma* war rohrzangen-
ernst gemeint. Das forderte die männlichen Lästermäuler
nur so heraus. «Das darf man einen konstruktiven Beitrag
nennen», höhnt die *FAZ*, «und der Mann darf mit Fug und
Recht hoffen, daß er künftig seine ‹Sportschau› in Ruhe zu
Ende schauen kann, derweil seine Frau dem Ratschlag der
Emma folgt: ‹Dann wird die Schraube mit der Rohrzange
oder dem Schlüssel kräftig nachgezogen.›»

Beim besten Willen ist unübersehbar: *Emma* ist trotz
der ganzen demonstrativen Aufmüpfigkeit eher brav als
frech, eher trutschig als radikal. Verglichen mit dem amerikanischen Feministinnenblatt *Ms.* ist *Emma* geradezu
spießig. Die erste *Ms.*, die 1972 erschien, wirkte moderner
und frischer als ihre fünf Jahre jüngere deutsche Schwester. Das liegt nicht am Hochglanzpapier, auf dem *Ms.* gedruckt war, sondern am Verzicht auf missionarischen Eifer.
Die Amerikanerinnen hielten offenbar auch schon in den
Siebzigern weder schräge Töne bei Layout und Präsentation noch Werbung für Kosmetika und Klamotten für antifeministisch. Und während auf dem Cover der ersten
Emma ein paar Frauen eine Straße herunterstapfen, flog
der Leserin auf der ersten *Ms.* ein schönes, muskulöses Su-
perweib im hautengen Komik-Kampfdress entgegen und
forderte: «Wonder woman for president!»

Die gewisse Enttäuschung über die erste *Emma* im Vergleich zu *Ms.* spiegelt sich auch in den Rezensionen. Sie
habe keinen Augenblick daran gezweifelt, «daß mit *Emma*
eine erstklassige feministische Zeitschrift» auf den Markt

käme, schreibt eine Kritikerin in der *Courage*. Doch statt der «erwarteten deutschen Version der amerikanischen *Ms*.» habe sie «ein Provinzblatt» in die Hand bekommen.

Was fast untergeht in der ersten *Emma*, ist eine Geschichte, die journalistisch ganz unspektakulär, doch aus feministischer Sicht hochinteressant ist. «Mein Beruf» ist die Seite überschrieben und präsentiert das Selbstporträt einer Verkäuferin. Eigentlich nichts Bemerkenswertes. Bis auf den Namen der Frau: Erika Schilling. «Sie hat nähen gelernt und Klavier spielen, aber keinen Beruf», heißt es in einem Lebenslauf, der den Text begleitet. «Sie war kurz verheiratet, ist lange geschieden und hat eine heute erwachsene Tochter.» Daß diese Tochter Alice Schwarzer heißt, wird nicht erwähnt.

In einer späteren *Emma*-Ausgabe wird Erika Schilling als Betreuerin der Leserbriefe vorgestellt. Seit Sommer 1977 beantworte sie einen großen Teil der Post. Wieder gibt es einen kurzen Lebenslauf von Erika Schilling – und wieder keinen Hinweis darauf, wer sich eigentlich hinter dem Namen verbirgt. Über eine Reihe von Jahren taucht Erika Schilling noch regelmäßig auf der Liste der *Emma*-Mitarbeiterinnen auf.

«Ich erinnere mich, daß Alices Mutter bei der Vorbereitung des ersten Heftes in die Redaktion kam und einige Tage blieb», berichtet Christiane Ensslin. Erika Schilling habe ausgesehen «wie tausend Frauen in ihrem Alter», sei «schüchtern und zurückhaltend» gewesen. «Ich persönlich habe nie erlebt, daß Alice liebevoll über ihre Mutter geredet hat oder herzlich mit ihr umgegangen ist.»

In diesem Zusammenhang sind die Sätze, die Erika Schillings kurzen Lebenslauf in der *Emma* Nr. 1 abschließen, bemerkenswert: «Sie ist immer noch arbeitslos», heißt es da über Alice Schwarzers Mutter. «Und verzweifelt.»

Erika Schilling machte eine erstaunliche Entwicklung durch, nachdem ihre Tochter Alice das Haus verlassen hatte, um nach Düsseldorf zu ziehen. Erika Schilling blieb noch einige Jahre bei den Großeltern Schwarzer wohnen. Erst Anfang der sechziger Jahre schließlich gründete sie ihren ersten eigenen Hausstand – da war sie bereits 42 Jahre alt. Ihr Auszug änderte jedoch nichts an ihrer inneren Abhängigkeit. Nach wie vor fühlte sie sich von ihrer Mutter beherrscht. Sie habe sich einfach nicht von ihr lösen können, sagt Erika Schilling. Solange Margarethe Schwarzer lebte, blieb Erika die kleine und schwache Tochter, immer auf der Suche nach der mütterlichen Zuneigung, die Margarethe Schwarzer ihr verweigerte. Die Gefühle der beiden Frauen waren so verknotet, daß erst der Tod sie lösen konnte. Als ihre Mutter starb, brach sich Erika Schilling den Knöchel. «Das war symptomatisch. Erst jetzt durfte ich mich ausruhen und nachdenken», sagt sie. «Mit ihrem Tod warf ich alles ab, was ich für sie gelebt hatte. Da war ich endlich ich.»

Doch an diesem Punkt ihres Lebens war Erika Schilling knapp fünfzig Jahre alt (ihre Tochter Alice war da schon Ende Zwanzig). Trotzdem hatte Erika Schilling noch den Mut und die Energie zu einem entscheidenden Schritt: Wie ihre Tochter Alice wurde sie Anfang der siebziger Jahre Feministin und schloß sich der Frauenbewegung an. «Ich befand mich sehr schnell, ohne es angestrebt zu haben, an der Spitze der Bewegung hier in Wuppertal», berichtet sie in einem 1997 geführten Interview. Sie beteiligte sich an der Gründung des Frauenzentrums und des Frauencafés, demonstrierte gegen den Paragraphen 218 und gegen die Lohnungleichheit bei Frauen und ist bis heute in der Wuppertaler Frauenszene zu Hause.

Eine Mutter, auf die eine Tochter stolz sein kann. Die Mutter jedenfalls ist stolz auf die Tochter. Erika Schilling bewundert ihre Alice: weil sie etwas geschafft hat, weil sie etwas bewegt hat, weil sie öffentlich bekannt und geehrt ist. «Sie ist eine Frau dieses Jahrhunderts, und man wird sicher noch lange von ihr sprechen.» Und wie es in Familien so ist, wäre es ihr vielleicht lieber, wenn das Kind ein bißchen weniger vom schroffen Naturell seiner Großmutter und ein bißchen mehr von der liebevoll sanften Tante Sophie geerbt hätte, deren Namen Erika Schilling ihrer Tochter mit auf den Lebensweg gegeben hat.

Erika Schilling plaudert gern darüber, daß sie und Alice eine Reihe gemeinsamer Vorlieben haben: «Wir tragen beide nur Röcke. Wir tanzen auch beide unheimlich gern, gehen gerne zur Kirmes, und wir lieben den Karneval.» Doch über das emotionale Verhältnis zu ihrer Tochter erfährt man kaum etwas. «Meine ‹Familie› heute», sagt sie, «sind die Frauen der Frauenbewegung.»

Umgekehrt äußert sich Alice Schwarzer, die immer mal wieder auch über ihre Familie schreibt, so gut wie nie über das Verhältnis zu ihrer Mutter. Sie erwähnt zwar gerne den Großvater, auch die Großmutter – doch kaum je ihre leibliche Mutter.

Dabei hat Erika Schilling über die Beziehung von Müttern und Töchtern sogar ein Buch geschrieben, das den Titel trägt: *Manchmal hasse ich meine Mutter*. Und Alice Schwarzer schreibt einmal sehr eindrucksvoll in *Emma* zu ebendiesem Thema. In einem Artikel mit dem Titel: «Warum ich kein Kind habe». Darin heißt es: «Sah ich mich um, sah ich überwiegend Mütter, die in ihrer Frustration ihre Kinder oft quälten, und ich sah Kinder, die in ihrer Auflehnung ihre Mütter haßten.» Diese Beschreibung traf, übertragen auf die Familie Schwarzer, sicher auf das Verhältnis zwischen Alices Mutter und ihrer Großmutter zu. Auch auf das Verhältnis zwischen Alice und ihrer Mutter?

«Die alten Frauen, die völlig vereinsamt vergebens auf ihre Kinder warten, sind Legionen», schreibt Alice Schwarzer weiter. «Und wir, die Kinder, die wir nie von unseren Müttern gefragt wurden, ob wir das Leben und sie überhaupt wollten, wir fragen uns: Mit welchem Recht ist ihre ‹Liebe› unsere Verpflichtung?»

Eine negative Einschätzung der Mutterschaft verbindet Alice Schwarzer schon mit Simone de Beauvoir, und im Laufe der Jahre scheint sich ihre Abwehr gegen Mütter, Mütterlichkeit und Mutterrolle noch zu verstärken. In einem Porträt des französischen Sexsymbols Brigitte Bardot, das Alice Schwarzer 1996 veröffentlicht, ist ein regelrechter Widerwille zu spüren: «Über ihre so verzweifelte Geburt und Mutterschaft hat Brigitte Bardot das Ehrlichste geschrieben, was je von einer Frau darüber gesagt wurde. Als ihr nach stundenlangen Schmerzen der ungewollte Sohn präsentiert wird, reagiert sie heftig: ‹Es ist mir scheißegal, ich will ihn nicht sehen!›»

Wie auch immer sich ihre Position entwickelt hat – es muß Zeiten gegeben haben, in denen Tochter Alice ein relativ entspanntes Verhältnis zu ihrer Mutter hatte. So traf sie sich, als sie noch in Frankreich lebte, durchaus mal in der Wuppertaler Wohnung von Erika Schilling mit ihren feministischen Freundinnen aus der alten Heimat. Außerdem hat sie früher ihre Mutter in Frauenrunden selbstbewußt präsentiert.

Daß sich die Beziehung zwischen Mutter und Tochter irgendwann zum Schlechteren gewendet hat, deutet sich in Alice Schwarzers Lebenslauf an, der im Nachschlagewerk Munzinger-Archiv veröffentlicht ist. In den siebziger Jahren steht dort über Alice Schwarzers Elternhaus: «Alice Schwarzer wurde am 3. Dezember 1942 als Tochter einer Verkäuferin in Wuppertal-Elberfeld geboren.» In der in den achtziger Jahren aktualisierten Fassung liest man dann: «Alice Schwarzer wurde am 3. Dezember 1942 in Wuppertal-Elberfeld geboren. Sie wuchs bei ihren Großeltern auf. Die ledige Mutter, mit der sie nie zusammenlebte, war zeitweise als Verkäuferin tätig.»

Das ist eine andere Version der Geschichte, als sie Erika Schilling öffentlich über die Kindheit ihrer Tochter erzählt. Nach Erika Schillings Aussage hat sie all die Jahre mit Alice zusammmen im Schwarzerschen Familienverband gelebt und diesen erst einige Jahre nach dem Auszug ihrer Tochter verlassen.

Das öffentliche Echo auf den Start von *Emma* ist riesengroß, die Reaktionen sind durchwachsen. Der bösartigpolemische Tonfall, der bei den Stellungnahmen zum *Kleinen Unterschied* häufig zu beobachten war, fehlt bezeichnenderweise fast völlig. Wenn Kritik geäußert wird, dann meist sachlich. Es hat sich was getan in der Republik – kaum jemand zweifelt an der Existenzberechtigung einer bundesweiten feministischen Zeitschrift.

«Das mausgraue Kleid und das fade gestaltete Innere trügen. Die erste deutsche ‹Zeitschrift für Frauen von Frauen› – sie wird in Köln gemacht – sprüht Funken aus vielen Zeilen», begrüßt der *Kölner Stadt-Anzeiger* den Neuankömmling.

«Ich bewundere Alice Schwarzer dafür, daß sie die Verfolgung ihres eigenen Ehrgeizes mit der Verfolgung der Sache der Frauen verbindet», lobt eine Rezensentin im *Berliner Extra Dienst*.

Die Zeit freut sich über die hübsche Aufmachung und bemerkt anerkennend: «Anders als *Courage* versucht *Emma*, auch ein bißchen locker und munter zu sein und ihren Leserinnen nicht nur das harte Brot des zähen Kampfes um die Emanzipation zu bieten.»

Die *Berliner Morgenpost* bemerkt einen «Widerspruch

zwischen Konfession und Kommerz» und rät radikalfemi-
nistisch: «Will *Emma* helfen und bestehen, dann muß sie
weg von der Prominenz und ran ans Problem, weg vom Be-
kenntnisjournalismus und hin zur Bestandsaufnahme. Etwas mehr ‹Courage› täte *Emma* gut.»

Ein Autor der *Süddeutschen Zeitung* sieht in *Emma* alles
auf den «eintönigen Schwarzerschen Männerhorror» redu-
ziert. Das Magazin sei ein Produkt, «das die Grenzen der
kreativen Möglichkeiten einer in ihrer Führerrolle überfor-
derten Alice Schwarzer offenbart». Dagegen lobt er die
Courage, weil «pfiffig» und «weniger auf sofortige Kastra-
tion versessen».

Interessanterweise fühlen sich gerade Frauen von *Emma*
ein bißchen betrogen. «Wo aber rüttelt *Emma* wirklich an
patriarchalischen Machtstrukturen?» fragt eine Autorin
im *Vorwärts* und klagt: «Emmas Gesicht könnte weiblich,
sinnlich, schön sein, ist aber nur langweilig, bieder, phantasielos.»

Die Kritikerin des *Münchner Merkur* ärgert sich, daß sowohl die Aufmachung als auch der Stil oft «spießig» und
somit das Gegenteil von kämpferisch seien.

Ein bißchen orthodox und altfreudianisch polemisiert
eine Schreiberin in der *Sexualmedizin* über die «Onanie im
Abonnement»: Aufgeplustert schwätze *Emma* weibliche
Ohren voll, «schmust sich an Frauenhaut und hangelt mit
der linken Hand am Politseil entlang». Alice Schwarzer sei
vom «Männerhaß» und «Penisneid» besessen, den sie mit
dem «Phallogriffel» abreagiere. «Angesichts ihres demago-
gischen Arsenals ist ein Erfolg ihrer Manipulation nicht
auszuschließen. Dann Gnade uns Frauen.»

Und die Journalistin Carola Stern, die zunächst gesteht,
dem Projekt «voreingenommen positiv» gegenüberzuste-
hen, ruft dann im *SonntagsBlatt* erschrocken aus: «Oh,
Emma!»: Die Aufmachung komme daher wie «aus Omas

Zeiten»; die Macherinnen merkten noch nicht einmal, daß sie mit dem Text über die Vietnamesinnen die Unterdrükkung preisen. Sie selbst fühle sich nach der Lektüre von *Emma* sozusagen «anormal», da sie, anders als die Frauen im Heft, weder lesbisch noch geschieden, noch eine Männerverächterin sei.

Alice Schwarzer sieht *Emma*, trotz des großen Zuspruchs, nicht ganz angemessen behandelt. «In der öffentlichen Reaktion ist oft Häme zu entdecken, Borniertheit und Dummheit.» Außerdem erscheint die Konkurrenzzeitschrift *Courage* aus Berlin inzwischen auch bundesweit. Darüber ist die *Emma*-Herausgeberin wenig begeistert. «*Courage* ist eben eines von den vielen Insiderblättern, das versucht, an die Kioske zu gehen», meint sie in einem Interview.

Doch bläst der Wind gegen *Emma* recht scharf aus der Frauenbewegung. Kaum ist die Zeitschrift auf den Markt gebracht, sollen sich deren Macherinnen dem Urteil der Schwestern stellen. High Noon im Kölner Frauenzentrum. Die dortige Szene hat zum Tribunal geladen. Es geht um das politische Selbstverständnis der Zeitschrift, um den Führungsstil und um die Finanzen. Ins Gebet genommen wird vor allem Alice Schwarzer. Die Anklagepunkte gegen sie sind sattsam bekannt: Alice sahne von der Frauenbewegung ab, greife deren Ideen auf und verkaufe sie im Alleingang auf dem Markt. Und das ist damals beinahe so schlimm wie ein Pakt mit dem Teufel.

«Während der dreistündigen Diskussion herrschte eine Atmosphäre wie im Schlachthaus», notiert Claudia Pinl, die in *Klatschmohn* die Veranstaltung anschaulich geschildert hat. Sie gehörte übrigens ursprünglich zu Alice Schwarzers Redaktionsstab, doch dann verging ihr die Lust, «Gratisarbeit» in ein Projekt zu stecken, das ihrer

Meinung nach «vor allem Alice zu Ruhm und Ehre gereichte». Sie wollte mehr Zeit für ihre Liebesbeziehung und mußte einfach Geld verdienen. Claudia Pinl: «Da hat mich Alice eine Krämerseele gescholten. Ich hab dann angefangen zu heulen, und alle haben drum herum gesessen und nichts gesagt.» Doch Alice lasse sich von Frauentränen rühren, und so hätten sie sich wieder versöhnt und beschlossen, daß Claudia zwar aus der Redaktion ausscheide, aber weiterhin ein Ressort betreuen und als Autorin arbeiten solle.

Bei der Debatte ging es heiß her:

«In *Emma*, heißt es, gebe es keine Chefin. Wieso ist dann die Zeitung bis heute nicht in kollektivem Besitz?» (Buhrufe)

«Da fällt mir ein Artikel von dir ein, Alice, mit Romy Schneider.» (Gelächter) «Mehr Romy!» (Klatschen)

«Warum ist denn die Alice Alleingesellschafterin?» (Tumult)

«Wie hilfst du dieser Bewegung, oder hilfst du nur dir selbst? Dann nämlich bist du nichts weiter für mich als irgendein anderer kapitalistischer Verleger.» (Klatschen, Buhrufe)

«Ich habe selten so viel Neid und Mißgunst gesehen wie heute abend», konstatiert eine der anwesenden Journalistinnen angewidert.

Alice Schwarzer findet die Vorwürfe «ungeheuerlich» und wehrt sich, so gut sie kann. Weist darauf hin, daß die Frauenbewegung auch von ihrer Arbeit profitiere, erläutert, daß nicht ein Kollektiv, sondern sie selbst den Anstoß zu *Emma* gegeben habe, betont, daß sie nicht die Absicht habe, Alleingesellschafterin des Projekts zu bleiben.

«Im nachhinein denke ich, daß ganz viel Kritik an Alice berechtigt war», meint Claudia Pinl, «aber die wahnwitzigen Aggressionen, die da hochkamen, das Pikierte, Beleidigte, Kleinliche und die schneidende Arroganz, das hatte mit dem alten Übel der Frauenbewegung zu tun: mit der absoluten Unduldsamkeit gegenüber jedweder Form von individueller Stärke und Leistung, soweit sie sich im Rahmen der Frauenbewegung zu präsentieren wagte.» Und die damalige *Emma*-Frau Angelika Wittlich stellt rückblickend fest: «Sie wollten uns einfach niedermachen.»

Nach dem Wirbel um die erste Nummer kehrt der Alltag in die *Emma*-Redaktion ein. Jetzt sollte alles leichter werden. Doch das Gegenteil ist der Fall. Christiane Ensslin: «Die prima Stimmung ging im Laufe der nächsten Monate völlig verloren. Dann haben wir nur noch geklotzt. Mit vier Frauen jeden Monat eine Zeitschrift zu machen hat uns in einem Ausmaß belastet, daß ein Privatleben nicht mehr drin war. Und zwar für alle.»

Themen sammeln, Schwerpunkte festlegen, Rubriken planen, Autorinnen anrufen und motivieren, Texte absprechen, anmahnen, ranschaffen, redigieren, Kolumnen füllen, Fotos besorgen und auswählen, Bildunterschriften basteln, Leserbriefe kürzen, layouten, titeln, Korrektur lesen ... ein wahnsinniger Produktionsdruck.

Das erste Heft war monatelang konzipiert worden, auch die unmittelbar folgenden Nummern waren teilweise vorbereitet, doch dann müssen die Ausgaben im 30-Tage-Rhythmus entstehen. «Der Druck war dermaßen groß, daß für inhaltliche Diskussionen oder private Zuwendungen keine Zeit mehr blieb», sagt Christiane Ensslin. «Wir sind alle unleidlich geworden, irgendwann bin ich abends nach Hause gekommen und hab nur noch geheult. Ich konnte einfach nicht mehr.» Keine Zeit mehr für kollegiale Absprachen und Verschnaufpausen mit netten Plaudereien. Nur noch malochen! Bei so was geht das beste Betriebsklima vor die Hunde.

Die Emmas sind so aufeinander eingespielt, daß sie wie

unter einer Käseglocke agieren und sich nicht andere Frauen zur Hilfe holen. «Die Gruppe wurde hermetisch. Das Ganze bekam eine eigene Dynamik. Dabei hätten wir nach der ersten Nummer gut vier, fünf neue Kolleginnen gebrauchen und auch bezahlen können.»

Eine kommt. Sie wird als Sekretärin eingestellt. Es läuft nicht alles so, wie es sollte. Mißtrauen entsteht. Keine spricht das Problem an. Frauensolidarität in einem feministischen Projekt? Anders miteinander umgehen und arbeiten? Keine Chance! «Diese Frau wurde von uns so übel behandelt», gesteht Christiane Ensslin, «wie der letzte Dreck. Bis wir sie schließlich rausgeschmissen haben. Mittlerweile versteh ich was von Gruppendynamik. Zu was du plötzlich fähig sein kannst.»

Ständiger Lärm, ständige Hektik. Selbst bei kleinen Entscheidungen kommt es zu aufreibenden Diskussionen. Die Nerven liegen blank. Auch bei Alice Schwarzer. «Die Tobsuchtsanfälle von Alice ...», Christiane Ensslin erinnert sich, «... ich hatte ja fast ein Loch in meinem Schreibtisch von ihren Stiefeln. So heftig hat sie dagegengetreten.» Bei Auseinandersetzungen mit ihr seien die Inhalte durch Lautstärke ersetzt worden. «Die Frau war so laut. Ich habe richtig körperlich darunter gelitten.» Christiane Ensslins Aggressionen suchen sich ein Ventil. «Ich erinnere mich an Träume, wo ich Alice regelmäßig verdroschen habe.»

Auch der hierarchische Abstand zur Chefin habe sich von Nummer zu Nummer verschärft. Einiges, wie Presseauftritte, habe Alice dann nur noch alleine absolviert. «Vielleicht gar nicht, weil sie es unbedingt so wollte, sondern weil ja auch jemand die Zeitung machen mußte.» Und weil alle Medien Alice Schwarzer verlangten – ein typischer Reflex der Branche.

Am Ende eines Arbeitstages, wenn die drei anderen sich dann gegen acht, neun Uhr abends endlich auf den Weg nach Hause machen, brasselt Alice, die nur die Treppe zu ihrer Wohnung hochsteigen muß, manchmal noch bis Mitternacht herum. «Vielleicht hatte sie dann das Gefühl, wir anderen arbeiten gar nicht. Aber ich hatte ja auch noch andere Interessen, meinen Freund, zum Beispiel.» Doch Männerbeziehungen ins Spiel zu bringen habe der Chefin schon gar nicht gepaßt. «Die Heteras müssen zurück zu ihren Schwänzen», war dann in den Redaktionsräumen zu hören. Irgendwann droht Christiane Alice an, die Redaktion zu verlassen. Denn sie wisse schon gar nicht mehr, wie eine Wiese mit Blumen aussieht, und wolle sich eine angucken.

Zu diesen Spannungen gesellt sich noch Ärger mit den Autorinnen. Mehr als eine ist über die Art, wie mit ihren Texten umgesprungen wird, richtig sauer. Da praktisch alle Frauen aus Engagement und für wenig Geld schreiben, erwarten sie eine besondere oder zumindest professionelle Sorgfalt im Umgang mit ihren Artikeln. Zudem hatten die Emmas in ihrem Rundbrief an die Frauenszene von «einer anderen Art von Journalismus» gesprochen und davon, mit «Informationen und Menschen» anders umzugehen und «grundsätzlich» keine Manuskripte «ohne Absprache mit den Autorinnen» zu redigieren.

Monika Held hatte für die erste *Emma* eine Reportage über Frauen geliefert, deren arbeitslose Männer zu Hause hocken, rumjammern, sich bedienen lassen und bei Laune gehalten werden wollen. «Diesen Artikel zu schreiben hat mir großen Spaß gemacht», sagt die heutige *Brigitte*-Reporterin, «was dann kam, allerdings nicht mehr.» Sie habe die Stärken und Schwächen der Frauen herausarbeiten wollen, doch siehe da – den einen oder anderen Absatz umgestellt, diesen oder jenen Satz eingefügt. Und plötzlich seien die Frauen viel tougher erschienen, als sie in Wirklichkeit waren. «In der gedruckten Fassung gibt es gegen Ende des Artikels einen hoffnungsvollen Spruch, den ich nie geschrieben und den die Frauen auch nie gesagt haben.» Und der klingt dann in der gedruckten Fassung so: «Da stehen zwei Menschen in einer Wohnung und haben vier Kinder und kein Thema. Das ist natürlich nicht gut ... ich mein, daß mir das auffällt, find ich gut. Wir wollen das auch ändern ... so eine Art neuer Anfang.»

«Alice neigte dazu, die Texte so zu verdrehen, daß dabei ihre Wahrheit herauskam – die aber hatte mit meinen Recherchen nichts mehr zu tun», rekapituliert Monika Held. «Sie brachte eine völlig andere Tendenz rein. Das hat mir nicht gefallen. Und erst recht hat mir nicht gefallen, daß ich nicht gefragt worden bin.» Derart umgebogen zu werden sei ihr in den «Männermedien» noch nie passiert. Kritisiert, redigiert – klar. Aber nicht bis in die Zitate hinein verändert.

Sie ruft die Emmas an, sie beschwert sich, sie kommt in die Redaktion: «Gerade ihr mit eurem Anspruch dürft doch nicht so verfahren!» Als das gleiche noch mal passiert, kündigt sie die Mitarbeit auf – als eine der ersten von vielen hervorragenden Autorinnen, die *Emma* durch solche Manipulationen vergrätzt hat. Es gibt kaum eine frauenbewegte Journalistin im Land, die in den siebziger und auch noch in den achtziger Jahren nicht irgendwann begeistert für die «Zeitschrift von Frauen für Frauen» geschrieben hat. Das hat sich geändert.

Christiane Ensslin zuckt mit den Achseln: «Natürlich hat Alice die Texte umgeschrieben. Und wenn sich jemand beschwert hat, sagte sie nur: Wieso, jetzt ist er doch besser geworden!»

Schade, denkt Monika Held, sie wäre gerne geblieben. Für sie war der *Emma*-Ausflug eine Enttäuschung, aber sie war nicht mit Haut und Haaren in das Projekt verstrickt. «Ich war unabhängig und habe weit entfernt von Köln gelebt. Aber die Frauen, die große Hoffnungen in dieses Projekt gesetzt und sich deshalb zusammengeknüllt haben, die haben wirklich gelitten.» Frauen, die eine «schreiende Alice» erlebt hätten, eine «willkürliche» Chefin, die «andere Menschen terrorisiert», eine «Göttin, die keine Nebengöttin erträgt, sondern nur Lakaien».

Monika Helds Abgang als *Emma*-Autorin geht relativ leise vonstatten. Eine andere Schreiberin der ersten Stunde, Elke Heidenreich, verabschiedet sich mit einem Paukenschlag. «Nie wieder für ‹Emma›», posaunt sie in *Pardon* und zählt – nach der Manier der Zehn Gebote – die zehn schlimmsten Sünden von *Emma* auf. Ärgert sich über Konzept und Präsentation, darüber, daß nur Frauen in dem Blatt schreiben dürften, daß *Emma* reißerische Techniken der Männerpresse übernehme, daß Alice Schwarzer «schlechten Journalismus» betreibe, sich «an gemeinsam getroffene Abmachungen nicht gehalten» und Sätze eingefügt habe, gegen die sich die Autorin «strikt gewehrt» habe. Sie habe keine Lust, so Elke Heidenreich, bei einer Zeitschrift mitzuarbeiten, in der sie sich im nachhinein von Formulierungen wie «Wir sind ja so wunderbar emanzipiert!» distanzieren müsse. Außerdem solle *Emma* doch lieber gleich «Alice» heißen, das würde wenigstens den Dominanzverhältnissen entsprechen. «Wer redigiert die Artikel von Alice Schwarzer?»

Es ist das erste Mal, daß Alice Schwarzer außerhalb der Frauenbewegung in dieser Weise öffentlich attackiert wird. Und wieder fühlt sich eine Frau von ihr herausgefordert, die zunächst zu ihren Mitstreiterinnen zählte, bis sie sich voller Zorn abwandte. Ein bereits bekanntes Muster.

Bekannt ist auch das Muster der Reaktion. In der Medienbranche findet sich – wie in der frauenbewegten Szene – eine Verteidigerin für die geschmähte Heldin. In der Gewerkschaftszeitung *Journalist* wäscht Helga Dierichs, eine der Teilnehmerinnen der Eifeler Planungsrunde, ihrer Kollegin Elke Heidenreich den Kopf: «Pro Emma – contra Elke». Was Elke Heidenreich liefere – ausgerechnet in *Pardon*, die wie viele andere Organe nur darauf warte, Alice Schwarzer «in die Pfanne zu hauen» –, sei ein «unverzeihliches Beispiel an Bodensatz und Selbstdarstellung». Heidenreich sei «unsolidarisch» gegenüber den *Emma*-Macherinnen und denjenigen Kolleginnen, die in dem Blatt eine «Chance» sehen würden, «eine Chance, die nicht durch eigensüchtige Querelen zerstört werden sollte».

Eine bessere Anwältin hätte sich Alice Schwarzer kaum wünschen können. Wo sie eine Feindin hat, findet sich auch eine Freundin.

Noch einige Jahre springen Kolleginnen immer wieder in die Bresche, wenn «die Mutter der Bewegung» und ihr Kind *Emma* angegriffen werden. Doch immer mehr Journalistinnen machen persönliche Erfahrungen als *Emma*-Autorinnen, und auch über die Arbeitsbedingungen in der Redaktion wird immer mehr bekannt. Die Solidaritätsbekundungen werden weniger.

Miese Stimmung in der Redaktion, Produktionsstreß, Auseinandersetzungen mit Autorinnen – Nervereien ohne Ende. Dabei hätten die Emmas allen Grund, zufrieden zu sein. Bereits wenige Monate nach dem ersten Erscheinen kann Alice Schwarzer in einem Interview erklären, daß ihre Zeitschrift bei einer Auflage von rund 150000 verkauften Exemplaren liege und «existentiell über den Berg sei». Die privaten Kredite wurden an die Unterstützerinnen zurückgezahlt. Die Frauen überweisen sich seit Monaten ein Gehalt. Wie sich Christiane Ensslin erinnert, wurde in der Redaktion nie richtig über das programmatische Versprechen diskutiert, Gewinne in andere Frauenprojekte zu stecken.

Es gibt viele Punkte, die unter den Emmas dringend geklärt werden müssen. Die Mitarbeiterinnen drängen auf eine Aussprache. Aus Mangel an Zeit und Gelegenheit wird das Gespräch immer wieder vertagt. Christiane Ensslin schlägt sogar vor, eine Ausgabe der *Emma* ausfallen zu lassen, um endlich den Raum für die benötigte Diskussion zu schaffen. «Da hat Alice mir vorgerechnet, wieviel Verlust das bedeuten würde.» Es wird weiter vertagt.

Dann ist Sommer, und die Chefin fährt in Urlaub. Die Verschnaufpause nutzen die Zurückgebliebenen, um sich ein paar Gedanken zu machen und ein Papier zu schreiben. Und als Alice Schwarzer zurückkehrt, erlebt sie eine böse Überraschung: die Redaktion ist leer.

Erst am nächsten Tag erscheinen die drei wieder im Büro. Und zwar geschlossen. «Wir haben uns an der U-Bahn getroffen und sind zusammen reingestiefelt, weil jede Schiß hatte», erzählt Christiane Ensslin. Das sei keine Feigheit gewesen. Sie hätten nur verhindern wollen, gegeneinander ausgespielt zu werden, wie in den Monaten zuvor.

«Alice saß kampfbereit im Kissenzimmer und war fürchterlich beleidigt. Wir wollten ihr zeigen: Ohne uns bist du nichts. Doch sie konterte: Ihr irrt euch!» Die Herausgeberin habe ihren drei Mitarbeiterinnen zu verstehen gegeben, daß sie sich jederzeit eine neue Redaktion kaufen könne. Die drei sind kaltgestellt. Es gibt kein Redaktionsstatut, das ihre Rechte regelt, noch nicht einmal Arbeitsverträge. Nur an einem Punkt habe Alice eingelenkt und versprochen, die Arbeitsbelastung zu reduzieren und neue Stellen einzurichten.

Damit ist das Ende der glorreichen ersten *Emma*-Redaktion besiegelt. Der Bruch ist nicht mehr zu kitten, die gemeinsame Basis ist zerstört.

Angelika Wittlich empfindet diese Entwicklung als besonders schmerzhaft. Sie hängt nicht nur an dem Projekt,

216

sondern auch an ihrer langjährigen Freundin Alice. «Sie war eine ganz wichtige Person in meinem Leben, sie hat mir gezeigt, was für eine Stärke Frauen haben können.» Aber in der *Emma*-Redaktion hält Angelika Wittlich es trotzdem nicht aus: «Ich fühlte mich eingeengt. Alice übte doch einen ideologischen Druck aus, ich war auch 100prozentige Feministin. Als ich von *Emma* wegging, hatte Alice das Gefühl, ich hätte unsere Freundschaft und das Projekt verraten.»

Christiane Ensslin hat nach dem Eklat mit Alice Schwarzer ganz andere Sorgen als *Emma*. Der Deutsche Herbst verbreitet seine eisige Atmosphäre. Ein RAF-Kommando entführt Arbeitgeberpräsident Hanns Martin Schleyer und erschießt drei seiner Begleiter. Die Lufthansamaschine «Landshut» mit 96 Passagieren wird gekapert. Christiane Ensslins Schwester Gudrun und deren Genossen aus der RAF, Andreas Baader und Jan Carl Raspe, werden tot in ihren Zellen in Stuttgart-Stammheim gefunden.

Christiane Ensslin bekommt den Haß und die Hysterie zu spüren. «Ich wurde observiert, meine Wohnung wurde mehrfach durchsucht, und es war klar, daß die *Emma*-Redaktion wegen mir abgehört wurde.» Eine harte Situation, auch für die Herausgeberin Alice Schwarzer. In dieser schlimmen Zeit habe Alice «ganz toll» reagiert. Sie sei «sehr zugewandt, fürsorglich und großzügig» gewesen.

Nur als die beiden anderen Noch-Emmas es sich nicht nehmen lassen wollen, Christiane zur Beerdigung ihrer Schwester nach Stuttgart zu begleiten, habe Alice befürchtet, daß *Emma* des Sympathisantentums verdächtigt werden könne. Angelika Wittlich und Sabine Schruff fahren trotzdem. Weil sie meinen, daß Christiane sie braucht. Die Stuttgarter Bevölkerung will die Leichen der Toten von Stammheim am liebsten auf die Müllkippe werfen.

In den folgenden Monaten hangelt sich die alte *Emma*-Crew noch irgendwie durch. Dann werden die drei Frauen finanziell abgefunden und gehen. Christiane Ensslin erhält rund 12 000 Mark, die sie in die Recherche über die mysteriösen Tode von Stammheim steckt.

Ein gutes Jahr nach dem ersten Erscheinen der *Emma* haben alle Frauen der Urredaktion das Haus am Kolpingplatz 1 a verlassen. Außer Alice Schwarzer.

Knapp zwanzig Jahre später. An unangenehme Dinge erinnert sich kaum jemand gern. Das Editorial der *Emma* vom Mai / Juni 1996 berichtet schlicht verfälschend über die eigenen Anfänge. So wird die frühere Verlagsredakteurin Ensslin kurzerhand degradiert: Sie sei «aus einem technischen Beruf auf Sekretärin» umgeschult worden und war «bei *Emma* als Sekretärin angestellt», heißt es. Sabine Schruff, die vor ihrem *Emma*-Engagement jahrelang in Köln Lokalredakteurin war, wird als «Jungredakteurin» bezeichnet, und Angelika Wittlich wird zur «hauptberuflichen WDR-Redakteurin, die nebenberuflich für ein paar Monate an *Emma* mitarbeitete». Die vielen Frauen, die das Projekt in der Planungsphase unterstützten, die vielen Journalistinnen, die Alice Schwarzer mit Rat und Tat zur Seite standen, werden erst gar nicht erwähnt.

Und dann ist da noch die Behauptung in Sachen Gründungskapital. «Das benötigte Startgeld für *Emma* – etwa 300 000 DM – kam ausschließlich von Alice Schwarzer (sie hatte es mit dem ‹Kleinen Unterschied› verdient)», heißt es in der 1996er Version der *Emma*-Geschichte. «Nur eine außenstehende Frau war bereit gewesen, einen Kredit von 10 000 DM zum Start von *Emma* zu geben.» Eine? Monika Held, Helga Dierichs und Claudia Pinl allein sind schon drei.

Und zu guter Letzt geht es um die Frage der Gewinne.

So als hätte es nicht schwarz auf weiß Versprechen gegeben, daß Profite aus *Emma* in Frauenprojekte fließen sollen, behauptet die *Emma* 1996: «Nie war die Rede davon gewesen, daß ‹überschüssiges Geld› von *Emma* in Frauenprojekte gehen sollte.» Nie?

Ein wenig deutet sich der eigenwillige Umgang mit der eigenen Geschichte bereits beim Abschied der ersten *Emma*-Generation an. 1978, in der Aprilausgabe, werden die Frauen, die das Blatt mit aufgebaut haben, mit den Worten verabschiedet: «In der *Emma*-Redaktion gibt es personelle Veränderungen. Leider. Denn so etwas ist immer mit schmerzlichen Konflikten und auch zunächst, bis neue Frauen da sind, mit mehr Arbeit (noch mehr Arbeit) für die Hinterbliebenen verbunden ...» Liebloser Abgesang auf die Pionierinnen der ersten großen Zeitschrift von Frauen für Frauen.

Und da steht sie nun, Alice Schwarzer, und ist inzwischen eine Frau von fünfunddreißig Jahren, ist ein Star, ebenso gehaßt wie bewundert. In ihrem ersten Leben war sie ein unauffälliges Mädchen aus Wuppertal. In ihrem zweiten Leben stieg sie auf zur Heldin der Frauenbefreiung. Sie hat einen Bestseller geschrieben und eine Zeitschrift gegründet, hat sich mit Bewegungsaktivistinnen überworfen und Kolleginnen vergrätzt, hat sich aus dem Kollektiv freigestrampelt und Massen von Frauen an der sogenannten Basis geworben. Sie hat gekämpft, gestritten und meistens gesiegt. Hat missioniert und sich an Hindernissen vorbeilaviert, hat mal die Heldin, mal das Opfer gegeben. War charmant und gefällig, klug und berechnend, aufsässig und tyrannisch. – Durchgeboxt!

«... diese peinliche Feministin, die ständig etwas anzettelt»

Theater, Trouble, Turbulenzen

*1978. Der «Stern-Prozeß». Mit Henri Nannen im Hamburger
Landgericht*

Tatort: Riedlingen auf der Schwäbischen Alb. Täter: der Küchengerätehersteller Silit. Name des Opfers: Emma. «Emma wird nie zu heiß.» – «Emma ist stahlhart im Nehmen.» – «Emma hat was Gutes obendrauf.» – «Auch wenn sie mal zu Boden geht, Emma bleibt in Form.» Emma, die Zeitschrift für Frauen von Frauen?!

Emma ist nicht gleich Emma. Die eine liegt am Kiosk, die andere steht auf dem Herd. Als Bratpfanne. Das darf nicht sein, denkt Alice Schwarzer. Sie sieht die Ehre ihrer Schöpfung verunglimpft und schreitet ein. Am 24. April 1979 verhandelt die 3. Kammer für Handelssachen des Landgerichts Köln: «Emma gegen Emma». Beklagter ist die Firma Silit, die ihrer Bratpfannenkreation denselben urdeutschen Namen verpaßt hat wie Alice Schwarzer ihrem feministischen Blatt.

Wer eine Bratpfanne «Emma» taufe, argumentiert Alice Schwarzer, verhohnepipele die Frauenbewegung. Emma stehe «als Synonym für die emanzipierte Frau, sei es nun positiv oder negativ, und viele Menschen denken automatisch an unsere Zeitschrift, wenn sie diesen Namen sagen». Die «dummdreiste Spekulation» des süddeutschen Pfannenherstellers ziele eindeutig auf diese Assoziation, was – so Alice Schwarzer weiter – die Reaktionen von *Emma*-Leserinnen beweisen. «Viele Leserbriefschreiberinnen fragen besorgt an, ob es uns denn so schlecht gehe, daß wir uns hätten korrumpieren lassen und um des lieben Geldes wegen neuerdings gemeinsame Geschäfte mit der Markenartikelindustrie machten.»

Die Silit-Manager hingegen geben zu Protokoll, daß sie «aus allen Wolken» gefallen seien, als ihnen Frau Schwarzer ein Unterlassungsbegehren habe zustellen lassen. Nie und nimmer hätten sie bei «Emma» an die Frauenbewegung und ihr Organ gedacht, sondern an die Hausfrau alter Tradition, die ergeben mit ihrer Pfanne «Emma» am Herde schaffe. Diese Pfanne sei, wie der Name nahelege, «einfach, bieder, verläßlich, resolut und robust», eine echte Küchenperle eben.

Emma, die Zeitschrift, sei nicht berühmt genug, um ein Monopol auf den Namen zu haben, plädieren die Firmenanwälte bei der mündlichen Verhandlung. Da sei doch die Redensart – kurze Entschuldigung gegenüber den anwesenden Damen im Gerichtssaal – «Alles Scheiße, deine Emma!» noch bekannter. Außerdem würde kein Unternehmen der Welt, wie im Falle der Pfanne geschehen, eine Million Mark in eine Werbekampagne stecken, um sich ein Scherzchen zu erlauben.

Die Silit-Anwälte: «Wir wollen schließlich Umsätze machen, und da sind wir in Ihrer ‹Weg-von-der-Küche-Bewegung› doch an der falschen Stelle.» Alice Schwarzer: «Auch ich habe eine Pfanne!»

Nach einigen Monaten und diversen Verhandlungstagen entscheidet das Gericht: «Die beiden Produkte, die im Namenszug drucktechnisch gleich dargestellt werden, sprechen zwar Frauen als dieselbe Zielgruppe an, dennoch begründet dies allein keine Verwechslungsgefahr.» Der Allerweltsname «Emma» sei keine Frauenbewegungsmarke und genieße deshalb auch keinen gewerbsmäßigen Namensschutz.

Die Pfanne hat gesiegt. Alice Schwarzer verloren. Oder vielleicht doch nicht? Denn falls der Prozeß ein Vehikel war, um *Emma* und seine Herausgeberin in die Schlagzeilen zu bringen, hat es prima funktioniert.

Spielregeln brechen, Skandale anzetteln, provozieren, prozessieren. Nach einem so großen Wurf wie der Gründung von *Emma* hätten sich viele auf die mannigfaltigen

Aufgaben einer Herausgeberin und Autorin beschränkt. Das tut Alice Schwarzer nicht. In den darauffolgenden Jahren sorgt sie dafür, ihren Ruf als feministische Skandalnudel nicht zu verlieren. Und sie genießt den Aufruhr. «Ich tue oft Dinge, von denen ich weiß, daß sie als skandalös empfunden werden – auch in meinen eigenen Reihen. So ein Skandal ist für mich durchaus lustvoll.»

Wo sich ein passendes Thema bietet, greift sie es auf und entfacht eine Kontroverse. Gibt es keinen thematischen Anlaß, schafft sie einen. Ist kein Eklat in Sicht, inszeniert sie einen. Hauptsache Aufsehen. Ihr Slogan und ihr Markenzeichen: «Ich bin diese peinliche Feministin, die ständig etwas anzettelt.»

Sie packt heiße Eisen an, traut sich, was sich niemand traut, und erscheint nicht selten als lonesome hero – allein gegen das Patriarchat. Und es drängt sich der Eindruck auf, daß sich das Bedürfnis nach öffentlicher Aufmerksamkeit irgendwie zu einer Art Sucht entwickelt – so als fühlte sie sich erst im Spiegel der anderen lebendig. Dieses Bedürfnis scheint nur schwer stillbar. Ebenso die damit verbundene Eitelkeit.

Verbündete für ihre Aktionen sucht Alice Schwarzer in den achtziger Jahren immer seltener in der autonomen Frauenszene. Diese diente ihr als erste große Bühne, auf die sie irgendwann nicht mehr angewiesen ist. Nun sammelt sie ihre Truppen unter den *Emma*-Leserinnen und sucht sich zur weiteren Unterstützung prominente Frauen aus Politik und Gesellschaft.

Im Zuge ihrer Mission tritt sie wichtige inhaltliche Debatten los, die die Emanzipationsbestrebungen befördern und gesellschaftlich verankern. Und daneben ist sie in schöner Regelmäßigkeit auch in saftige Krächtige verstrickt. Die Auseinandersetzungen sind oft so heftig und mit so vielen Verletzungen verbunden, daß – nach dem bereits bekannten Muster – aus zugewandten Freundinnen erbitterte Feindinnen, aus bewundernden Anhängern gnadenlose Kritiker werden.

Und häufig geht es dabei um Macht: um die öffentliche Stellung als Repräsentantin der Frauenbewegung oder um die interne Position als Chefin der *Emma*, um das Sagen bei feministischen Fragen oder um Geld. Alice Schwarzer gehört zu den wenigen Frauen, die offen bekennen, grundsätzlich an Macht interessiert zu sein. «Ich habe gern Macht», sagt sie, «wenn ich sie für etwas Sinnvolles einsetzen kann. Ich habe gerne eine Zeitung, die Auflage hat und die was nutzt. Mich interessiert aber Macht an sich nicht den Deut.»

1978 zettelt *Emma* eine Klage gegen den *Stern* an. Zehn Frauen – dazu gehören die Schauspielerin Inge Meysel, die Filmregisseurin Margarethe von Trotta, die Psychoanalytikerin Margarete Mitscherlich und natürlich Alice Schwarzer – fordern eine Verurteilung des Magazins und seines Chefredakteurs Henri Nannen wegen «Ehrverletzung». Die Beklagten sollen es unterlassen, die «Klägerinnen dadurch zu beleidigen, daß auf den Titelseiten des Magazins *Stern* Frauen als bloßes Sexualobjekt dargestellt werden und dadurch beim männlichen Betrachter der Eindruck erweckt wird, der Mann könne über die Frau beliebig verfügen und sie beherrschen».

Die Verhandlung vor dem Hamburger Landgericht am Sievekingplatz wird zu einem von Gruner & Jahr inszenierten Spektakel. Fotografen und Reporter des *Stern* dominieren die Szene. Henri Nannen betritt den Saal, als sei er der Herrscher des Geschehens. Alice Schwarzer – auch sie von Anhängerinnen begleitet – begrüßt ihn freundlich und gelassen. Man kennt sich.

Es ist das erste Mal, daß eine Debatte über Sexismus so vehement in der Öffentlichkeit und vor allem vor den

Schranken eines Gerichts ausgetragen wird. Entsprechend lebhaft ist die Reaktion in den Medien. Alice Schwarzer und *Emma* sind in aller Munde – was macht es da schon, daß der Prozeß verlorengeht? Die Richter bescheinigen den Klägerinnen ihr «berechtigtes Anliegen», stellen jedoch fest, daß dafür nicht die Gerichte, sondern der Gesetzgeber zuständig sei. Juristische Niederlage – moralischer Sieg! frohlockt Alice Schwarzer. Für die Prozeßkosten wird bei den *Emma*-Leserinnen gesammelt.

Prompt verklagt anschließend der *Stern* das Schwarzer-Blatt. *Emma* hatte im Zuge der Sexismus-Debatte über Zensur beim Gruner & Jahr-Magazin berichtet. Das Gericht gibt dem *Stern* recht, *Emma* muß den Zensurvorwurf zurücknehmen.

An öffentlicher Aufmerksamkeit für die Feministin und ihre Anliegen mangelt es auch weiterhin nicht. Mal steht Alice Schwarzer im Rampenlicht, weil sie den Dienst an der Waffe auch für Frauen fordert und so für Zündstoff in der Frauenbewegung und für hitzige Debatten im Lande sorgt. Ihr Argument: «... es muß uns um die *grundsätzliche* Forderung des Zugangs für Frauen zu *allen* Machtbereichen gehen, auch zum Militär!» Dann wieder fährt sie mit europäischen Frauenrechtlerinnen zum Ayatollah Taleghani nach Teheran und klagt den Iran – und Ende der siebziger Jahre stand sie mit dieser Kritik noch fast allein – der brutalen Unterdrückung von Frauen an. Mal streitet sie sich mit einer Schweizer Autorin vor Gericht, weil sie von ihr abgeschrieben haben soll. Dann wieder macht sie auf das Problem der Verharmlosung von Pädophilie aufmerksam und verteidigt Kinder unerbittlich vor den sexuellen Übergriffen der Erwachsenen.

Mal erwägt sie mit ihrer *Emma* einen Boykott der Bundestagswahlen, weil die Interessen der Frauen weder von den etablierten Parteien noch von den Grünen vertreten würden. Dann wieder gibt es Streit mit einer Nonne, der sie Schmerzensgeld zahlen soll, weil die Ordensfrau in einer *Emma*-Fotomontage mit einer Fahne in der Hand abgebildet wurde, auf der stand: «Nonnen demonstrieren für Kondome und das *Emma*-Traumpaket.» Und einmal präsentiert sie als besonders hübschen Einfall unter der Überschrift «Männer sprechen über ihr Glied» neunzehn nackte Gemächte auf der Rückseite der *Emma* und behauptet im Innenteil: «Zu den Pimmeln auf dem Titelbild gehören ... auch noch diese Gesichter ...» – es folgen Fotos von illustren Persönlichkeiten wie Helmut Kohl, Franz Josef Strauß, John Travolta und Udo Lindenberg.

Egal, wozu sich Alice Schwarzer äußert, es geht durch die Presse. Nicht immer ist ihr das wohl recht. Es gibt Momente, da hätte sie wahrscheinlich gerne auf Rummel verzichtet. Zum Beispiel, als nur eineinhalb Jahre nachdem die erste *Emma*-Generation die Redaktion frustriert verlassen hat, ein neuer Krach am Kolpingplatz 1a ins Haus steht.

Auftakt: ein Bericht im Fernsehmagazin Monitor. Höhepunkt: ein offener Brief von 32 *Emma*-Mitarbeiterinnen. Finale: Rechtfertigungen und neue Vorwürfe. Am Ende dieser unschönen Geschichte ist Alice Schwarzers Ruf als Kollegin und Arbeitgeberin nachhaltig beschädigt.

Das Geschehen: Angeregt durch einen Monitor-Beitrag über interne Querelen bei *Emma*, nimmt sich die *Welt der Arbeit (WdA)*, die heute nicht mehr existierende Zeitung des Deutschen Gewerkschaftsbundes, des Themas an. «Alice im Unternehmerland» titelt sie im Oktober 1979 und wirft der *Emma*-Chefin grobe Mißachtung des Arbeitsrechts und menschenverachtenden Umgang mit Mitarbeiterinnen vor. Seit 1977 hätten bereits 20 Frauen das

Schwarzer-Blatt verlassen. Nach Aussagen von Betroffenen herrschten bei *Emma* frühkapitalistische Zustände: Es gebe keine schriftlichen Arbeitsverträge, Angestellte würden fristlos gekündigt, Lohnsteuerkarten nicht ausgefüllt, Sozialversicherungshefte nicht ausgehändigt. Die Herausgeberin schikaniere ihr Personal durch Brüllszenen und persönliche Attacken. Eine Mitarbeiterin, so die *WdA*, habe beim Arbeitsamt erklärt: «Mein psychischer wie physischer Gesundheitszustand hat sich durch das Arbeitsverhältnis bei *Emma* so verschlechtert, daß ich seit einigen Wochen ... krank geschrieben bin.»

Weiterhin zitiert die *WdA* aus einem Brief, den Alice Schwarzer an eine *Emma*-Beschäftigte nach deren Kündigung geschrieben hat: «Du bist», so Alice Schwarzer, «in diesem Kapitel mal wieder eine ganz besonders dunkle und miese Seite ... Sorry. Ich vergaß: Du bist eine Arbeitnehmerin. Eine, die sich in den Paragraphen auskennt ... Deine miese kleine formelle Kündigung aber zeigt mir: wieder mal geirrt, leider investiert in eine, die es weiß Gott nicht lohnt. Meiner Verachtung ... kannst Du gewiß sein. Denn so hilflos kann niemand sein, daß er so mies sein müßte. In diesem Sinne. Alice.»

Nach diesem geharnischten Auftakt legen andere Medien nach. «Bei Emma ist Alice der Haustyrann», verbreitet *Bild am Sonntag*. Und in einer Radiosendung zum Thema gesteht eine ehemalige *Emma*-Sekretärin: «Ich hab echt Angst vor der Alice gehabt, weil die so geschickt war. Ich wurde total zerredet. Ich wurde so angeschrien, daß mir einfach die Spucke wegblieb.»

Schlechte Publicity. Gegenüber der *Süddeutschen Zeitung* räumt Alice Schwarzer ein: «Ich entbehre nicht autoritärer Züge.» Und sie klagt: «Die Kollektive, die man gern hätte, die gibt es noch nicht.»

Sie versucht es mit Schadensbegrenzung. Laut *WdA*

verschickte die *Emma*-Herausgeberin einen Rundbrief, in dem sie die Adressaten aufforderte, bei der Gewerkschaftszeitung wegen der Berichterstattung zu intervenieren. Die in der *WdA* zitierten Schmähungen ehemaliger Angestellter habe sie gegenüber dem Gewerkschaftsblatt als «privat» ausgegeben, berichtet die Zeitung. Und schließlich behaupten Alice Schwarzer und fünf *Emma*-Frauen in einem Leserbrief an die *WdA* und in der *Emma*: «Bei Emma ist noch nie einer Frau fristlos gekündigt worden!»

Gewagte Behauptung. Eine ehemalige *Emma*-Angestellte, alleinerziehende Mutter von drei Kindern, wurde von Alice Schwarzer zum Geburtstag mit Blumen beschenkt und am nächsten Tag fristlos gekündigt. Sie strengte einen Arbeitsgerichtsprozeß an und erstritt unter dem Aktenzeichen 13 Ca 2380/77 das rechtskräftige Urteil. Darin wurde Alice Schwarzer belehrt, daß die «fristlose Kündigung» unwirksam sei und sie rund 6000 Mark an ihre Angestellte nachzuzahlen habe. Es handelt sich übrigens um die Frau, von der Christiane Ensslin erzählt hat, daß sie im ersten *Emma*-Jahr so schlecht behandelt worden sei.

Vielleicht wäre es ja bei einem Donnerschlag nebst Nachgrollen geblieben – wenn Alice Schwarzer nicht so gereizt reagiert hätte. Wohl um sich an den ehemaligen Kolleginnen, die der *WdA* als Informantinnen dienten, zu rächen, holt die *Emma* zu einem Rundumschlag aus. «In eigener Sache ...» ist eine redaktionelle Doppelseite im Februar 1980 überschrieben. Darin wird von oben herab über die Frauen gesprochen, die sich bislang für das Projekt engagiert haben. Sie werden dargestellt, als seien sie den Anforderungen nicht gewachsen: «Manche kommen, weil sie das Projekt stark interessiert, und die sind auch bereit, zu investieren; andere suchen einfach einen Job; wieder andere waren nur ambitiös, waren aber nicht an der Sache interessiert; und dann gibt es noch die, die nicht so recht wissen, was sie eigentlich wollen ... Doch bei Emma geht es ja nicht um die Seele der Mitarbeiterinnen, sondern auch um die Arbeit des Projekts.»

Da reicht's. Claudia Pinl, die sich mit Alice Schwarzer wegen wiederholter Unstimmigkeiten gerade überworfen hat, lädt zu einem Essen für «*Emma*-Geschädigte». Die Einladung bezahlt sie mit einem gerichtlich erstrittenen Ausfallhonorar, das ihr wegen eines nicht gedruckten Artikels in *Emma* zugesprochen worden war. An diesem Abend hecken die Frauen einen Text aus, in dem sie Alice Schwarzer endgültig die Solidarität und die Gefolgschaft kündigen. Er erscheint als offener Brief im Frühjahr 1980 in der *Frankfurter Rundschau*. 32 Frauen aus dem *Emma*-Umfeld haben ihn unterzeichnet: Unter ihnen Alice Schwarzers Freundin aus Paris, Christina von Braun, Helga Dierichs, die Alice Schwarzer in *Journalist* noch loyal verteidigt hatte, die Reporterin Monika Held, die Filmemacherin Christina Perincioli und die drei Redakteurinnen der ersten *Emma*-Generation.

Aus Solidarität mit dem Projekt hätten sie bislang geschwiegen, bekennen die Unterzeichnerinnen. Doch die Diffamierung von Frauen, mit denen Alice «lange gearbeitet» habe und mit denen sie «zum Teil über Jahre befreundet» gewesen sei, habe das Faß zum Überlaufen gebracht. Die Konflikte um *Emma* seien so alt wie das Projekt. «Es handelt sich schlicht um permanente Konflikte. Deinetwegen, Alice.» Die Arbeitsbedingungen in der Redaktion seien «unerträglicher» als alles, was die Frauen bislang erlebt hätten. Es gebe keinen Grund, sich solchem Druck zu unterwerfen, «nur weil er diesmal von einer Frau verursacht wird». Alles, was sich nicht mit Alices «endgültig definiertem Feminismus» decke, sei «korrigiert» worden. Wer sich dem entgegenstellte, sei «als unfähig bis charakterlos» angegriffen worden. «Für Dich war ein Rückzug von *Emma* immer Verrat an Dir und der ‹Sache›, die Du als ‹Star› im übrigen für identisch hältst.» Alice habe es vorgezogen, «zu vergessen und zu verleugnen, was das Projekt *Emma* der Arbeit und dem Einsatz dieser Frauen» verdanke. «Darüber sind wir traurig und empört, dagegen wehren wir uns.»

Bittere Worte. Und die Betroffene? Ihre Resistenz ist mehr als erstaunlich. Sie weicht keinen Meter zurück. In ihrer Gegenrede (ebenfalls in der *Frankfurter Rundschau* veröffentlicht) bezweifelt Alice Schwarzer, daß die meisten der Unterzeichnerinnen in einer engen Beziehung zu *Emma* gestanden hätten. Sie bejammert: «Erstmals in meinem Leben bin ich bei der Einlösung meiner politischen, beruflichen und moralischen Ansprüche nicht nur auf mich selbst verwiesen, sondern auch auf andere. Das ist nicht immer einfach.» Und dann beklagt sie die mangelnde «Eigenverantwortlichkeit» der Menschen. Indirekt vermittelt ihr Text die Botschaft: Meine Anklägerinnen sind autoritätsfixiert und betreiben einen unkritisch-opportunistischen Journalismus. Gegen Ende des Artikels bekommt dann auch noch die gastgebende Zeitung ihr Fett für den Abdruck des offenen Briefes ab: «Aber vielleicht», schreibt Alice Schwarzer, «ist wirklich etwas spezifisch Deutsches an diesem hemmungslosen, ja ich möchte fast sagen: faschistoiden Umgang mit Menschen.»

Alice Schwarzer ist eine wirkliche Meisterin im Verfassen von doppelbödigen Schriftsätzen. Oberflächlich wird das jeweils akute Problem als ein allgemeines, ja gesellschaftliches Phänomen abgehandelt, da ist der Ton besonnen und betroffen. Konkrete Vorwürfe, die gegen sie erhoben wurden, ignoriert sie im Prinzip. Und schließlich wird, mit einem Hauch von Resignation, das Opfer, das einer patriarchalen Hatz ausgeliefert ist, ins Feld geführt. Soweit die manifeste Aussage. Die unausgesprochene, doch für aufmerksame Leser unschwer zu entziffernde Botschaft: die Diskreditierung der anderen.

Dieser Kampfstil scheint dem Lebensmotto von Alice Schwarzer zu entsprechen. Im Prominenten-Fragebogen der *FAZ* gab sie ihren Wahlspruch so an: «Eins rein, zwei zurück.» Soll das bedeuten: Wer mir eine reinhaut, kriegt es doppelt zurück?

Nach dem Ärger um die Zustände in der *Emma*-Redaktion ist Alice Schwarzers Image lädiert. Doch schon bald springt ihr erneut eine Frau öffentlich bei. Ende 1980 registriert die Hamburger Journalistin Viola Roggenkamp in der *Zeit* die zunehmende Einsamkeit der Alice Schwarzer. Sie schreibt: «Sie hat von allem reichlich, ist ein übermütiges, sinnliches, buntes Geschöpf, ist nie gebremst, nie konventionell, nie dressiert, ist ernst bis melancholisch, ist von großer Schlagfertigkeit, doch nie um des Effekts willen, stets aus zutiefst erlebtem Gerechtigkeitsgefühl, das die Basis ihres Intellekts ist.» Es ist schon verwunderlich, daß ein und derselbe Mensch von seiner Umgebung so unterschiedlich wahrgenommen wird wie Alice Schwarzer in dieser Lebensphase. Von Viola Roggenkamp wird sie mit den Worten zitiert: «Wir Frauen haben die alte Moral abgeschafft, aber keine neue geschaffen. Es gelten leider auch bei uns oft die Gesetze des Dschungels. Das trifft zusammen mit dem wachsend reaktionären Klima. Die Luft um mich herum ist noch dünner geworden.»

Streit, Kräche und Skandale sind ein so auffälliges Merkmal im Leben der erwachsenen Alice Schwarzer, daß sie sich wie ein Leitmotiv durchziehen.

Wer viel Wind macht, versucht meist von etwas abzulenken. Vielleicht ist es gar nicht so schwer, zu verstehen, woher Alice Schwarzers ausgeprägtes Bedürfnis stammen könnte, sich im Lichte der Öffentlichkeit zu spiegeln, geachtet oder wenigstens beachtet zu werden.

Sie selbst hat sich oft mit den Biographien anderer beschäftigt und manches Mal sehr einfühlend auf die prägende Kraft von Kindheitsgeschichten aufmerksam gemacht. Die kleine Alice wuchs auf in der um Normalität bemühten Gesellschaft der frühen Nachkriegsjahre. Sie hatte keine einfachen Bedingungen, denn vieles wich von den Normen ab, die damals noch hochgehalten wurden. Sie selbst spricht von ihren vielfachen «Brüchen» bei der «Dressur zur ‹Weiblichkeit›»: «vaterlos aufgewachsen und – doppelter Bruch – bemuttert von einem Mann statt einer Frau». Doch man kann wohl davon ausgehen, daß diese Familienkonstellation insgesamt prägend war.

Wer sich mit Kindheitsmustern beschäftigt, kommt nicht umhin, Einsichten zur Kenntnis zu nehmen, die die psychoanalytische Theorie gewonnen hat. Auch wenn der dogmatische Anspruch der Psychoanalyse zu Recht kritisiert wird, gehören mittlerweile manche ihrer Deutungsansätze geradezu zum Standardwissen. Im alltäglichen Sprachgebrauch sind viele Begriffe der Psychoanalyse derart verankert, daß ihre wissenschaftliche Herkunft kaum noch registriert wird. Wer häusliche Geschichten erzählen will, erzählt immer auch den «Familienroman», den Sigmund Freud beschrieben hat.

Karen Horney ist eine Psychoanalytikerin, die sich früh an den Theorien von Freud gerieben und eine *Psychologie der Frau* verfaßt hat. Alice Schwarzer kennt ihre Arbeit und beruft sich in ihrem Buch über Petra Kelly und Gert Bastian auf Horneys Einschätzungen.

Der neurotische Mensch unserer Zeit ist Horneys bekanntestes Buch, das sie bereits 1937 veröffentlichte. Es ist bewußt in einer verständlichen Sprache formuliert und ein

Klassiker der psychoanalytischen Literatur. Als seriöse Vertreterin ihrer Zunft beschreibt Karen Horney die Erscheinungsformen der Neurose, so wie es unter Psychoanalytikern üblich ist. Und man merkt ihrem Buch bisweilen an, daß es schon vor über einem halben Jahrhundert entstanden ist. Doch bestechend modern wirkt die Menschenkenntnis der Autorin. Ähnlich sieht es wohl Alice Schwarzer, wenn sie schreibt: «Schade, daß Petra Kelly dieses Buch nie gelesen hat – vorausgesetzt die emotionale Freiheit, es zu begreifen, hätte sie darin viel über sich finden können.»

Es fällt einem wie Schuppen von den Augen, wenn Horney paradoxe menschliche Verhaltensweisen schildert, die wir alle aus dem Alltag kennen. Auch wenn ihre Erkenntnisse aus einem therapeutischen Zusammenhang stammen, der eigenen Gesetzen folgt, fördert die Lektüre von Horneys Buch die Einfühlung in Menschen, bei denen extreme Seiten der Persönlichkeit scheinbar unverbunden nebeneinanderstehen. So können die Überlegungen der Psychoanalytikerin Hinweise auf mögliche Erklärungen von widersprüchlich erscheinenden Verhaltensweisen geben oder eine Lesart nahelegen. Solche Interpretationen sind aber nicht zwingend, man kann die Dinge auch anders sehen. Wie plausibel der Blick durch Horneys Brille auf das Leben von Alice Schwarzer ist, mögen die Leserinnen und Leser selbst beurteilen.

«Das Verlangen nach Liebe ist ein in unserer Kultur häufig benützter Weg, sich Beruhigung gegen Angst zu verschaffen. Die Sucht nach Macht, Anerkennung und Besitz ist ein anderer Weg.» Beim ersteren komme die Beruhigung durch den intensiven Kontakt mit anderen Menschen, beim zweiten durch Lockern des Kontakts und Festigung der eigenen Position. Neurotisch werde der Wunsch zu herrschen und Ansehen zu erlangen dann, «wenn es sich herausgestellt hat, daß es nicht möglich war, Beruhigung für die Grundangst durch Liebe zu finden». Als Beispiel führt Horney den Fall eines Mädchens an, das einen überbordenden Ehrgeiz entwickelt, weil es mit dem Gefühl aufwuchs, «man wolle es nicht», und verschiedentlich demütigenden Erfahrungen ausgesetzt war.

Diese Art von Demütigungen könnte auch Alice Schwarzer aus ihrer Kindheit und Jugend kennen. Und etwas Ähnliches hat sich für sie vielleicht im Erwachsenenalter wiederholt: in der Herablassung, mit der sie als Volontärin und Jungredakteurin behandelt wurde. In den Hetzkampagnen der siebziger Jahre mit den perfiden Angriffen auf ihr Erscheinungsbild und ihr persönliches Selbstwertgefühl. Äußerlich hat sie diese Kränkungen bewundernswert bewältigt.

Menschen wählen verschiedene Fluchtwege. Wer gegen demütigende Verletzungen anleben muß, kann sich in die extreme Unauffälligkeit flüchten, die ihn in der Masse verschwinden läßt. Oder in die besondere Auffälligkeit. Still oder schrill. Alice Schwarzer taucht nicht in der bürgerlichen Normalität unter, sondern in die Öffentlichkeit ein. Hier kann sie ihr rebellisches Naturell, ihr Charisma und ihr lautstarkes Auftreten bühnenwirksam inszenieren. Seht her, ich bin doch wer!

Doch wer sich und anderen ständig etwas beweisen muß, führt ein Leben unter Hochspannung. Und braucht jede Menge Energie. Um so ein Leben durchzuhalten, muß das Antriebsmotiv, das für die nötige Kraft sorgt, schon sehr stark sein.

Alice Schwarzer verfügt zweifellos über eine erstaunliche Kraft. Positiv wie negativ. Eine Kraft, die sie wohl in ihrer Kindheit zu mobilisieren gelernt hat, um die damalige Situation zu überstehen. Ihre Vitalität ist so ausgeprägt, daß sie ein enormes Leistungspensum schafft und

236

beim Arbeiten, aber auch beim Feiern, selbst dann noch putzmunter ist, wenn andere bereits in den Seilen hängen. Das Energiefeld, das sie um sich herum verbreitet, zieht Menschen in ihren Bann. Aber nicht alle können soviel Energie aushalten.

Wie es Menschen in ihrer Umgebung ergeht, zeigen die Erfahrungen von vier sehr unterschiedlichen Persönlichkeiten, die zu verschiedenen Zeiten und an verschiedenen Orten Alice Schwarzers Lebensweg kreuzten und sie eine Weile begleiteten. Es handelt sich um vier Frauen: Christina von Braun begegnete Alice Schwarzer in Frankreich und freundete sich mit ihr an; Claudia Pinl arbeitete in der von Alice Schwarzer mitinitiierten Kölner Frauengruppe und unterhielt zu ihr sowohl eine freundschaftliche als auch eine berufliche Beziehung; Christiane Ensslin hatte enge berufliche, aber kaum private Kontakte; Susanne von Paczensky schließlich lernte Alice Schwarzer beim Prozeß gegen den *Stern* kennen und war mit ihr befreundet.

Diese vier Frauen haben sich wahrscheinlich nie miteinander über ihre gemeinsame Bekannte ausgetauscht. Trotzdem decken sich ihre Beobachtungen und Einschätzungen zum permanenten Powerplay der Vorzeigefeministin verblüffend.

«Wenn ich mit Alice zusammen war, hatte ich das Gefühl, mir geht meine Fähigkeit, selbständig zu denken, verloren», erzählt Christina von Braun. «Du mußtest tun, aber nicht denken. Alice verbreitete reinen Aktivismus.» Analytische Distanz zu halten, gar zu zweifeln, sei in ihrer Nähe nicht möglich gewesen – wegen ihrer Art, zu bestimmen, wo's langging, wegen ihrer Verführungsmechanismen und den Schuldgefühlen, die sie hervorrufen konnte. Christina von Braun: «Ich als Zweifelnde fühlte mich hilflos ausgeliefert. So jemand kann wahnsinnig schnell reagieren und wie eine Walzmaschine über die Dinge hinweggehen.»

Claudia Pinl: «Ich habe mich immer gefragt, woher Alice diese ungeheuerliche körperliche Energie nimmt. Sie machte ständig einen auf gut drauf. Da fühlte ich mich überfordert.» Später habe sie dann auch eine «wahnsinnige Angst» vor Alices Aggressionspotential entwickelt. «Ich kam mir immer vor wie der Frosch vor der Dampfwalze.»

Susanne von Paczensky: «Ich fand Alice sehr überzeugend. Sie drehte voll ihren Charme auf und hat mich auch sofort gewonnen. Es imponierte mir sehr, daß sie soviel in Gang gebracht und organisiert hat. Ich habe es immer bewundert, daß sie sich von den Angriffen von allen Seiten offenbar nicht hat kleinkriegen lassen und sich auch nie geschlagen zeigte. Diese Stärke hat allerdings auch ihre Schattenseiten.»

Christiane Ensslin: «Alices starke, körperliche Präsenz, das permanent Laute an ihr und ihre Unfähigkeit, zur Ruhe zu kommen, haben mich in einen Zustand versetzt, in dem ich weder normal denken noch reagieren konnte. Ich glaube, sie ist ein sehr unfreier Mensch, sie steht stark unter Druck. Und dann ihr ständiges Drängen in die Öffentlichkeit ...»

Die Hochspannung, unter der Alice Schwarzer zu stehen scheint, hat sicher entscheidend zu ihrem Erfolg beigetragen – aber mehr als einmal persönliche Debakel hinterlassen. Christina von Braun: «Ich habe gesehen, wie Alice Leute einfach überrannt hat, wenn sie sich ihr entgegenstellten.»

Steht dieses Kraftwerk nie still? Claudia Pinl gehörte fast ein Jahrzehnt zum Kreis um Alice Schwarzer. Sie stellt fest: «Ich habe sie nie schwach oder weinend erlebt ...» Nur an eine irritierende Situation könne sie sich erinnern. Da habe sie Alice zufällig dabei beobachtet, wie diese die Treppe zum dritten Stock der *Emma*-Redaktion am Kolpingplatz hochstieg. «Alice schlich hoch wie eine alte Frau.» Hoppla, dachte ihre Freundin Claudia, was ist denn mit der Alice los? «Da hab ich zum ersten Mal gemerkt, daß es auch schwache Seiten an ihr gibt, die ich vorher nicht erlebt habe.» Und die Claudia Pinl, kaum daß die *Emma*-Chefin ihr gegenüberstand, auch nicht mehr zu sehen bekam.

Es gibt Menschen, die es nicht ertragen können, wenn sie Schwäche oder auch Angst bei sich spüren. Noch weniger können sie aushalten, wenn solche Unsicherheiten nach außen sichtbar werden. «Vielleicht hat sich Alice ihre harte Schale zugelegt, um Schwäche und Zweifel nicht zu zeigen», vermutet Christina von Braun, «ihre Biographie spricht ja eher dafür, daß sie etwas zu schützen hatte und daß sie sehr starke Abwehrmechanismen entwickeln mußte, um Schwäche nicht zuzulassen.»

Stärke und Schwäche – an diesen Polen hat nicht nur die Frauenbewegung gekämpft, sondern auch Alice Schwarzer sich heftig abgearbeitet und auch Enttäuschungen erlebt. Immer wieder verweist sie auf den fatalen Hang von Frauen, die Starken in den eigenen Reihen niederzumachen: «Und dann der Haß auf starke Frauen ... Ich bin auch nicht die erste Feministin, der das so geht. Das gab es immer wieder. So manche Frauenrechtlerin ist in der Psychiatrie gelandet.» Sie räumt jedoch auch mal ein: «Meine so selbstverständlich scheinende Stärke schüchtert manchmal andere ein.»

Für weniger resistente, Ich-starke und energiegeladene Frauen hat Alice Schwarzer nicht viel übrig. Sie bedauert alle, «die einfach noch nicht die Kraft haben, selbst zu existieren», wettert gegen die «Weibchen, die es nur den Männern recht machen» wollten, ärgert sich über «Bequemlichkeit und Feigheit» beim schwachen Geschlecht und über seine mangelnde Bereitschaft zum Kräftemessen. Ihre Abneigung gegen Duckmäuserinnen ist verständlich. Tatsächlich ist Alice Schwarzer eine der standhaftesten Kämpferinnen für Frauenrechte und hat oft genug stellvertretend für die ganze Frauenbewegung die Prügel bezogen. Tatsächlich haben sich nicht selten Mitstreiterinnen aus Unfähigkeit, Bequemlichkeit oder Feigheit zunächst hinter ihrem breiten Rücken versteckt, um ihr dann die Führungsrolle vorzuwerfen. Tatsächlich waren auch viele Frauen froh, daß «die Alice» für ihre Rechte stritt, während sie selbst sich von dieser Art «Emanze» distanzieren konnten und keinen Liebesverlust in ihrem Umfeld riskieren mußten.

Doch das Problem scheint, daß diese Vorkämpferin nur schwer zwischen souveräner Ich-Stärke und autoritärem Dominanzverhalten unterscheiden kann. Was sie Stärke nennt, empfinden Menschen in ihrer Umgebung manchmal als drastische Rücksichtslosigkeit und mangelnden Respekt vor anderen. Claudia Pinls Aussage, daß sie sich bei Alice so fühle wie der Frosch vor der Dampfwalze, wird in diesem Zusammenhang gerne kolportiert. Als Alice Schwarzer einmal mit diesem Vergleich konfrontiert wird, sagt sie: «Deshalb bin ich ja auch ungern mit Fröschen zusammen. Viele Frauen haben die Tendenz, sich nur an Frauen ranzutrauen, die so klein sind wie sie. Mir kann eine Frau gar nicht groß genug sein. Jemand, der mit seinen Schwächen kokettiert, ist in meiner Nähe in der Tat nicht gut aufgehoben.»

Karen Horney untersuchte das Spannungsverhältnis von Stärke und Schwäche eingehend. Sie beschreibt, wie ein Mensch dazu kommt, ein irrationales Ideal von Kraft zu entwickeln und Schwäche als Schande zu erleben. So ein Mensch nehme andere als stark oder schwach wahr, bewundere die ersten und verachte die letzteren. In welche Zwickmühle das führen kann, zeigt Horney, die solche Beobachtungen übrigens beileibe nicht nur an Frauen macht, am Beispiel «neurotischer Mädchen». Sie könnten einen «schwachen» Mann nicht lieben, weil sie voller Verachtung gegen jede Schwäche sind; doch sie könnten auch mit einem «starken Mann» nicht auskommen, da sie stets von dem Partner erwarten, daß er der nachgiebige Teil sei. «Wonach sie heimlich Ausschau halten, ist der Held, der starke Übermensch, der gleichzeitig so schwach ist, daß er sich ohne Zögern allen ihren Wünschen beugen wird.»

Alice Schwarzer hat immer wieder bewundernswert starke und selbstbewußte Frauen in ihren Bann gezogen. Doch häufig haben sich diese wieder entzogen, manchmal leise, oft mit einem Knall. Bewegungsaktivistinnen, die Kalenderfrauen, *Emma*-Redakteurinnen, *Emma*-Autorinnen, prominente Medienfrauen und und ... Frauen, die einmal mit Alice Schwarzer eng verbunden waren und enttäuscht, wütend und gekränkt im Unfrieden von ihr geschieden sind. Sollte das immer nur an den anderen gelegen haben? Oder könnte es sein, daß Alice Schwarzer irgendwann gegen die Frauen Sturm läuft, deren starke Eigenschaften sie zunächst fasziniert haben dürften?

Wenn man sich die verschiedenen Geschichten dieser Frauen anhört, die Alice Schwarzer über die Jahre erlebt haben, glaubt man als Außenstehende ein Muster im Verhalten der Feministin zu entdecken: Auf die Frauen, die sich Alice Schwarzer gegenüber schwach zeigen, reagiert sie in einer Form, die Verachtung spürbar werden läßt. Auf die Frauen, die sich als hartnäckig erweisen und nicht unterordnen wollen, reagiert sie erst mal wenig begeistert. Und irgendwann fällt ihre Feindseligkeit der Widerständigen gegenüber so aus, daß diese die Gegenwehr ergreift. Aus diesem Muster entstehen Groll und Feindschaft.

Weggebissen! So richtet sie sich ihr Umfeld zu und ist in einem eigentlich fatalen und traurigen Zirkel gefangen. Sie scheint ihr eigenes Verlangen nach der Zuneigung von

241

Menschen, die sie wirklich schätzt, auf lange Sicht systematisch zu sabotieren.

Alice Schwarzer hat offenbar nicht nur einen gewissen Hang, starke Frauen aus ihrer nahen Umgebung zu vergraulen, sondern auch das Bedürfnis, diese Personen herabzusetzen – und zwar möglichst in aller Öffentlichkeit.

Karen Horney sieht einen psychischen Zusammenhang zwischen dem Streben nach Macht und Ansehen und der Tendenz, andere zu demütigen. «In Menschen, in denen das heftige Verlangen nach Ansehen vorherrscht, nimmt die Feindseligkeit gewöhnlich die Form eines Wunsches an, andere zu demütigen», schreibt sie. «Dieses Verlangen ist besonders stark in denjenigen Menschen, deren eigenes Selbstbewußtsein durch Demütigungen verletzt wurde und die daher rachsüchtig wurden.» Horney weiß zu berichten, daß diese Menschen «durch eine Reihe demütigender Kindheitserfahrungen hindurchgegangen» seien, die entweder mit der «sozialen» oder der «persönlichen Situation» zusammenhingen. Dabei reagierten gerade die, die dazu neigten, andere herabzuwürdigen, besonders empfindlich, wenn ihnen selbst so etwas passiere. Soweit die Überlegungen Karen Horneys, die möglicherweise helfen, Alice Schwarzer zu verstehen.

Alice Schwarzer reagiert massiv darauf, wenn ihr jemand Contra gibt. Selbst angemessene Kritik bringt sie schnell in Rage. Ein geradezu mimosenhafter Zug an einer sonst so robusten Frau. Eigentlich, würde man denken, müßte sie doch genausogut einstecken wie austeilen können. Und austeilen kann sie. Schließlich hat sie sich ihren Ruf als eloquente Streiterin doch gerade erworben, weil sie andere Menschen lustvoll ironisch auf ihre spitze Feder spießen oder ihnen gnadenlos hellsichtig den Spiegel vorhalten kann. Doch sie selbst, berichten ehemalige Weggefährtinnen und Mitarbeiterinnen, schlage selbst bei harmlosem

Widerspruch feindselig zurück. Christina von Braun: «Bei Alice gibt es nur zwei Kategorien: Entweder man gehört vorbehaltlos zu ihr oder man ist eine Feindin. Dazwischen gibt es nichts.» Claudia Pinl: «Ich glaube, daß sie ein Stück paranoid ist. Wenn man ihr widerspricht, sieht sie das gleich als Teil einer großen Verschwörung gegen sie und den Feminismus.»

Diese Haltung ist allerdings nicht nur an der Feministin Schwarzer zu beobachten. Das Lagerdenken, das die Frauenbewegung prägte und manchmal sektiererische Züge annahm, setzte unterschwellige Aggressionen und eine destruktive Kraft frei. Als allgemeines Problem erkennt das auch Alice Schwarzer klarsichtig: «Denn das Streben nach eigener Freiheit kann die Notwendigkeit des Respekts für die/den andere/n nicht unbeachtet lassen», notiert sie 1982. «Die auch in der Frauenbewegung seit einigen Jahren grassierenden Dschungelgesetze mit dem Recht der Stärkeren auf Hemmungslosigkeit, Demütigung und Zerstörung schlagen letztlich gegen uns selbst zurück.»

Die achtziger Jahre halten neben dem Krach mit den *Emma*-Frauen noch eine weitere unangenehme Auseinandersetzung für Alice Schwarzer bereit. Sie gerät mit einem Menschen aneinander, der ihr in jeder Hinsicht gewachsen ist – sowohl was seine Eloquenz, seine polemische Begabung als auch die Freude an deftigen Attacken angeht. Das Thema: der Antisemitismus der deutschen Linken. Der Gegner: Henryk M. Broder, Publizist.

Diese Geschichte hätte eine der hitzigen Debatten um die deutsche Vergangenheit und die Verantwortung der Nachgeborenen bleiben können. Doch es geht noch um etwas anderes: um eine Liebesgeschichte und was eine Feministin daraus macht.

Stein des Anstoßes ist eine *Emma*-Reportage von Ingrid

Strobl im Februar 1981 über die Lage der Palästinenserinnen im Nahen Osten. Ein schlechter Text: gravierende Recherchemängel und ein verblendeter Feminismus. Die Autorin entschuldigt fast alles, solange ihr nur die Gleichstellung von Frauen und Männern gewährleistet scheint. Der Artikel zeichnet sich durch eine blinde Parteinahme aus: Der Staat Israel existiert in diesem Text lediglich als Besatzungsmacht. In der redaktionellen Ankündigung ist, als es um die Region geht, sogar nur von «Palästina» die Rede.

Kurz darauf schreibt Henryk M. Broder einen Artikel in der *Zeit*: «Ihr bleibt die Kinder Eurer Eltern». Ein Aufwasch mit der deutschen Linken und ihrem alltäglichen Antisemitismus. Mit diesem Text verabschiedet sich der Autor, Jude und deutsche Staatsbürger von der Bundesrepublik, um nach Israel zu gehen. «Ich will nicht mehr an Eurer Dumpfheit leiden, ich will nicht mehr Euer antifaschistischer Bedarfsjude sein.»

Als ein Beispiel für den Antisemitismus, der auch unter sich aufgeklärt wähnenden Zeitgenossen verbreitet ist, führt Broder jene Strobl-Reportage an. Bereits vor ihrem Erscheinen hatte er Alice Schwarzer, mit der er wegen seiner privaten Beziehung zu der *Emma*-Redakteurin Hildegard Recher gut bekannt ist, auf das Problem aufmerksam gemacht. Ingrid Strobl, so Broder, habe in einem persönlichen Gespräch mit ihm gar die Ansicht vertreten, die Israelis sollten es mit «dem jüdischen Staat» doch mal «woanders versuchen».

Broder folgert öffentlich in der *Zeit*: «Für *Emma* gibt es kein Israel mehr, die zweite Phase der Endlösung ist offenbar bereits beschlossene Sache und nur noch eine Frage der Zeit.»

Die Motive für Broders Zorn liegen auf der Hand. Der polemische Ton macht es Alice Schwarzer allerdings vergleichsweise leicht, die Kritik abzuwehren. In *Konkret* weist sie – «Wir sind Kinder unserer Eltern» – Broders pauschalisierende Linken-Schelte sowie seine «Methoden» zurück, sie nennt ihn «demagogisch» und seine Motive «fragwürdig». Nachdenklich bekennt sie: «Ich habe als Deutsche immer zu den Linken gehört, die trotz ihrer Kritik an Israel für die Existenz eines jüdischen Staates sind.» Dann aber versteigt sie sich: «Zweitausend Jahre Antisemitismus haben den Juden zum ‹Juden› gemacht, so wie ein Jahrtausende währender Sexismus die Frau zur ‹Frau›.» Ähnlich obskure Vergleiche zwischen Antisemitismus und Frauenhaß bemüht Alice Schwarzer übrigens öfter, um die Diskriminierung der Frau besonders herauszustreichen. Zu guter Letzt bezichtigt sie Broder auch noch der «gockelhaft selbstgefälligen Frauenverachtung». Sein Text sei «gefährlich».

Es folgt ein öffentlicher Schlagabtausch Broder/Schwarzer. Darüber vergehen gut eineinhalb Jahre. Hildegard Recher, die seit 1977 Mitglied der *Emma*-Redaktion war und Alice Schwarzer noch loyal gegen die in der *WdA* erhobenen Vorwürfe verteidigt hatte, verließ das Projekt Ende 1981 – also mitten in der Auseinandersetzung. Mit der Redaktion hat sie eine Absprache getroffen, daß sie zurückkehren könne, falls beide Seiten einverstanden seien. Doch im Sommer 1982 bekommt Hildegard Recher einen Brief von Alice Schwarzer. Darin unterstellt ihr die *Emma*-Chefin «offen unsolidarisches Umgehen» mit der Broder-Affäre und zieht den Schluß: «Man kann doch nicht die Geliebte eines militanten Juden sein (…) und gleichzeitig bei einem Projekt mitmachen, das in seinen Augen eine ‹zweite Endlösung› vorantreibt …?!»

Dem Brief vorausgegangen war offenbar die «Entdeckung» einer Frau aus der *Emma*-Redaktion, daß Hildegard Recher es gewagt hatte, die Beziehung zu Broder während der laufenden Auseinandersetzung aufrechtzuerhalten und weder Kollegin noch Chefin über den genauen Stand ihres Liebeslebens zu informieren. Alice Schwarzer 1982 weiter an Hildegard Recher: «Was unter den gegebenen Umständen maximal denkbar gewesen wäre, Hildegard, wäre, daß Du uns mitgeteilt hättest, daß Du die Beziehung zu Broder wieder hast (was, soweit es nichts mit *Emma* zu tun hat, in der Tat Dein verdammtes Recht und Deine Angelegenheit ist) ...»

Neben dem antisemitischen Gestus, der hier deutlich wird, neben der unerträglichen Kontrollmanie einer Chefin, die sich anmaßt, Gehorsam bis zwischen die Bettlaken zu fordern, degradiert die Vorzeigefeministin eine andere Frau zum Anhängsel ihres männlichen Lebensgefährten und straft sie statt seiner ab.

Am 1. September 1982 hätte Hildegard Recher wieder bei *Emma* anfangen sollen. Dazu kommt es nicht. Für sie fällt diese Geschichte unter die Rubrik «Sippenhaft». So nennt es auch der *Stern*, nachdem Broder den Vorgang dort öffentlich gemacht hat. Darauf dementiert Alice Schwarzer im Leserbrief: «Broder behauptet, seiner Freundin sei ‹eine weitere Beschäftigung bei *Emma*› verweigert worden mit der Begründung, sie sei ‹als Geliebte eines militanten Juden für *Emma* nicht mehr tragbar› gewesen. Dieses stimmt nicht und ist nie gesagt, gedacht oder gar geschrieben worden.»

Ein taktischer Fehler. Denn auf derselben Seite, auf der Alice Schwarzers Leserbrief erscheint, veröffentlicht der *Stern* ein Faksimile ihres Briefes an Hildegard Recher, der eben jene inkriminierte Passage enthält.

Ist nun genug Schaden angerichtet? Wäre es jetzt nicht besser gewesen, zu schweigen? Schon höhnt das Satireblatt *Titanic* an Alice Schwarzers Adresse: «Es interessiert uns weniger, ob *Emma*-Mitarbeiterinnen noch weitere Geliebte neben Ihnen haben dürfen, sondern vielmehr, warum Sie Ihren Lügen nur so kurze Beine machen.»

Doch es entspricht – oder entsprach damals – wohl Alice Schwarzers Temperament, keinen Schlußpunkt zu finden, wenn sie erst einmal richtig gereizt worden ist. *Emma* holt zum Gegenschlag aus – und Alice Schwarzer diskreditiert sich damit weit mehr als jemals zuvor. Auf vier Seiten, säuberlich in fünfzehn Punkte gegliedert, wird vor den Leserinnen und Lesern der *Emma* im Dezember 1982 die Schwarzer/Broder/Recher-Affäre in allen Einzelheiten ausgebreitet. Und zwar nicht nur der mehr oder weniger inhaltliche Disput und seine Dynamik, sondern auch die Entstehung und der Verlauf der Liebesbeziehung zwischen Hildegard Recher und Henryk M. Broder. Tenor: «Alice Schwarzer begrub ihr Mißtrauen gegen den Sexisten Broder. Broder begann nun, in der *Emma*-Redaktion Besuche zu machen. Daraus ergab sich mit der Zeit eine Beziehung zwischen ihm und der *Emma*-Mitarbeiterin Hildegard Recher.» Oder: «Zu der Zeit ist unsere Ex-Kollegin noch bei *Emma*. Zu Henryk M. Broder hat sie nach eigenen Aussagen überhaupt keinen Kontakt mehr.»

Der nun nicht mehr zu leugnende Brief von Alice Schwarzer an Hildegard Recher wird mit den Worten kommentiert, er sei «sehr persönlich» gehalten und im Grunde von Fürsorge für die Kollegin bestimmt gewesen.

Der Ton, den die *Emma* hier an den Tag legt, erweckt den Verdacht, daß den namentlich nicht genannten Verfasserinnen das Unrechtsbewußtsein völlig fehlt. Schlimmer noch. Die Schreiberinnen bringen es auch noch fertig zu jammern, daß *Emma* «von Männern (wie Frauen) angegriffen, in den Dreck gezerrt und – verraten» werde, weil sie es wage, einen «kritischen» und «unbequemen Journalismus» zu betreiben.

Fast erübrigt es sich, darauf hinzuweisen, daß die *Emma*-

Veröffentlichung weitere Repliken und eine Flut von Reaktionen auf den Leserbriefseiten der Zeitungen nach sich zieht. Wieder sind die Meinungen scharf polarisiert. Vor allem Frauen solidarisieren sich mit Alice Schwarzer und der *Emma*, weil sie offenbar auch diesen Vorgang im Lichte der böswilligen und verleumderischen Diffamierungen sehen, denen die Feministin tatsächlich oft genug ausgesetzt war. Für Susanne von Paczensky ist der Text allerdings der Grund, das *Emma*-Abonnement zu kündigen.

Diese Affäre hat wohl bei den Beteiligten tiefe Kränkungen hinterlassen. Und Unversöhnlichkeit. So hat Alice Schwarzer als Mitglied des P.E.N.-Clubs dafür gestritten, daß Henryk M. Broder in die deutsche Sektion der Schriftstellervereinigung nicht aufgenommen wird. Und jetzt will Broder nicht mehr.

Wir schreiben das Jahr 1987. Im langen schwarzen Abendkleid steht Alice Schwarzer auf der Bühne in der Kölner «Flora» und singt «Happy Birthday». Es klingt so anrührend krumm und schief, daß das Publikum prompt vergißt mitzusingen. Feuerzeuge und Wunderkerzen leuchten hier und da, Klatschen und Jubel, als der Star der Frauenbewegung von der Bühne abtritt.

In der «Flora», einem botanischen Garten plus klassizistischem Bau am Rhein, feiern eine riesige Menge Frauen und einige versprengte Männer das zehnjährige Jubiläum der *Emma*. Zeremonienmeisterin Hella von Sinnen brüllt: «Showtime», ein «Trude-Herr»-Imitat kalauert: «Was soll ich mit der Frauenbewegung, ich beweg mich genug», Romy Haag glitzert in schönster Transvestitenpracht, und zur Mitternacht gibt's ein Feuerwerk.

Totgesagte leben länger. Nach diesem Motto hat die Zeitschrift «für Frauen von Frauen», der gleich am Anfang die Chancen abgesprochen wurden, das erste Jahrzehnt überlebt. Aber 1987 lebt *Emma* längst nicht mehr üppig. Sechs Mark kostet das Heft inzwischen statt früher drei und hat sich bei einer gedruckten Auflage von 80 000 Exemplaren eingependelt, von denen rund zwei Drittel verkauft werden. Die Herausgeberin grummelt im Jubiläums-Heft, die Zeitschrift «hat mich in einem mir bis dahin unbekannten Ausmaße den weiblichen Selbstzerfleischungs- und den männlichen Spaltungsmanövern ausgeliefert». Wie als Lohn für diese Mühe erscheint auf dem Titelblatt der Jubiläumsnummer eine lauthals lachende Alice Schwarzer. Allein.

Im Verlauf der achtziger Jahre wandte sich die autonome Frauenbewegung verstärkt Friedens- und Ökologiethemen zu, machte ihre folkloristische, spiritualistische und mütterliche Phase durch, baute gleichzeitig ihre Infrastruktur aus, brachte die feministische Wissenschaft an die Universitäten und öffnete sich zusehends für die Institutionen – so wie diese sich für sie.

In dieser Zeit agiert Alice Schwarzer nicht mehr aus der Mitte der Bewegung heraus, sondern behauptet eine Sonderstellung am Rande. Trotzdem bleibt sie für das Publikum weiterhin Symbol und Sprachrohr der Frauenbewegung, die öffentliche Oberemanze, die den Kampf um Gleichberechtigung personalisiert und vor allem die Leitlinien formuliert. Wann immer es in Talk-Shows um sogenannte Frauenfragen geht, wird Alice Schwarzer geladen. Sie initiiert ein feministisches Archiv- und Dokumentationszentrum und ist weiterhin *Emma*-Herausgeberin und Chefredakteurin sowie deren fleißige Autorin.

Außerdem plant sie bereits ihren nächsten Coup. «Keine Meinungsfreiheit für Pornographen, keine Meinungsfreiheit für Antisemiten, keine Meinungsfreiheit für Sexisten, keine Meinungsfreiheit für Rassisten!» Ende 1987 initiiert Alice Schwarzer mit ihrer *Emma* die «PorNo»-Kampagne, mit der sie gegen die «Pornographie, das ‹kalte Herz des Sexismus›», zu Felde zieht. Angeregt wird sie durch die Amerikanerin Andrea Dworkin. Nach Dworkins überspannter Darstellung gehen amerikanische Frauen durch die pornographische Hölle und erleben tagtäglich ein «System des Sadismus zum sexuellen Vergnügen der Männer».

Alice Schwarzer greift mit PorNo das Thema Sexualität in spektakulärer Form erneut auf. Wie ehedem füllen sich auch bei dieser Debatte die Vortragssäle im Land. Die Feministin selbst stellt die Verbindung zur Sexismus-Kampagne der siebziger Jahre her: «Bei der ‹Stern›-Klage nannten wir es noch Sexismus, heute reden wir Tacheles und nennen es Pornographie.» Inzwischen gehe es nicht mehr um «Nacktheit», nicht mehr darum, daß Frauen ihre Haut zu Markte tragen müßten, sie würde ihnen «vom Leibe gerissen». Pornographie sei «das schärfste Geschütz im Krieg der Geschlechter, die Propaganda des Frauenhasses».

In der *Emma* wird die Kampagne engagiert vorbereitet. Texte sollen die Überflutung der Gesellschaft mit Pornographie belegen und ein Verbot begründen. Und gar ein Gesetzentwurf wird vorgelegt. Der soll Mädchen und Frauen die Möglichkeit geben, mit einer Zivilklage gegen Pornographie, ihre Herstellung und Verbreitung vorzugehen und Schadensersatz wegen ihrer Erniedrigung einzufordern.

Sie verspreche sich von dem Gesetzesvorschlag eher «symbolische Wirkung», erläutert Alice Schwarzer. Trotzdem bringt sie eine ganze Riege prominenter Personen dazu, einschließlich der amtierenden Frauenministerin Rita Süssmuth, sich ernsthaft mit dem Vorschlag zu beschäftigen.

Und wieder polarisiert eine Schwarzer-Kampagne die Nation. Die Befürworter eines Pornographieverbots argumentieren, daß erst die Liberalisierung des Sexualstrafrechts in den siebziger Jahren die Pornowelle ausgelöst habe. Damals wurde Pornographie im Namen der sexuellen Selbstbestimmung weitgehend freigegeben. Die Gegner einer juristischen Lösung sehen hingegen staatliche Sex-Zensoren am Horizont aufmarschieren und fürchten, in die verlogene Sexualmoral der fünfziger Jahre zurückkatapultiert zu werden.

Von Frauenpolitikerinnen wird Alice Schwarzer unterstützt. So betont Rita Süssmuth bei einer öffentlichen Diskussion den veränderten gesellschaftlichen Rahmen der Debatte seit den Siebzigern: «Es geht längst nicht mehr um eine Enttabuisierung von Körperlichkeit und Sexualität. Der Zeitpunkt ist gekommen, nun über die Entmenschlichung in der Pornographie zu reden.»

Doch wie zu erwarten war, landet der Gesetzentwurf aus dem Hause *Emma* in der Schublade – wo er auch heute noch liegt. Nur ein Gesetz gegen Kinderpornographie gibt es inzwischen.

Angeheizt und zugleich gebremst wird die PorNo-Kampagne durch einen absurden Zwischenfall. *Emma* wird das zum Verhängnis, was sie anprangern will: Pornographie. Weil das Blatt in seiner Novemberausgabe 1987 zur Illustration Hardcore-Pornofotos abdruckt, weigern sich verschiedene Vertriebsunternehmen und Grossisten, das Heft auszuliefern. Begründung: *Emma* verstoße mit der Verbreitung von «harter Pornographie» gegen § 184 Strafgesetzbuch. Sogar *Emmas* eigene Vertriebsfirma empfiehlt, die Ausgabe nicht zu verbreiten. Alice Schwarzer spricht laut *taz* von einem «Schulterschluß der Pornographen» und flucht: «Die Wichser halten zusammen.»

«*Das Fernsehen hat mich stark entdämonisiert*»

Die Vorzeigefeministin als Medienstar

1995. Rosenmontagszug in Köln

Man nehme ein schönes, frisches Huhn vom Markt, den Saft von drei bis fünf Zitronen, durchwachsenen, geräucherten Speck, Knoblauch, Kräuter der Provence, Salz und einen Becher Schmant oder saure Sahne. Das Huhn wird im Zitronensaft mariniert, innen mit grobgehacktem Knoblauch und Kräutern ausgestreut, gesalzen, im Speckfett angebraten und mit dem Zitronensaft im Bräter etwa eine halbe Stunde gegart. Zum Schluß rührt man den Schmant in den Bratfond – voilà, «Zitronenhuhn» à la Alice Sophie Schwarzer.

In einer weitfallenden, schwarzweißen Bluse mit Ethnomuster, um den Hals ein feines Goldkettchen, die Lippen dezent geschminkt, steht Alice Schwarzer im Februar 1995 in «Alfredissimos» Studioküche, vor ihr auf der Anrichte warten Zitronenhälften, Schüsseln und Schneidebretter. Es soll Zitronenhuhn geben. Fernsehmoderator Alfred Biolek, in dessen Sendung die Feministin ihre Kochkünste präsentiert, plaudert, neckt sie, wuselt um sie herum und spielt den eifrigen Küchenjungen.

Alice schwärmt vom französischen Meisterkoch Paul Bocuse. Alfred: «Daß du ausgerechnet Sachen von Bocuse machst, haut mich um.»

Alice: «Stört dich das?»

Alfred: «Ja. Denn er hat gesagt, Frauen können überhaupt nicht kochen, und es wäre eine Schande, wenn eine Frau eine Kochmütze . . .» – er deutet mit den Händen eine riesige Kochmütze an – «. . . du weißt, dieses phallische Ding – tragen würde. Er sähe sie viel lieber im Strapsgürtel . . .»

Alice, lächelnd den Kopf wiegend: «So ein Schlawiner ist das.»

Und dann packen die beiden in aller Gemütsruhe das Huhn dort, wo noch kürzlich sein Hals war, und richten es gemeinsam auf. Und wie sie es so mit Knoblauch und Kräutern ausstreuen, wie sie sich dann so traulich Kopf an Kopf über den Bräter beugen, in dem es hörbar brutzelt, spürt man sofort: Die beiden kennen sich gut und mögen sich sehr.

Alfred: «Sag mal, kaufst du nur freilaufende Hühner, die auch ein bißchen teurer sind, so Bauernhühner?»

Alice, das Geflügel wendend: «Ja, ja ...»

Alfred: «Nicht die für vier Mark fünfzig im Supermarkt?»

Alice: «Nein. Aus zwei Gründen: Erstens finde ich das schon sehr bedrückend, wie die Tiere gehalten werden. Ich finde, das kann man nicht machen. Und dann – muß ich ganz egoistisch sagen – hat das auch was mit Geschmack zu tun.»

Schneebesen rechts, Ölflasche links, Alice rührt eine Mayonnaise, während Alfred schon mal den Wein entkorkt. Am liebsten möchte man sich zu den beiden gesellen und mittrinken. Kein Team könnte freundlicher und entspannter miteinander umgehen, was der Atmosphäre in der Fernsehküche und dem Appetit der Zuschauenden sehr zuträglich ist. Nur der Mayonnaise nicht. Die bekommt Lampenfieber und mißlingt. «Mayonnaisen wollen angeguckt werden», murmelt Alice mit nachsichtigem Blick auf die traurige Pfütze am Boden der Schüssel, «sie sind wie Menschen. Guckt man weg, werden sie garstig.» Doch an der Mayonnaise, philosophiert Alice unbekümmert weiter, könne man doch prima zeigen, daß «auch eine Niederlage überlebt» werde. Und dann wendet sie sich fröhlich dem bräunenden Broiler zu.

Doch halt! Was tut Alice Schwarzer denn da? Sie dreht doch tatsächlich «mit sichtbarem Vergnügen eine Hühnerleiche im Topf hin und her», brät einen «toten Vogel, der sich nicht gegen die Stärkeren, die ihn willkürlich ausgewählt hatten, wehren konnte». Mit dem Vermerk «Betr.: Leichenzubereitungssendung von Biolek, hier speziell: KZ-Leichenzubereitung», gehen eine *Emma*-Leserin und andere militante Tierschützer nach der «Alfredissimo»-Sendung auf die kochende Feministin los. In fuchsigen Leserbriefen fragen sie: «Wer soll Alice Schwarzer noch ein Wort glauben?» Und: «Kann ich demnächst mit einer Kochsendung über die Zubereitung von Ausländern, Juden und Frauen rechnen, wenn das mit den Tieren auch nicht so ernst gemeint war?»

Wie hat Alice Schwarzer das nun wieder geschafft? Wie hat sie diese Kämpfer von der Tierrechtsfront so gegen sich aufgebracht, daß deren Enttäuschung fast an die alte Alice-Wut aus der Frauenbewegung erinnert?

Ganz einfach. Gegen Mitte der neunziger Jahre machten Tierrechtsverfechter mit militanten Aktionen auf sich aufmerksam: Sie befreiten Versuchstiere aus Laboratorien, überfielen die Betriebe von Massentierhaltern, schlugen Metzgern die Scheiben ein etc. Anfang 1994 hängte sich Alice Schwarzer mit *Emma* an diese publikumswirksame Bewegung dran.

Und dann war in der *Emma* zu lesen: «Wie auf einem gynäkologischen Stuhl» liege das weibliche Opfer auf dem Rücken, «ihre Beine ragen hilflos in die Luft»; der Schlächter stehe «breitbeinig» da, «beugt sich über den Unterleib» und «rammt sein Messer zwischen ihre Schenkel und zieht die Klinge hoch bis zur Gurgel».

Hier hat nicht etwa die Ausgeburt des Patriarchats in Form eines durchgeknallten Frauenkillers zugeschlagen, sondern ein Jäger hat eine Hirschkuh aufgebrochen. Und

Emma, die Zeitschrift für Frauen von Frauen, war dabei und verfaßte ein dickes Dossier «über Tiere, über Frauen – und über patriarchale Gewalt». In dem wird nicht nur behauptet, daß hauptsächlich Frauen im Tierschutz aktiv seien – wovon der deutsche Tierschutzbund allerdings nichts weiß –, sondern hier schreckt *Emma* auch nicht vor dem Vergleich zwischen Auschwitz und Tierversuchen zurück. «Ich wurde über Nacht zur Tierrechtlerin», schreibt die *Emma*-Autorin Sina Walden. «So wie die ersten Bilder von Auschwitz genügt hatten. Die Bilder schossen zusammen, so wie die erste Zahl, die ich 1982 las – sechs Millionen Tierversuche jährlich in der Bundesrepublik.»

In derselben Ausgabe läßt uns Katzenmutti Schwarzer wissen, daß es zwischen Frauen und Tieren ja kaum einen Unterschied gibt: «Frauen und Tiere. Die sind in den Augen des Patriarchats seit Jahrtausenden ein Programm.» Weil: «Sie sind das Fleisch, der Mann ist der Geist; sie sind die Natur, der Mann ist die Kultur; sie sind das Opfer, der Mann ist der Täter.» Deshalb: «Tragen Sie mit bei zur Stärkung der einzigen konsequenten Stimme für Frauenrechte UND Tierrechte, und abonnieren Sie jetzt.» Wen, bitte? *Emma* natürlich!

Dumm halt, daß einige aufsässige Leserinnen gar nicht begeistert waren, sich zwischen Ratten und Kakerlaken wiederzufinden. Auch dumm, daß die Vertreter der Tierrechtsbewegung *Emmas* Einsatz für die Kreatur wohl tatsächlich ernst genommen und nicht als abstrusen PR-Gag abgetan haben. Und noch dümmer, daß diese Aktivisten dann ein gutes Jahr später Alice in «Alfredissimos» Kochstudio entdeckten und mit ihr den Tod im Topf. Das hat man nun von hohen Einschaltquoten.

Wahrscheinlich hat sich Alice Schwarzer, als sie die erbosten Briefe bekam, halb totgelacht über die Verbiestertheit der tierisch-aufrechten Streiter, die so wenig Sinn für menschliche Schmiegsamkeit zeigten. Hat vielleicht dabei genüßlich an einer Lammkeule mit Knoblauch gekaut – die soll ihre besondere Spezialität sein – und Katze Lilly, ihre pelzige Lebensgefährtin, Verzeihung heischend hinter den Ohren gekrault.

In den Jahren 1993 und 1994, als das Tierrechtsdossier erscheint, häufen sich in der *Emma* die politisch brisanten Provokationen zu Themen, um die sich viele andere Medien rumdrücken, aber auch Aktionen, die kein Ruhmesblatt sind.

Die Turbulenzen beginnen mit einer Reportage über Sextouristen in Thailand, deren Fotos die *Emma* veröffentlicht, ohne daß die Gesichter der Kinderschänder unkenntlich gemacht werden. Aus Gründen des Persönlichkeitsrechts eine heikle Sache. Das Thema, das die Emmas lancieren wollen, braucht Öffentlichkeit, aber die anderen Medien springen auf die Kampagne nicht auf.

Im Sommer 1993 bringt *Emma* ein Islam-Dossier: «Fundamentalismus – Das Wort Gottes ist ihr Gesetz, und Frauen sind ihre Feinde.» Das Aufmacherfoto zeigt «muslimische Männer in Deutschland», die vor einer riesigen Blutlache von geschächteten Schafen stehen. Ein hartes Bild mit einer zweifelhaften Botschaft. Darauf hagelt es Kritik: *Emma* setze fanatischen Fundamentalismus pauschal dem Islam gleich, betreibe gezielte Panikmache gegen Muslime, schüre Feindbilder und erkläre muslimische Männer per se zu chauvinistischen Frauenfeinden – so die Vorwürfe. Die kommen nicht nur von Anti-Rassismus-Gruppen, sondern auch von «Mediawatch» – einer Initiative in Köln, finanziert von der Heinrich-Böll-Stiftung der Grünen, die auf offen rassistische und subtil diskriminierende Berichterstattung in deutschen Medien aufmerksam machen will. «Mediawatch» lädt die *Emma*-Redaktion zur öffentlichen Diskussion. Die räumt in ihrem Blatt zwar ein, das Thema zu «polemisch» behandelt zu haben, bleibt der Veranstaltung aber fern. Begründung: Es solle ein «Tribunal» gegen *Emma* veranstaltet werden. Eine gewisse Rückendeckung bekommt *Emma* in dieser unpopulären Auseinandersetzung von der Frauenrechtsorganisation «Terre des Femmes». Die moniert zwar die «boulevardmäßige» Berichterstattung, stellt aber fest, daß es möglich sein müsse, radikale Kritik auch an frauenfeindlichen Strukturen in anderen Kulturen und Religionen zu üben.

Der nächste Aufruhr folgt, als das November/Dezember-Heft 1993 der *Emma* erscheint. «Newton – Kunst oder faschistoide Propaganda?» fragt Alice Schwarzer in einem Artikel über den Fotografen Helmut Newton. «Die Fotos von Helmut Newton sind nicht nur sexistisch und rassistisch – sie sind auch faschistisch. Denn seine Bilder transportieren und propagieren die Ideologie vom Herrenmenschentum und seinen Untermenschen. Bis zur letzten Konsequenz.» Ihre Aussage illustriert die Autorin mit einigen der angeprangerten Bilder – genauer gesagt, mit 19 Stück. Fotos von einer nackten Frau, die von einer Dogge angesprungen wird, einem Mädchen auf dem elektrischen Stuhl. Für die Bilder hat Alice Schwarzer weder die Abdruckgenehmigung beim Verlag Schirmer & Mosel eingeholt, der Newton in Deutschland herausbrachte, noch ein Honorar bezahlt. Und der Verlag läßt sich provozieren und klagt gegen die *Emma*-Herausgeberin wegen Verletzung des Urheberrechts. Etwas Besseres hätte ihr gar nicht passieren können. *Emma* und Alice sind wieder in allen Medien und aller Munde.

Ein halbes Jahr später entscheidet das Landgericht München, daß die *Emma*-Herausgeberin Schadenersatz zahlen muß. «Die Frauen-Rächerin in Schwarz unterliegt dem kalten Ästheten», titelt die *Süddeutsche Zeitung.* Die Höhe

der Strafe wird einige Monate später auf 20 000 Mark festgesetzt. Der Rummel hat sich gelohnt – für beide Seiten.

Andere Stationen der *Emma*-Skandal-Chronik, in der
das Dossier über «Tiere und Frauen» einen echten Höhepunkt darstellt, sind ein Interview mit dem Bandleader der
einst für ihre rechtsradikalen Texte berüchtigten Rock-
gruppe «Böhse Onkelz» und eine wohlwollende Berichterstattung über den Euthanasiebefürworter und Tierrechtsverfechter Peter Singer. Um Singer gab es damals extrem
polarisierte Debatten. Der Rowohlt Verlag, der eines seiner Bücher in einer deutschen Ausgabe veröffentlichen
wollte, trat von diesem Vorhaben zurück. In ebendieser
Zeit, im Mai 1994, überfällt eine weibliche Affenguerilla
die Redaktionsräume der *Emma* und hinterläßt ihr Credo
auf den Wänden: «Schluß mit dem Rassismus!» – «Eutha-
nasie ist Gewalt!» Alice Schwarzer rechtfertigt die Berichterstattung ihrer Zeitschrift: «In allen drei Artikeln
ging es um Tabus und Denkverbote aus den Reihen der
‹linken› Szene.» *Emma* werde sich das Recht auf freies
Denken auch in Zukunft nicht nehmen lassen.

Während *Emma* strampeln muß, turnt Alice durch die
Fernsehkanäle. Spätestens seit ihrem TV-Duell mit der
Anti-Emanze Esther Vilar Mitte der siebziger Jahre durfte
sie dem deutschen Tele-Publikum immer mal wieder zeigen, was in ihr steckt. Ob sie sich nun mit *Spiegel*-Chef
Rudolf Augstein zum Clinch vor der Kamera traf, mit Star-
anwalt Rolf Bossi stritt oder sich von Joachim Fuchsberger
ausfragen ließ. Doch weil sie frauenbewegt argumentierte,
in erster Linie klug, scharf und schlagfertig war und erst in
zweiter Linie charmant und weiblich, klebte der Stempel
der bissigen Emanze an ihr wie Pech. Noch 1985 sprach die
Berliner Morgenpost anläßlich eines Fernsehauftritts von
dem «Negativimage» der Alice Schwarzer, mit dem sie

sich «wohl wie keine andere Frau in unserer Republik» herumschlagen müsse.

Doch das sollte sich ändern. Als die *Berliner Morgenpost* die Galionsfigur der Frauenbewegung noch bedauerte, war der Grundstein zur medialen Entdämonisierung der feministischen Hexe bereits gelegt.

Das hat Alice Schwarzer wohl vor allem Alfred Biolek zu verdanken. Der sanfteste Moderator Deutschlands hatte Alice Schwarzer Anfang der achtziger Jahre in seine damalige Talkshow «Kölner Treff» geladen. Da saßen sie denn zusammen auf dem Ledersofa, der Herr im Cordjackett mit sportiven Schuhen und bereits gelichtetem Haar, die Dame im langen Schwarzen mit Stiefeln und glatter, schulterlanger Ponymähne.

Und wie sie so plauderten, machte Biolek eine erstaunliche Entdeckung. «Ich habe mir gedacht, vielleicht ist sie schwierig», erzählt er rückblickend, «aber ich werde sie schon knacken. Und dann war ich natürlich hoch überrascht.» Denn die gefürchtete Feministin zeigte ganz andere Seiten, als er erwartet habe. «Ich dachte, das darf doch nicht wahr sein, die Alice Schwarzer war ja sogar lustig.» Alfred Biolek glaubt, daß seine Sendung die erste war, in der Alice Schwarzer sich «enorm heiter und gelassen» gegeben habe – weil sie endlich einmal nicht «attakkiert» worden sei. Heute erklärt er aufgeräumt: «Ich bin immer etwas vorsichtig zu sagen, daß ich mit jemandem befreundet bin, aber Alice und ich sind Freunde.»

Allerdings macht ein volksnaher Auftritt noch keinen Publikumsliebling. Nichts ist langlebiger als ein schlechtes Image. So dauerte es schon noch ein paar Jahre, bis sich Alice Schwarzer endgültig die Gunst der Zuschauer errungen hatte. Doch sie arbeitete kräftig daran.

So tritt sie im Frühjahr 1988 in Thomas Gottschalks Fernsehshow «Wetten, daß ...» auf. Vor vierzehneinhalb Millionen Zuschauern gibt sich Alice Schwarzer souverän, lächelt selbst dann noch, als Gast Rudi Carrell, um sie zu ärgern, einen BH aus der Blazertasche zieht, und entledigt sich einiger Fragen zur Pornographie eher wie einer lästigen Feministinnen-Pflicht. Selbst die konservative *Welt* meldet daraufhin zufrieden, daß Alice Schwarzer «mit ihren 45 Jahren nicht mehr ganz so kräftig auf die Pauke haut wie früher».

Als Wetteinsatz hat sich die *Emma*-Herausgeberin etwas Besonderes ausgedacht: Männer an die Macht – und zwar bei *Emma*. Falls sie ihre Wette verlieren sollte, würde sie ihr Blatt ein einziges Mal männlichen Autoren und Redakteuren überlassen. Sie sollten die Hälfte eines Heftes gestalten dürfen. Völlig unzensiert!

Aber Alice Schwarzer hat Pech und gewinnt die Wette. Der Gelackmeierte ist Thomas Gottschalk, der zur Strafe eine Stunde lang in einem Tante-Emma-Laden die *Emma* verkaufen muß. Soll es nun doch nichts werden aus der herrlichen Idee einer Männer-*Emma*? Das wäre zu schade. Also hält Alice Schwarzer ihre Offerte einfach aufrecht – Wette hin oder her.

Vom *Stern* bis zum Zeitgeistmagazin *Wiener*, von der *WAZ* bis zum Südwestfunk – die *Emma*-Frauen können sich vor Anfragen von Kollegen, die an der Aktion teilnehmen wollen, kaum retten. Die ersten sechs journalistischen Bewerber und ein Graphiker werden genommen. Der Pressesprecher des niedersächsischen Fußballverbandes ist drinnen, der Reporter des *Playboy* bleibt draußen.

Männer sollen nicht nur die Redaktion der *Emma* machen, sondern sich auch mit eingesandten Texten beteiligen dürfen. Sie schreiben zuhauf. Kostprobe: «Was sind wir doch für böse Wesen / da kommen so ein paar alte Besen / und machen eine Zeitung namens *Emma* / zum Glück wurde diese nie ein Renner!» Soweit die dümmliche Variante. Die meisten Ergüsse, die beim Kolpingplatz 1 a hereinflatterten, schockten selbst hartgesottene Chauvis. «Brachialer Gehirnschrott», fluchte einer der männlichen Emmas, «dumpfer, spießiger, peinlich-primitiver Pornodreck. Da kann man mit Alice Schwarzer ja durchaus einiggehen. Da gehört ein Riegel vor.»

Das Produkt aus Männerhand soll im Juli 1988 als Einlage in der *Emma* erscheinen, *Herbert* heißen und nach dem Willen der Blattmacher ganz anders als der «Kampfkram» der Feministinnen daherkommen. Für die Produktion von 32 Seiten *Herbert* waren drei Tage Arbeit angesetzt. Am ersten Tag holten sich die Blattmacher den Frust, am zweiten waren sie ratlos und wollten sich im Kölsch ersäufen, und als die Blamage schon unabwendbar schien, kamen sie endlich ins Rotieren. Dazu servierten die *Emma*-Frauen Kaffee und Kuchen, sie kümmerten sich um Doppelstecker und Verlängerungskabel. «Selbst *Emma*-Frauen sind also im Kern doch immer noch die guten Geister, wenn's um praktische Dinge geht», lobte der *Kölner Stadt-Anzeiger* und meinte es nicht einmal ironisch. «Das sorgt für eine nette, ausgeglichene Atmosphäre, und die Männer fühlen sich sichtlich wie ‹zu Hause› in ihren Redaktionsräumen.»

Eine Glanzleistung brachten sie trotzdem nicht zustande. Die Herberts wußten wohl selbst nicht, wie sie die feministische Bastion am gründlichsten schleifen sollten. *Herbert* ist eine Mischung aus Mütterhassergegreine und Mackerschwulst. «Sauereien müssen sein», beichten die Macher im Editorial. «Eine intelligente Frau ist für uns auch stets sinnlich, sexy, begehrenswert. Nicht für Kopfficks, sondern für Körperkriege.» Im Textteil predigt ein Gefängnispfarrer, daß Vergewaltigungsopfer wegen ihrer «sexy» Klamotten selbst schuld seien an ihrem Schicksal, und *Herbert*-Autoren empfehlen allen Mädchen, sich mindestens einmal im Leben lesbisch zu vergnügen, «damit du selbst fühlst, wie köstlich Frauenleiber auf uns wirken».

Mist? Was soll's. Presse und Fernsehen waren bei *Herbert* dabei, *Emma* hatte einen wunderbaren PR-Gag, der sie vor dem Sommerloch bewahrte, und Alice Schwarzer galt einem Millionenpublikum plötzlich als nur noch halb so dogmatisch und doppelt so humorvoll.

Das hat Folgen. Einige Zeit später wird sie ins Rateteam der ARD-Spielshow von Joachim Fuchsberger berufen und antwortet, in hübsch fließenden Kleidern, mal geblümt, mal gepunktet, auf «Ja oder Nein». Sie mache das, um gegen die «Ghettoisierung des Feminismus» anzugehen, sagt sie, und um mal ihre spielerische Seite auszuleben. Im Team sitzt sie neben dem knautschgesichtigen Ex-Torwart Sepp Maier, ist witzig und spritzig und schäkert mit ihm, was das Zeug hält. Statt «verbissen und kämpferisch» wie in früheren Jahren gilt sie den Kritikern nun als «charmant und humorig».

Sie selbst wirkt hoch erfreut und erleichtert, daß sie nicht mehr das Aggressionsobjekt ist. «Da hat die Medienpräsenz natürlich etwas aufgeweicht», räumt sie ein. «Und eine Show wie ‹Ja oder Nein› spielt dabei auch eine große Rolle, denn da sieht man, daß das Schwarzer-Klischee keineswegs identisch ist mit dem, was die Schwarzer wirklich ist.»

Was die Schwarzer «wirklich ist», wird dem Fernsehzuschauer und der -zuschauerin nun auf allen möglichen Kanälen vor Augen geführt. Die Heldin der Frauenbewegung schmurgelt auf dem «heißen Stuhl» bei «Explosiv», schmeißt elegant gekleidet Torten bei Hella von Sinnen oder witzelt in der Sendung «Die bessere Hälfte».

Zu dieser wunderbaren Verwandlung einer Feministin

bemerkt eine Rezensentin der *FAZ* Anfang der neunziger Jahre treuherzig, daß bei ihr «nicht der Eindruck» aufgekommen sei, Alice Schwarzer bastele «da an einem neuen Image». «Sie hat einfach vom biestigen Bierernst der frühen Kampfjahre, der ihr ja zu guten Teilen aufgezwungen war, zu einem spielerischen Umgang gefunden, der ihr aber nichts von Ernsthaftigkeit nimmt.» Selbst den ärgsten Widersachern könne nun nicht mehr verborgen bleiben, «daß Alice Schwarzer keine männermordende Kampfmaschine» sei. Man müsse sich da wohl von einem «handlichen Feindbild» verabschieden.

Das tun die Fernsehverantwortlichen dann auch gründlich und geben Alice Schwarzer eine eigene Talkshow. Ab 1992 moderiert sie abwechselnd mit einem Kollegen beim hessischen Regionalfernsehen «Zeil um Zehn». Zur Freude der Medienkritiker entpuppt sie sich als «streitbare Talkshow-Zivilistin jenseits der inszenierten Beliebigkeit des abgewetzten Genres». Doch verheddere sie sich zu häufig in den «Fallstricken eines heroischen Dogmatismus».

Ein gutes Jahr nachdem Alice Schwarzer bei «Zeil um Zehn» eingestiegen ist, wird die Sendung abgesetzt. Das bremst die Fernsehpräsenz des Medientalents keineswegs. Ob als Gast bei Harald Schmidt oder bei Erich Böhme, im Presseclub oder bei Boulevard Bio – was kann man sich beim Teleentertainment Besseres wünschen als die «neue» Alice Schwarzer, die Feminismus nur noch in homöopathischen Dosen verabreicht? Wer verbindet schon Charme mit Schlagfertigkeit, Witz mit maßvoller Provokation, ist mit sprühender Freude bei der Sache und sich darüber hinaus für keinen Klamauk zu schade?

Alice Schwarzers Arbeit an ihrem Ruf, die vielen Kompromisse, mit denen sie sich die Sympathien eines breiten Publikums gewonnen hat, zahlen sich aus. «Dadurch konnten sich viele Menschen überzeugen, daß die berüchtigte Schwanz-ab-Schwarzer auch nur ein Mensch ist», kommentiert sie ihre Fernsehkarriere. Kaum fünf Jahre nachdem die *Berliner Morgenpost* das «Negativimage» der eloquenten Streiterin beklagt hatte, ist sie endgültig raus aus der feministischen Schmuddelecke und hat sich volksnahes Terrain erschlossen. Für die Frau und den Mann von nebenan hat sie ihren Schrecken verloren, ist ein gerne und häufig gesehener Mattscheibengast im deutschen Wohnzimmer und ein Garant für hohe Einschaltquoten. Befriedigt stellt sie fest: «Das Fernsehen hat mich stark entdämonisiert.»

Die feministische Hexe als Fernsehdarling – das dritte Leben der Alice Schwarzer. Nach der Unauffälligkeit ihrer jungen Jahre, nach der Sonderstellung in der Frauenbewegung und dem Haß, der ihr in der Öffentlichkeit entgegenschlug, scheint sich jetzt ihr ganzes Streben darauf zu richten, breite gesellschaftliche Anerkennung zu finden.

Vielleicht weil der Beginn ihres Lebens in manchem ein bißchen unorthodox war, sucht sie nun leidenschaftlich nach Ordnung, die eine geachtete Stellung in der etablierten Gesellschaft bietet. Das bedeutet nicht, daß Alice Schwarzer auf ihren Bonus als Berufsrebellin verzichten möchte. Nur soll das Rebellentum von nun an möglichst gefällig sein. Ihr neues Markenzeichen: nicht mehr so bissig, aber noch immer bißfest. Und wohl um zu zeigen, wie wenig Berührungsängste sie hat, schreibt sie jetzt schon mal – auch wenn ihr früher die Springerpresse am übelsten mitgespielt hat – einen Gastkommentar für die *Bild-Zeitung* oder läßt sich von *Bild der Frau* interviewen. «Ich war sicher früher leichter empörbar», sinniert sie über ihre Entwicklung. «Das sagt nichts über den Kern meiner Empörung aus, im Gegenteil, der wird immer härter. Keinen Millimeter weiche ich zurück.»

Wer sich in die bürgerlichen Kreise einreiht, wird auch der bürgerlichen Insignien würdig. So gehört es fast zwangsläufig zum dritten Leben der Alice Schwarzer, daß sie nunmehr mit Auszeichnungen bedacht wird. 1991 nimmt ihr Heimatort Wuppertal von ihr gebührend Notiz und verleiht ihr als «Vorkämpferin der deutschen Frauenbewegung» den Von-der-Heydt-Preis, einen Kulturpreis für verdiente Kinder der Stadt. Ein Jahr später erhält sie von der Westdeutschen Akademie für Kommunikation die Kurt-Neven-DuMont-Medaille.

Und was kommt dann? Die Frau, die einmal das Haßobjekt der Nation war, erhält die höchste Auszeichnung, die diese Nation zu vergeben hat: 1996 verleiht der Bundespräsident Alice Schwarzer das Bundesverdienstkreuz. Und siehe da, die ehemalige Barrikadenstürmerin, die Kämpferin gegen den männerbeherrschten Staat und seine frauenfeindlichen Gesetze, sie, die den Bundespräsidenten in anderer Sache noch kurz zuvor scharf kritisiert hat – nimmt das Stück Metall, mit dem Bürger geehrt werden, die sich um Volk und Staat verdient gemacht haben, kreuzkokett an.

«Und hatten nicht gerade wir Feministinnen immer Hohn und Spott über diese Art von Glitzerkram gegossen?» fragte die Geehrte dann in der *Emma*. Wohl wahr. Aber, so die selbsternannte Volkstribunin: Wenn sie, Alice Schwarzer, ausgezeichnet würde, dürften sich alle Frauen angesprochen fühlen. Also sei es sozusagen ihre Pflicht gewesen, stellvertretend das Kreuz auf sich zu laden.

Das sei «freche Geiselnahme in Tateinheit mit Amtsanmaßung», lästert *Die Woche* und bringt die Argumente der Feministin hübsch knapp auf den Punkt: «Orden jetzt auch für Frauen! Prima! Ich vertrete die Frauen! Also sind alle Frauen gemeint! Los, freuen!»

Kurze Zeit später schon wieder ein Grund zu aufgeräumter Heiterkeit. Alice Schwarzer wird «Frau des Jahres 1997». Der Deutsche Staatsbürgerinnen-Verband, eine 1865 gegründete konservative Vereinigung, die sich überparteilich für die Interessen der Frauen einsetzt, kürt die Feministin mit der Begründung: «Ohne Frau Schwarzer, ihre Veröffentlichungen und ihre Gründung der Zeitschrift *Emma* wäre die autonome Frauenbewegung zweifellos wirkungsloser geblieben.»

So hat sich die Rebellin eine seriöse Reputation erworben und ist richtig etabliert. Was Alice Schwarzer in ihrem dritten Leben nicht gut gebrauchen kann, ist eine schlechte Presse. Um die zu vermeiden, entwickelt sie einen besonderen Stil. Für Berichterstatter, auf deren uneingeschränktes Wohlwollen sie nicht setzen kann, ist sie schwer erreichbar. «Keine Zeit!» ist ein kaum zu widerlegendes Argument bei einer vielbeschäftigten Frau.

Kommt dann ein Interview zustande, ist dessen Verlauf schwer abzuschätzen. Vielleicht geht der Reporter oder die Reporterin völlig bezaubert vom Charme und sprühenden Witz der Interviewpartnerin heim und nimmt einen uneingeschränkt positiven Eindruck mit sich. Vielleicht aber geht es so wie noch jüngst einer Journalistin aus der Schweiz, die ein regelrechtes Wechselbad der Gefühle bei einem Treffen mit Alice Schwarzer durchleben mußte. Das Gespräch begann sehr freundlich. Doch als die Interviewerin Themen anschnitt, von denen unter Journalisten im Zusammenhang mit der prominenten Frauenrechtlerin immer wieder die Rede ist, die dieser jedoch anscheinend unangenehm sind, wurde Alice Schwarzer verbal ausfällig und schlug mit der Faust auf den Tisch. Weder zu der nicht vorhandenen Kronprinzessin in der *Emma* noch zu ihrem persönlichen Umgang mit ihrer Homosexualität wollte sie befragt werden. Sie herrschte die Interviewerin an, rügte deren Auftreten und qualifizierte sie als Journalistin ab.

Vorsichtig formuliert: ein höchst ungewöhnliches Verhalten. Für seriöse Interviews mit Personen des öffentlichen Lebens gibt es besondere Regeln: Veröffentlicht wird das, was die Befragten autorisieren. Unbequeme Fragen gehören zum publizistischen Geschäft und sind die Grundlage kritischer Berichterstattung. Politiker und Prominente, die für ihre Mission werben wollen, sind auf die Begleitung durch die Medien angewiesen. Sie müssen sich auch unerfreuliche Fragen gefallen lassen – sie müssen aber nicht antworten.

In dieser Lebensphase kommen der Feministin Schwarzer Skandale nur dann gelegen, wenn sie sie selbst anzettelt. Aber das klappt nicht immer. Da ist 1994 die Geschichte um den FrauenMediaTurm, der vor allem ein Licht auf Alice Schwarzer als clevere Geschäftsfrau wirft. Schauplatz: ein trutziger Turm am Rhein, der Kölner Bayenturm.

Das mittelalterliche Festungsgemäuer in der Kölner Südstadt hat schon einiges hinter sich: war Residenz des Erzbischofs, Wehrturm der Stadt, Folterkeller, Gefängnis. «Kölle alaaf» (Köln voran), die Parole der Karnevalisten, soll hier das erste Mal erschallt sein – und zwar als Schlachtruf von bewaffneten Bürgern, die 1262 den Bayenturm stürmten, Erzbischof Engelbert daraus vertrieben und die Festung besetzten.

Vorzugsweise pflegt die Stadt Köln Denkmäler dieser Art an Karnevalsvereine zu vergeben. Doch beim Bayenturm war Alice Schwarzer davor. Mit den hervorragenden Beziehungen, die sie zum sogenannten Kölner Klüngel aufgebaut hat, gelingt es ihr, die Festung einzunehmen. So weit, so gut. Ein Sieg! 1994 zieht das «Feministische Archiv und Dokumentationszentrum» in die Bürgerbastion ein. Das Archiv ist eine gemeinnützige Stiftung, die durch eine großzügige Anschubfinanzierung des Hamburger Mäzens Jan Philipp Reemtsma ermöglicht worden ist. Gründerin und Vorstandsvorsitzende des Archivs: Alice Schwarzer.

Mit einem großen Fest wird der FrauenMediaTurm, wie der Bayenturm von nun an heißt, eingeweiht. Mit dabei sind viele Honoratioren der Stadt Köln samt Oberbürgermeister. Selbst der stellvertretende Kreisvorsitzende der rechtsextremen Partei Die Republikaner soll, wie eine Kölner Zeitung wußte, eine Einladung bekommen haben. Die lokalen Frauenprojekte sind wohl eher unerwünscht. Die Einladungsschreiben – so das Kölner Blatt – haben sie nie erreicht. Die autonome Frauenszene und Alice Schwarzer sind sich seit den Querelen um *Emma* nicht mehr grün. Mit Kardinal Joachim Meisner – Abtreibungsfrage hin oder her – hat Alice Schwarzer da weniger Probleme. Den lädt die Turmherrin schon mal zu einer Führung durch ihr Gemäuer.

«Wer den Turm hat, hat die Macht», titelt Alice Schwarzer bei der Übernahme der Rheinfestung bedeutungsvoll in *Emma*. Das Motto hat sie wohl etwas zu wörtlich genommen. Denn nur wenige Monate nach dem Einweihungsfest ranken sich böse Gerüchte um den Turm der Frauen, der in Köln inzwischen «Emanzenturm» heißt. Die Journalistin Marianne Lange erhebt in der *Frankfurter Rundschau* schnöde Vorwürfe: spricht von Mißmanagement im Archiv, von Einschränkungen für Nutzerinnen und der Verquickung des FrauenMediaTurms mit der *Emma*-Redaktion.

Die Anschuldigungen sind brisant, denn der Bayenturm ist mit fünfeinhalb Millionen Mark Städtebauförderung (also Steuergeldern) restauriert worden, und das Archiv- und Dokumentationszentrum darf ihn siebzig Jahre lang nur unter besonderen Auflagen nutzen. Zu diesen Auflagen, festgehalten im Erbbaurechtsvertrag zwischen Stadt und Archiv, gehört, daß der Bayenturm ausschließlich dem Archiv zur Verfügung steht und «eine gewerbliche Nutzung ausgeschlossen» ist – auch durch das Unternehmen *Emma*. Außerdem ist der Turm «auf Dauer der Öffentlichkeit zugänglich zu machen».

Hat Alice Schwarzer, *Emma*-Herausgeberin und Vorstandsvorsitzende des Archivs, gegen diese Bestimmungen verstoßen und den postmodern hergerichteten Turm – in dem sie über ein repräsentatives Büro verfügt – für ihre kommerziellen Interessen genutzt? Das ist nicht nur eine rechtliche Frage, sondern auch eine der Fairneß und Solidarität gegenüber feministischen Forscherinnen. Denn die räumlichen Verhältnisse des Archivs sind – so schön die Festung mit ihren meterdicken Mauern auch ist – extrem beengt. Auf den fünf Etagen einschließlich Erdgeschoß steht höchstens ein Viertel des Gesamtraums für Bücher, Dokumentationsmaterial und für die Arbeitsplätze der Nutzerinnen zur Verfügung. Wurde dieser Raum dadurch noch weiter eingeschränkt, daß die Redaktions- und Verwaltungsarbeit für *Emma* zum Teil hierher verlagert wurde?

Alice Schwarzer sagt: Nein! Der Vorstand des FrauenMediaTurms erteilt der Kritikerin Marianne Lange Hausverbot wegen «rufschädigender Lügen», und die Vorstandsvorsitzende Schwarzer geht juristisch gegen die Kollegin vor. Ob das so klug war? Wie schon in anderen Streitfällen hätte sich Alice Schwarzer wohl besser etwas zurückgehalten, denn Marianne Lange läßt das nicht auf sich sitzen. Und bald sind die Verantwortlichen bei der Stadt Köln, die Stiftungsaufsicht in Hamburg, der Beirat der Stiftung, in dem so prominente Frauen wie Rita Süssmuth sitzen, und die Medien mit der Geschichte beschäftigt.

Der Journalistinnenbund erklärt: «Die gemeinnützige

Stiftung ‹FrauenMediaTurm› mit ihrer Vorstandsvorsitzenden Alice Schwarzer spricht mit ihrer Entscheidung gegen Marianne Langes Arbeit zugleich jedem feministisch-aufklärerischen Anspruch hohn.» Die Teilnehmerinnen eines Medienkongresses verurteilen per Resolution die «eklatante Beschränkung der Pressefreiheit», und der Vorsitzende der IG-Medien kritisiert diese «Maßregelung journalistischer Arbeit».

Alice Schwarzer reagiert mit Leserbriefen und Gegendarstellung. Der Artikel von Marianne Lange sei «voller Häme, Verdrehungen und falscher Behauptungen», schreibt sie an den *Kölner Stadt-Anzeiger*. «Ich kann nur wiederholen, daß die *Emma* ihre eigenen Räume hat. Ich allerdings sitze im Turm und habe bekanntermaßen viele Funktionen. Darum habe ich hier auch mit vielen Menschen zu tun, darunter mit meinen Kolleginnen von *Emma*.»

Bereits einige Monate zuvor war ein Verdacht gegen die Praktiken im Bayenturm aufgekommen, und Alice Schwarzer hatte sich gegenüber der Stadt rechtfertigen müssen. «Selbstverständlich wird der Bayenturm ausschließlich im Rahmen der vertraglichen Vereinbarungen genutzt ...», schrieb sie damals dem Liegenschaftsamt. «Ich persönlich bin allerdings unteilbar nicht nur der Stiftung verpflichtet, sondern u. a. auch *Emma* – was vielleicht bei manchen Mißverständnisse ausgelöst hat.»

Mißverständnisse? Es geht wohl eher um Merkwürdigkeiten. Merkwürdig ist zum Beispiel, daß die *Emma*-Redaktion im März 1994 ihr Domizil gewechselt hat. Sie zog von der Innenstadt in die Südstadt – vom Kolpingplatz 1 a, wo sie inzwischen auf zwei Etagen untergebracht war, in ein Ladenlokal in die Alteburgerstraße 2. Die neuen Räume bieten wesentlich weniger Platz, kosten aber wegen Lage und Größe auch weniger Miete und liegen nur fünf Fußminuten vom Bayenturm entfernt. Kurz nach dem Umzug der *Emma* bezog dann das Feministische Archiv seine Räume im Turm.

Ebenfalls merkwürdig ist, daß im beengten Bayenturm nicht nur das Archiv untergebracht ist, sondern auch ein sogenannter Förderverein FrauenMediaTurm. Der residierte 1994 im zweiten Stockwerk des Turms mit eigener Klingel an der Außentür. Im Vereinsregister der Stadt Köln ist er unter der Nummer 11546 vom 25. 4. 1994 eingetragen. Ziel des Vereins: «die praktische Umsetzung der theoretischen Arbeit der Stiftung FrauenMediaTurm» – was immer das sein mag.

Und wer sind die Gründungsmitglieder? Alice Schwarzer, die gleichzeitig 1. Vorsitzende des Vereins ist, Ursula Scheu, ihre alte Freundin, die darüber hinaus auch 2. Vorstandsvorsitzende des Feministischen Archivs ist, und dann noch fünf weitere Frauen, die sich alle im *Emma*-Impressum wiederfinden. Ein bißchen viel der personellen Überschneidungen: *Emma*-Mitarbeiterinnen, die gleichzeitig dem Förderverein FrauenMediaTurm angehören, der wiederum den Bayenturm nutzt – auch wenn er bis Ende 1994 dafür keine Genehmigung der Stadt hatte. Der Förderverein als Deckadresse für *Emma*?

Beweise dafür suchen Vertreter der Stadt und des Kölner Regierungspräsidenten vergeblich. Bei einer angekündigten Begehung des Bayenturms finden die Kontrolleure – nichts.

Regierungspräsident Antwerpes, der die Kontrollinstanz für die Stadt Köln ist und mitverantwortlich dafür, daß öffentliche Gelder nicht zweckentfremdet werden, sagt in einem Interview: «Ob man nun untrügliche Beweise dafür hat, daß die *Emma*-Redaktion im Archiv arbeitet oder nicht – Frau Schwarzer hat sich bereits ins Unrecht gesetzt, als sie einer Journalistin Hausverbot erteilte.» Der

Verdacht gegen Alice Schwarzer sei ja deshalb aufgekommen, weil sie nicht nur Leiterin des Archivs, sondern auch *Emma*-Chefin sei. «Sie mag in dieser Eigenschaft nichts zu tun haben mit dem FrauenMediaTurm. Doch der Verdacht, daß da etwas verquickt wird, liegt nahe.»

Nach monatelangen Querelen muß der FrauenMedia-Turm das Hausverbot gegen die Journalistin Lange aufheben. Vor einer erneuten gerichtlichen Verhandlung verzichtet Alice Schwarzer auf ihre Rechte aus einer einstweiligen Verfügung, so daß ein Hauptverfahren nicht durchgeführt wird. Marianne Lange darf damit ihre Äußerungen weiterverbreiten – bis auf einen kleinen Punkt.

Tatsächlich scheint die Turmherrin noch einmal mit einem blauen Auge davongekommen zu sein. Letztlich drückt wohl auch die Stadt, die überhaupt kein Interesse an einem Skandal innerhalb ihres eigenen Klüngels hat, das eine oder andere Auge zu. Grund für einen grünen Stadtverordneten, sich öffentlich über die «totale Beißhemmung» der Kommune gegenüber der prominenten Stadtbewohnerin Schwarzer zu beschweren.

Großer Aufruhr – heiße Luft? Selbst wenn die Vorwürfe berechtigt wären – warum sollte frau sich eigentlich nicht freuen, daß es eine clevere Geschlechtsgenossin geschafft hat, der Stadt ein für viele Millionen Mark renoviertes, prestigeträchtiges Objekt abzuluchsen? Das würde nur der im Geschäftsleben üblichen Schlitzohrigkeit entsprechen. Und auf diesem Weg hätten die Frauen ein Archiv bekommen. Das ist doch ganz im Sinne des Emanzipationsgedankens: Frauen sollen lernen, die Klaviatur der Macht zu beherrschen, und sich gesellschaftliche Ressourcen erobern. Trotzdem kommt bei der Geschichte nicht so richtig Freude auf. Vielleicht, weil in diesem Poker in der Hauptsache Frauen geschädigt werden? Zu den Vorwürfen an Alice Schwarzers Adresse gehörte nicht nur, daß im Turm die Forschungsmöglichkeiten von Nutzerinnen räumlich eingeschränkt wurden und sie monatelang auf einen Archivtermin warten mußten, sondern auch, daß Alice Schwarzer als Chefin der Archivangestellten eine ungute Personalpolitik betreibe.

Bei der offiziellen Eröffnung des Bayenturms arbeiteten im Feministischen Archiv sechs Frauen. Eine weitere kam kurze Zeit später hinzu. Von diesen sieben Mitarbeiterinnen war ein halbes Jahr nach der Turmeinweihung keine einzige mehr da. Zwei ABM-Stellen waren ausgelaufen, eine Frau wurde entlassen, die anderen vier sahen «keine Möglichkeit der Zusammenarbeit» mehr mit Alice Schwarzer. Zu dieser hundertprozentigen Fluktuation innerhalb kürzester Zeit sagte Ursula Scheu, Vorstandsfrau des Feministischen Archivs, lapidar: «Es ist doch völlig normal, daß Frauen kommen und gehen.» Für das Umfeld von Alice Schwarzer mag das ja stimmen.

«Macht konstruktiv im Sinne von Frauen und des Feminismus einzusetzen ist *eine* Sache», konstatiert eine der ehemaligen Archivfrauen, «sie für persönliche Interessen zu mißbrauchen und gegen andere Frauen, gegen Mitarbeiterinnen zu wenden, die mit Idealismus angetreten sind und die theoretischen Ziele von Alice Schwarzer teilen, ist eine andere.»

Machtmißbrauch und autoritäres Verhalten. Wer fühlte sich da nicht an die Beschwerden von ehemaligen *Emma*-Frauen erinnert? Auch als Archivchefin ist Alice Schwarzer wohl keine kollegiale Arbeitgeberin, sondern ein auf Kontrolle bedachter Boß. So hieß es in einer internen Dienstanweisung an die Archivangestellten, nachdem sich die Presse für die Vorgänge im FrauenMediaTurm zu interessieren begann: «Alle Post geht ab sofort direkt und ausnahmslos an Margitta Hösel (auch Briefe, die in Arbeitszusammenhängen direkt an einzelne Mitarbeiterinnen gerichtet sind).» Und: «Zur Erinnerung: Privatgespräche, Orts- wie Ferngespräche, sind grundsätzlich nur über die Taste ‹R› zu führen und außerdem ab jetzt bei Margitta Hösel anzumelden.» Margitta Hösel ist seit vielen Jahren Alice Schwarzers persönliche Assistentin.

Für die Kölner kam der Wirbel um das Feministische Archiv wohl ziemlich überraschend. Dabei hatte es mit dem Ärger um diese Einrichtung schon Jahre vorher angefangen. Das Feministische Archiv- und Dokumentationszentrum war 1983 in Frankfurt am Main gegründet worden. Idee: Alice Schwarzer. Finanzierung für die ersten Jahre: Jan Philipp Reemtsma.

Eine der ersten Mitarbeiterinnen war eine Frau, die anonym bleiben möchte und die im folgenden als Anna H. firmiert. «Ich habe mich im Studium intensiv mit Frauenforschung befaßt», erzählt Anna H., «und dabei festgestellt, wie schwer es ist, das Material zusammenzubekommen. Seitdem habe ich mir immer gewünscht, ein feministisches Archiv aufzubauen.»

Das sollten sie und – später bis zu acht – weitere Frauen nun in der gemeinnützigen Stiftung dürfen. Neuanfang von der Bleistiftbeschaffung bis zur inhaltlichen Konzeption. Die frisch gegründete Stiftung mit einer Geschäftsführerin, zwei Sekretärinnen, einer Bibliothekarin und fünf wissenschaftlichen Mitarbeiterinnen ist in einem schönen Gründerzeitgebäude im Frankfurter Westend untergebracht. Die Frauen werden vernünftig bezahlt und sind hoch motiviert. Anna H.: «Wir haben uns auch in dem Sinne als ein feministisches Projekt verstanden, daß wir den kollektiven Anspruch hatten, emanzipatorisch und solidarisch miteinander umzugehen.» Die Vorstandsvorsitzende des Archivs, Alice Schwarzer, sitzt in Köln, kommt zwei- bis dreimal im Jahr zu Arbeitsbesprechungen, und ansonsten gibt es regen brieflichen und telefonischen Kontakt.

Das geht jahrelang gut. Im Frankfurter Haus, aber auch zwischen Köln und Frankfurt herrscht ein sehr freundlicher, sehr kollegialer, sehr umgänglicher Ton. «Die Zusammenarbeit mit Alice war zum Teil sehr konstruktiv, sehr interessant und auch hilfreich für uns», so Anna H. Eines allerdings paßt den Archivfrauen irgendwie nicht – auch wenn sie sich nicht dagegen wehren. «Wir sollten bestimmte Personen im Archiv möglichst boykottieren. Das bedeutete: Wir sollten sie nicht unterstützen, wenig mit ihnen reden, ihnen nichts zusenden und so weiter.» Das seien alles Personen gewesen, die sich mal kritisch über Alice Schwarzer geäußert hätten. «Ehemalige *Emma*-Frauen gehörten zum Beispiel dazu.»

Das Archiv sammelt und dokumentiert Bücher, graue Literatur, die nicht über den Buchhandel zu beziehen ist, Broschüren von Frauenprojekten, Untersuchungen, Presseausschnitte und so weiter. Alle Bücher stehen in einer Präsenzbibliothek, alle Dokumente können eingesehen werden, die Besucherinnen werden beraten und mit Tips versehen.

Doch darüber hinaus haben die Archivfrauen noch weitere Aufgaben, die sie, wie ihnen ihre Chefin Schwarzer zu verstehen gibt und woran sich Anna H. deutlich erinnert, «im Dienste des Feminismus» ableisten sollen. Da will Alice Schwarzer ein neues Vorwort zu ihrem Buch *Frauenarbeit – Frauenbefreiung* verfassen. Und dazu möchte sie, erzählt Anna H., «mal ganz schnell» ein Dossier zum aktuellen Diskussionsstand haben. Da brauchen Alice Schwarzer und Ursula Scheu für den von ihnen herausgegebenen «Frauenkalender» noch Material, und das Archiv muß ihnen zuarbeiten.

«Außerdem ging es um die – wie Alice Schwarzer es nannte – ‹Kooperation› mit *Emma*», erinnert sich Anna H. «Unheimlich viel Arbeit» sei in die vielen *Emma*-Aufträge geflossen. Ein bißchen grummelnd erledigen die Archivfrauen diese Bitten. Es ist nicht einfach, als Angestellte ihre Chefin zu kritisieren.

Anna H.: «Die Krönung war dann, daß wir 1986 das Schlagwort-Register für das zehnjährige *Emma*-Jubiläum gemacht haben. Wir haben Tag und Nacht gearbeitet wie die Verrückten. Über Monate waren wir damit beschäftigt.» Gemeinnütziges Archiv oder Schwarzer-Archiv? «Wir waren zu naiv und haben uns einwickeln lassen», ärgert sich die ehemalige Archivfrau heute. «Alice ist eine Blenderin, und uns hat sie ganz, ganz lange geblendet.»

Erst beim *Emma*-Register fangen die Archivfrauen an, laut zu murren. «Zumal Alice uns zur gleichen Zeit Vorwürfe machte, wir kämen mit der eigentlichen Archivarbeit zu langsam voran und würden uns im Alltag verzetteln.» An diesem Punkt seien zwei völlig verschiedene Wertmaßstäbe aufeinandergeprallt. «Ich glaube, daß Alice darunter gelitten hat, keine Akademikerin zu sein. Ihr ging die Gründlichkeit des wissenschaftlichen Arbeitens irgendwie gegen den Strich. Wir waren ein wissenschaftlich orientiertes Archiv, und bei ihr mußte immer schnell hopplahopp alles dasein.»

Zum Leistungsdruck kommen noch andere Probleme. Das Archiv soll den Benutzerservice einschränken, Besucherinnen auswählen und nur noch die reinlassen, die interessante Sachen machen. Anna H.: «Interessant immer im Sinne von Schwarzer natürlich. Aber gegen diese Vorgaben haben wir uns gewehrt.» Nicht zuletzt diese Weigerung und die Kritik an der Zuarbeit für *Emma* habe den «Ton» zwischen Köln und Frankfurt «versaut».

Im Mai 1987 beschließen Alice Schwarzer, der übrige

Vorstand und der Beirat, das Archiv nach Köln zu verlegen. Den Frankfurter Mitarbeiterinnen sagen sie davon zunächst nichts. Erst ein halbes Jahr später, bei einer Arbeitsbesprechung am 8. Oktober 1987, erfahren die Angestellten von ihrer Chefin, daß das Archiv Mitte 1988 nach Köln umziehe. Das sei beschlossene Sache, diskutiert würde nicht, Punkt. Wer von den Frauen nach Köln kommen wolle, könne das tun. Mitgehen oder kündigen. Anna H.: «Wir saßen alle da und waren völlig überrumpelt. Und dann diese Art und Weise: Ihr habt zu schlucken und nichts dazu zu sagen.» Fünf Jahre Engagement und dann – abserviert.

Anscheinend spielt es bei den Umzugsplänen keine Rolle, daß das Archiv in Frankfurt eine zentrale Lage innerhalb der Bundesrepublik hat, in einer renommierten Buch- und Bibliotheksstadt liegt, dort bekannt und verankert ist und in bezug auf Frauenprojekte und -initiativen samt einem Frauenlehrstuhl an der Universität auf eine hervorragende Infrastruktur zurückgreifen kann. Von der Erfahrung und Kompetenz eingearbeiteter Mitarbeiterinnen ganz zu schweigen.

Anna H.: «Das war schon eine der heftigsten Erfahrungen meines Lebens, weil … sie ist doch eine Feministin.» Sie und ihre Kolleginnen hätten «unheimlich stark» den Eindruck gehabt, daß sich Alice das Archiv «unter den Nagel reißen und den Daumen ganz draufhalten» wolle. «Auch, was die inhaltliche Ausrichtung anging.»

Fast alle Frauen kündigen, fünf von ihnen protestieren öffentlich gegen den Vorgang, unter ihnen Anna H. Die Stiftung sei «emanzipatorischem, sozialkritischem und demokratischem Gedankengut verpflichtet», stellen die Frauen in einer Erklärung fest. «Um so empörender ist der Vorgang, die stiftungsrechtlich begründeten Strukturen und Hierarchien voll auszunutzen und gegen die Mitarbeiterinnen einzusetzen.» Daraufhin habe Alice Schwarzer den fünfen vorgeworfen, den Ruf des Archivs zu schädigen, berichtet Anna H. «Außerdem hat sie von uns verlangt, daß wir ihr die Liste mit den Namen der Medien und Projekte, an die wir den Beschwerdebrief geschickt hatten, übergeben. Ich meine – das ist doch eine autoritäre Haltung!»

Doch die Nachricht hat sich bereits verbreitet. Die Archivfrauen werden von namhaften Wissenschaftlerinnen, Vertreterinnen von Institutionen und Vereinen unterstützt. Die Presse macht sich mal wieder süffisant Gedanken, ob Frauen, vor allem Unternehmerinnen, die besseren Menschen sind. «Frauen feuern Frauen» titelt ein Blatt, und ein anderes dichtet zu einem Foto von Alice Schwarzer: «Ob Arbeit oder keine, entscheide ich alleine.» Der Hessische Rundfunk kommentiert: «Alice Schwarzer ist eine Frau, die in Deutschland viel in Bewegung gesetzt hat. Leider ist sie auch eine Frau, die das in Bewegung Gesetzte nicht aus ihrem Herrschaftsbereich entlassen kann und eben damit Wachstum und Weiterentwicklung blockiert. Bleibt vom Feministischen Archiv am Ende nicht mehr als ein *Emma*-Archiv?»

Im Sommer 1988 wandert das Archiv nach Köln. Zwei der Frankfurter Mitarbeiterinnen gehen mit. Einige Jahre wird für die Unterbringung der Bücher und Dokumente eine Übergangslösung gefunden, bis schließlich Alice Schwarzer, die Herrin des Archivs, auch Herrin über den Bayenturm wird. Und als sie dann 1995 zum ersten Mal im Kölner Rosenmontagszug mitfährt – sie hat das Karnevalsspektakel schon immer geliebt –, zeigt der Pappmaché-Aufbau ihres Wagens die Eroberung des Bayenturms für das Frauenarchiv. Die Turmherrin steht im schwarzweiß karierten Frack mit Zylinder lachend daneben.

Der Eklat um das Feministische Archiv in Frankfurt, der sich als Skandal um den FrauenMediaTurm in Köln fortsetzte – beide Male waren in erster Linie Frauen negativ betroffen. Als Arbeitnehmerinnen und Archivnutzerinnen und auch als kritische Berichterstatterinnen. Das hat System. Wer stand beim Knatsch um das Kalenderprojekt auf der Gegenseite? – Frauen. Beim Krach mit der ersten *Emma*-Redaktion? – Frauen. Bei den jahrelangen Auseinandersetzungen mit der autonomen Bewegung? – Frauen. Beim Fight mit den 32 abtrünnigen *Emma*-Mitarbeiterinnen? – Frauen. Selbst beim Clinch mit Henryk M. Broder war letztlich eine Frau die Geschmähte.

Frauen scheinen Alice Schwarzers Problem seit der Kindheit zu sein. All ihre jungen Jahre, so wird aus ihren eigenen und den Schilderungen ihrer Mutter deutlich, hat sie zwei Frauentypen erlebt und erlitten: tyrannisch und verbittert den einen – die Großmutter. Unterdrückt und abhängig den anderen – die Mutter.

Ganz anders dagegen kommt der Männertyp der Familie daher. Vom Großvater liefert Enkelin Alice Weichzeichnungen. «Seine Qualitäten waren so offensichtlich, daß man nicht darüber reden mußte. Alle mochten ihn gern. Und ich liebte ihn! Für seine Sanftmut, seine Lustigkeit und seine Fürsorge.»

Die Frauen der Familie sind negativ besetzt, der Mann uneingeschränkt positiv. Was für eine paradoxe biographische Prägung für eine feministische Karriere.

Schon früh hat Alice Schwarzer immer wieder betont, daß sie ihren Kampf nicht gegen Männer führe. Sie fühle sich Männern gegenüber «gleichberechtigt» und sei jeden Tag neu erstaunt, wenn jemand versuche, sich über sie zu erheben. «Schon meine frühesten Erfahrungen haben mich einfach begreifen lassen, daß auch Männer fühlen und auch Frauen denken können», sagt sie. «Mir ist es darum gar nicht möglich, die Männer aus dem Anspruch der Menschlichkeit zu entlassen. Und ich habe dabei die Erfahrung gemacht, daß das zwar nicht immer bequem ist, aber immer respektiert wird.»

Mit Männern – je prominenter, je lieber – steigt sie in den Ring. Die respektiert sie als gleichberechtigte Sparringspartner. So rieben sich einige Frauen im WDR doch höchst überrascht die Augen, als Alice Schwarzer, nachdem *Spiegel*-Chef Rudolf Augstein sie bei einem Streitgespräch vor der Kamera mit cool-patriarchalem Dominanzgehabe hatte auflaufen lassen, mit ebendiesem Augstein freundschaftlich untergehakt das Funkhaus verließ und sich draußen von der bereitstehenden Boulevardpresse in trauter Zweisamkeit ablichten ließ. «If you can't beat them, join them!» würden Amerikaner dazu sagen.

Nicht viel anders war es mit *Stern*-Chef Henri Nannen: Öffentlich machte man sich gegenseitig zur Schnecke, privat nannte man sich beim Vornamen und verstand sich wunderbar.

Alice Schwarzer ist nicht nur stolz auf ihre männlichen Eigenschaften – Helga Dierichs: «Sie ist ein Macho im Rock» –, sondern sie mag Männer wohl einfach. Wobei die Sympathie und der Respekt durchaus gegenseitig sind. «Ich kenne nur wenige Frauen, die vorbehaltlos gut über Alice sprechen», stellt Susanne von Paczensky fest, «aber einige Männer schätzen sie außerordentlich.»

CDU-Minister Norbert Blüm duzt Alice Schwarzer, Fernsehfahnder Eduard Zimmermann gesteht, sie «ausgesprochen sympathisch» zu finden, Schauspieler O. W. Fischer schwärmt für sie: «Wenn wir uns begegnen, strahlen wir wie die Veilchen. Ich werd' sie mit 100 Jahren, was ich ja bald bin, noch mögen!!!» Der Politiker Heiner Geißler «bewundert» sie, und der Schauspieler Götz George, alias Horst Schimanski, posiert für *Emma* und freut sich, daß Alice Schwarzer in ihm nicht nur den Macker sieht.

Warum sollte Alice Schwarzer Männer auch hassen? Was sie kritisiert und ändern will, sind die bestehenden Geschlechterverhältnisse. Was sie haßt, sind die männlichen Machtstrukturen, die sie als Frau ins Abseits drängen und es ihr so schwer machen, gleichzuziehen und sich durchzusetzen. Was sie bekämpft und negativ am eigenen Leibe erfahren hat, ist eine patriarchale Gesellschaft, die Frauen erniedrigt und nicht ernst nimmt.

Alice Schwarzer ist zu Recht weit entfernt von jeder Mystifizierung des Weiblichen: «Einen Dreck sind wir die besseren Menschen.» Sie will einfach die gleichen Rechte und Möglichkeiten haben wie ein Mann: «Nicht die Männer sind mein Problem, sondern ihre Privilegien.» Ihr geht es um seine Vorrechte, nicht um seinen Pillermann. «Mein Bedürfnis, Männer zu beschimpfen, ist nicht wahnsinnig groß», gesteht sie. «Mein ganz persönliches Problem sind die Männer eigentlich nicht.» Und wo liegt dann das Problem?

«... Das Gift der Frauenverachtung ist tief unter unsere Haut gedrungen», sagt Alice Schwarzer. Wer wie Frauen mit seinem Unterdrücker Tisch und Bett teile, dem falle es besonders schwer, ihn zu hassen und zu bekämpfen. «Da scheint es oft so viel einfacher, uns selbst zu belügen und zu betrügen ...» Was u. a. dahinterstecke, sei «Selbsthaß (und damit Frauenhaß)», aber auch «gezielter Verrat: da biedern Frauen sich auf Kosten anderer Frauen bei der Männerwelt an ...»

Verrat und Verachtung von Frauen sind wiederkehrende Motive im Leben und in den Texten von Alice Schwarzer. Verraten fühlt sie sich offenbar leicht von Frauen, die sie kritisieren. Das betrifft häufig solche, die denselben Beruf haben wie sie. Gegen andere Journalistinnen kann sie richtig wüten. «Soviel kann man gar nicht essen, wie man bei der Lektüre eurer Schmierereien manchmal kotzen müßte», schreibt sie 1984 in einem Leserbrief an die *taz*, als Reaktion auf einen Artikel von Gisela Freisinger über die neue Weiblichkeit. «Ich bin es gewohnt, Wichsvorlage zu sein. Wichsvorlage an den Stammtischen der Reaktionäre und der Genossen ... Ihr, die Verantwortlichen der *taz*, habt es immer verstanden, gegen Radikalfeministinnen eure Weibchen ins Feld zu schicken.» Über ein Jahrzehnt später behauptet sie immer noch: «Seit 15 Jahren gibt es nicht einen Artikel unter der Gürtellinie gegen mich von einem Mann: Die sind alle von Frauen – natürlich von Männern bestellt.» Überhaupt: «Wir Frauen müssen endlich lernen, uns in unserer Unterschiedlichkeit zu akzeptieren ... Für mich hört das allerdings dort auf, wo Frauen sich auf Kosten anderer Frauen bei Männern anbiedern. Das ist Verrat. Da verstehe ich keinen Spaß.»

Alice Schwarzer, die Feministin, hat einen so jämmerlich schwachen Glauben an die Eigenständigkeit und Stärke anderer Frauen, daß sie diese immer wieder als von Männern ferngesteuert oder als deren willfährige Dienerinnen darstellt.

Obwohl ja eigentlich die Männer das Feindbild des Feminismus abgeben, hat sie sich kaum mit einem Mann persönlich angelegt. Männer kamen eher bei inhaltlichen Streitereien ins Spiel. Es geht um Frauen. Alice Schwarzer scheint Frauen zutiefst zu mißtrauen. Weil sie ihre Familiengeschichte nicht zuletzt als die Geschichte eines Verrats von Frauen verstehen könnte? Verrat nicht im Sinne eines persönlichen Versagens von Margarethe Schwarzer und Erika Schilling, sondern im Sinne der komplizierten, archaisch anmutenden Beziehungsstruktur zwischen Müttern und Kindern. Kaum ein Rollenzwang ist stärker als der, dem Mütter ausgesetzt sind. Da ist der Konformitäts-druck der Gesellschaft, und da sind die selbstverständlichen Ansprüche der Kinder. Frauen, die sich der konventionellen Rolle verweigern, stecken im Dilemma: Kinder können eine solche Haltung ihrer Mütter leicht als gegen sich gerichtet, als schmerzhaften Entzug empfinden.

Als müßte sich Alice Schwarzer in der Wiederholung beweisen, daß Frauen sie verraten, provoziert sie Situationen, die für sie einen Verrat bedeuten. Sie fordert Frauen heraus, attackiert sie, verrät sie. Bis diese anfangen, Kritik zu üben, sich abzuwenden, zurückzuschlagen – und dann in den Augen der Alice Verrat begehen.

Verrat und Verachtung liegen für Alice Schwarzer nahe beieinander. In einem Interview wird sie gefragt: Gibt es Frauen, die Sie verachten? «Ja, Frauen, die sich bei Männern ranschmieren wollen, indem sie Frauen verraten.» Geht es dabei nicht eher um ihre eigene Frauenverachtung? Wie anders läßt sich ihr destruktiver Umgang mit den Freundinnen, Kolleginnen und Mitstreiterinnen erklären, der die zweite Hälfte ihres Lebens wie ein schrilles, aber auch trauriges Motiv durchzieht? Wie käme sie sonst auf die Idee, ihre Gegnerinnen zu demütigen, Frauen mit Tieren zu vergleichen, «Heuchelei, List und Intrige» als antrainierte weibliche Waffen zu bezeichnen oder erotische Wäsche mit «Verhurung» und nuttenhaftem Verhalten in Verbindung zu bringen?

Sieht man sich an, wie Alice Schwarzer vor gar nicht langer Zeit junge Lesben in einem *Emma*-Editorial niedermachte, könnte man das glatt glauben. Der Anlaß war der hier schon einmal erwähnte Überfall auf die *Emma*-Redaktion 1994. Die Täterinnen, die gegen *Emmas* «Euthanasiepropaganda» und «rassistische Berichterstattung» protestieren wollten, waren, wie die New Yorker Guerilla-Girls, mit Affenmasken vermummt in die Arbeitsräume eingedrungen, hatten diese verwüstet und die Computeranlagen mit Farbe besprüht. Sachschaden: 100 000 bis 150 000 Mark. Unterschrift auf dem Bekennerschreiben: «Frauen Lesben Gruppen aus Köln + anderswo».

Kein Wunder, daß die *Emma*-Verlegerin stinksauer war. Zu Recht schrieb sie ein wütendes Editorial. Und doch bleibt nach dessen Lektüre ein unangenehmer Nachgeschmack. Denn die Abrechnung mit einer kleinen Gruppe unbekannter Täterinnen aus der angeblich «‹linksextremen Szene›» gerät zum Rundumschlag: «Sie sind überwiegend homosexuell, jung und haben ihr Studium abgebrochen oder jobben ... Daß diese Frauen so gar nicht zu wissen scheinen, wo der Hauptfeind steht, ... das hat nicht nur mit ihrem Mangel an Bewußtsein und dem Maß ihrer Entfremdung zu tun – das ist auch Ausdruck ihres Opportunismus ... Der Kern dieser masochistischen Lust an der (Selbst)Zerstörung ist der weibliche Selbsthaß ... Vermutlich ist dieser Selbsthaß gerade bei manchen lesbischen Frauen besonders groß ... Es ist also kein Zufall, daß ausgerechnet diese Frauen versucht haben, gezielt Emmas Arbeitsgeräte zu zerstören, Emma die Stimme zu nehmen. Und das nicht etwa im Namen ihrer Ohnmacht und ihres Neides, sondern im Namen des ‹Antirassismus› und ‹Feminismus› (!) Aber Politik ist eine zu ernste Sache, um sie für so niedrige persönliche Motive funktionalisieren zu lassen.»

Das richtet sich nicht nur gegen alle Frauen, die nicht auf Linie sind, sondern vor allem gegen lesbische Frauen. Was treibt Alice Schwarzer, gerade auf diejenigen einzuschlagen, denen sie sich besonders verbunden fühlen müßte? Als sie einmal über die Angst der Homosexuellen vor Entdeckung spricht, sagt sie: «Und dann ist da auch noch die Scham, diese im tiefsten Inneren empfundene ‹Schande›. Ich rede von der verinnerlichten Entwertung, die sowohl in der totalen Selbstverleugnung als auch durch ein besonders laut tönendes Coming-out überdeckt werden kann.»

Kann es denn sein, daß Alice Schwarzer, die Heldin der Frauenbewegung, die Streiterin für die Rechte und Würde von weiblichen Wesen, Frauen etwa mißtraut, eine gewisse Angst vor ihrem Verrat empfindet, sie manchmal verachtet, ja, sogar haßt? In einem Interview spricht sie einmal ihre Zerrissenheit an: «Intrigen und Angriffe von Frauen tun viel mehr weh. Die verraten damit ja auch sich selbst», klagt sie. «Manchmal habe ich mich gefragt: Warum bin ich so blöd und kümmer mich um die Weiber?»

In Beobachtungen von einigen ihrer Weggenossinnen deutet sich jedenfalls an, daß es da ein Problem gibt. Christina von Braun versucht, sich allgemein einen Reim auf das irritierende Verhalten von Alice zu machen. «Wenn man wirklich etwas für die Sache der Frauen tun will, kann man nicht so destruktiv mit ihnen umgehen, wie Alice es tut. Das stimmt vorne und hinten nicht», meint sie. Und Helga Dierichs sieht das Phänomen im Zusammenhang mit Alice Schwarzers Haltung zum Feminismus: «Alice hat eine ganz andere Interessenlage als den Feminismus. Sie hat ein Sendungsbewußtsein, aber ihr ist nie in den Sinn gekommen, daß feministisch zu sein auch ein anderes Verhalten verlangt, als sie es zeigt.»

Abwehr gegen das eigene Geschlecht. Ein Problem der weiblichen Sozialisation. Auch Alice Schwarzer versucht eine Antwort auf die allgemeine Frage nach den Ursachen zu finden. Frauen seien zu lange «gegeneinander ausgespielt und aufeinander gehetzt» worden, glaubt sie. Die «Selbstverachtung und die Verachtung anderer Frauen» sitze zu tief. «Wir müssen uns klarmachen, daß die Mehrheit der Menschen unseres Geschlechtes sehr alltägliche physische und psychische Erfahrungen der Erniedrigung, Demütigung und auch körperlicher Zerstörung hat», stellt sie nachdenklich fest. «Daher kommen diese grauenhaften weiblichen Selbstzweifel. Das kennt fast jede Frau. Man kann sonstwas schaffen, und plötzlich sagt man sich: Vielleicht bin ich doch ein Nichts.»

«Mit zunehmender Lebenserfahrung steigt die Ironie»

Vom Haßobjekt zum Liebling der Nation

1996. Emma *wird 20!*

Im Oktober 1992 erschießt Gert Bastian, Exgeneral und Friedensaktivist, seine Lebensgefährtin Petra Kelly, Pazifistin und Politikerin der Grünen. Und dann sich selbst. Sehr schnell verarbeitet Alice Schwarzer das Beziehungsdrama zu einem Buch: *Eine tödliche Liebe*. Es erscheint im Sommer 1993, wird viel gelesen und hitzig diskutiert.

Obwohl der Staatsanwalt feststellte, daß Bastian seine Gefährtin Kelly umbrachte, als sie schlief, wurde die Tragödie in der Öffentlichkeit stets als «Doppelselbstmord» gehandelt. Bis Alice Schwarzer es ausspricht: Mann ermordet Frau. Nach jahrelanger Verstrickung in einer heillos zerstörten, symbiotischen Beziehung habe der verzweifelte Bastian keinen Ausweg mehr gewußt und in tödlich patriarchaler Arroganz über beider Leben entschieden. Petra Kelly sei zum Opfer männlicher Aggression geworden, aber da diese gegenüber Frauen fast fraglos hingenommen werde, zeige alle Welt Verständnis für Bastians Tat und kaschiere Mord als Selbstmord. «Ja, Kelly hat genervt», schreibt sie. «Aber seit wann steht auf Nerven Todesstrafe?»

Es ist eine höchst packende und spannend geschriebene Geschichte, mit der die Autorin eine plausible Theorie aufrollt. Dabei widmet sie sich einmal mehr dem dialektischen Verhältnis von Privatem und Politischem und beleuchtet die Haßliebe des prominenten Paares selbst in intimen Details – weil, wie sie sagt, «der sexuelle Bereich ja ein Spiegel» dafür sei, wie es «wirklich um die Beziehung Bastian-Kelly stand».

Ein heißes Eisen. Das muß die Meinungen spalten. Der Beziehungsreport sei mit «Wärme, Menschenkenntnis und Einfühlung» geschrieben, er sei «stellenweise sogar die

meisterlich zusammengetragene Chronik einer verhäng-
nisvollen Verstrickung», loben die Anhänger des Buches.
Die Kritiker werfen der Autorin Moralismus, Voyeurismus
und Wühlen im Intimleben vor. Sie betreibe «politischen
Denkmalsturz», und «finanzielle Interessen» seien auch im
Spiel. Außerdem sei die im Text angewandte Methode
fragwürdig, da die Verfasserin «Vermutungen als unum-
stößliche Wahrheiten» präsentiere, so «als sei sie mittels
Tarnkappe stets intime Zeugin des Geschehens gewesen».

Als Alice Schwarzer beschuldigt wird, ihre Inter-
viewpartner «bewußt getäuscht und für ihre eigenen
Zwecke aus niederen Beweggründen mißbraucht» zu haben, kocht wieder mal eine Auseinandersetzung so richtig
hoch. Der Text sei «journalistisch, menschlich und mora-
lisch unzulässig», weil zahlreiche Zitate «frei erfunden»
und objektive Fakten verfälscht seien, behaupten einige
Familienangehörige und Freunde des toten Paares. Till Bastian, Arzt und Sohn von Gert Bastian, wirft Alice Schwarzer vor, ihr Buch vergewaltige «die Tatsachen und damit
auch die Menschen, deren Leben und Sterben es zu schildern behauptet». Doch Frau und Tochter von Gert Bastian, die wichtige Gewährspersonen der Autorin sind, finden sich im Text korrekt wiedergegeben.

Alice Schwarzer sieht sich zwischen «alle Fronten geraten» und außerdem in der «Schußlinie der Kitsch- und
Körner-Fraktion», der Grünen, die verhindern wolle, daß
ihre «Idole zu Menschen» würden. Jedes Zitat sei abge-
stimmt worden, ihren Angreifern ginge es nur darum, unbequeme Inhalte abzuwehren.

Während sich die Kritik auf die Recherche- und Darstel-
lungsmethoden kapriziert, geht ein Aspekt des Buches, der
ausgesprochen spannend und aufschlußreich ist, fast völlig
unter. In ihrem Nachwort zur Taschenbuchausgabe be-
nennt Alice Schwarzer diesen Aspekt: «Schwarzerscher

Feminismus, wie Till Bastian ihn versteht, wäre es nun gewesen, über das arme Opfer und den bösen Täter zu lamentieren», notiert sie. «Aber siehe da: Ich schreibe über das mit-schuldige Opfer und den armen Täter. Ich leide nicht nur mit Bastian, sondern richte auch auf Kelly einen kritischen Blick.»

Dieser Blick ist nicht nur kritisch, den kann man auch erbarmungslos nennen. So vehement Alice Schwarzer den Anspruch Petra Kellys auf Selbstbestimmung und auf Herrschaft über ihr Leben verteidigt, so einseitig schildert sie ihre Person: quälend verhuscht, weibchenhaft nach dem Helden suchend, sich an Bastian klammernd wie ein hilfloses Kind, ihn unendlich peinigend. Bei Gert Bastian dagegen kritisiert Alice Schwarzer harsch die patriarchalen Denkstrukturen, in denen der Exgeneral verfangen ist, seine Person jedoch erscheint in ihrer Darstellung hilflos bemüht, fürsorglich und sympathisch.

Diese Interpretation hat – so erfahren die Leserinnen und Leser von der Autorin – nicht nur etwas mit Kelly / Bastian zu tun, sondern auch mit einem anderen unglücklichen Paar. «Ein Geständnis» folgt auf den Beziehungsreport. «Ich kenne mich aus in Paarkonstellationen wie Kelly / Bastian», bekennt Alice Schwarzer. «Ich bin bei einem solchen Paar, bei meinen (Groß)Eltern aufgewachsen.»

Es folgt eine schonungslose Abrechnung mit ihrer Oma, verknüpft mit einer Liebeserklärung an ihren Opa. Sie: «interessant, heftig und nervend». Er: «lieb, sanft und fürsorglich». Sie: «machte Szenen, quälte ihn, machte ihm das Leben zur Hölle». Er: «wehrte sich nicht. Er litt. Und arbeitete. Und schwieg. Und starb.» Zwar versucht die Enkelin, die unglücklichen Seiten ihrer Großmutter mit ihrem «erstickend engen Frauenleben» zu erklären, aber dann zeigt sie sogar Verständnis für den Fall, daß ihr Großvater seine Frau eines Tages getötet hätte. «... hätte er sie gar umgebracht – alle hätten den Armen verstanden. Ich inbegriffen, fürchte ich.»

In der Schilderung beider Fälle – Kelly / Bastian und Großmutter / Großvater – offenbart sich die Grundspannung, unter der Alice Schwarzer im Verhältnis zu den Geschlechtern zu stehen scheint. Eine Spannung zwischen Verstand und Gefühl. Ihre Mission, ihre Botschaft und ihre Kampfkraft stehen im Dienste der Sache der Frau. Doch ihre Sympathie, ihre Achtung, ihr Respekt gelten diesen Frauen nicht.

Doch dann gibt es noch ihre Heldinnen in der Wirklichkeit. Frauen, die sie als besonders mutig und stark empfindet, weil sie mit der tradierten weiblichen Rolle gebrochen haben. Frauen, die sich einfach nehmen, was nach der gesellschaftlichen Norm nur Männern zusteht, die nicht lange fragen, ob eine Eigenschaft männlich oder weiblich ist, sondern sich an dem orientieren, was ihnen Einfluß, Anerkennung und auch Macht einträgt.

Über berühmte Frauen, denen sie als *Weibliche Rebellinnen* einen Porträtband widmet – darunter sind unter anderen die Psychoanalytikerin Margarete Mitscherlich-Nielsen, die Schriftstellerin Elfriede Jelinek, die Schauspielerin Inge Meysel und der Rockstar Gianna Nannini – schreibt sie: «Sie alle sind Ausbrecherinnen aus der Weiblichkeit, bewußt oder unbewußt. Schon ihre öffentliche Existenz verstößt gegen die eherne patriarchalische Regel der weiblichen Beschränktheit, im doppelten Sinne.» Und es ist zu spüren, daß sie sich mit diesen besonderen Menschen identifiziert: «Auffallend bei den Lebensläufen erfolgreicher Frauen fand ich, daß sie fast nie aus ‹normalen› familiären Verhältnissen kommen, sondern meist aus einer atypischen, oft sogar regelrechten Außenseiter-Situation.»

Einige dieser Heldinnen bewunderte bereits die junge Alice. Dazu gehören Simone de Beauvoir und Marion Gräfin Dönhoff. Bei beiden bleibt es nicht beim Anhimmeln aus der Ferne. Simone de Beauvoir lernt Alice Schwarzer früh über die französische Frauenbewegung auch persönlich kennen. Marion Dönhoff war ihr schon als junge Journalistin ein Vorbild. 1987 porträtiert sie die *Zeit*-Herausgeberin, die im Widerstand gegen Hitler kämpfte, zunächst für *Emma*. Titel: «Der Häuptling». Marion Dönhoff ist angetan. Noch nie sei «ein Mitglied ihrer Familie so liebenswürdig geschildert» worden, schreibt sie der Autorin.

Fast zehn Jahre später, 1996, veröffentlicht Alice Schwarzer *Ein widerständiges Leben*, eine Biographie Marion Gräfin Dönhoffs. «Eine wirklich überraschende Konstellation: die Grand Old Lady des Journalismus und die bekannte Feministin», befindet der Verlag in seinem Klappentext. Und das findet nicht nur er.

Das Buch ist wirklich überraschend. Und in vielem so ziemlich das Gegenteil von dem vorherigen Buch der Autorin. Der Kelly/Bastian-Text geht schonungslos mit den Figuren ins Gericht, entreißt die Personen der Legendenbildung. Die jetzt im Mittelpunkt stehende Figur der Gräfin erstrahlt im weichen Schein recht distanzloser Verehrung. Alice Schwarzer fällt es offenbar einfach schwer, Respekt und Bewunderung mit Abstand und Kritik in ein wohldosiertes Mischungsverhältnis zu bringen.

In wonniger Überidentifikation geht es stellenweise mit der Autorin durch, und sie galoppiert in einen Lore-Roman: «Die Erde riecht, die Krokusse platzen und die Vögel zwitschern. Die verwegen aussehende Reiterin, deren mächtige Pelzmütze hinten auf den Sattel geschnallt ist, trabt langsam über die Schloßbrücke.»

Die Kritik spricht freundlich von einer «Hommage» und

einer «vergnüglichen Lektüre» oder weniger freundlich von einem «Stück Trivialliteratur». Dem Publikum gefällt das Buch außerordentlich. Und es ist – im Gegensatz zum Kelly / Bastian-Report – nicht umstritten.

Nur einige Rezensentinnen halten Alice Schwarzer vor, sie, die Feministin, sei zu sanft mit der Haltung umgegangen, die die Gräfin gegenüber Frauen einnimmt. Alice Schwarzer kontert: «Das finde ich gar nicht. Schließlich habe ich mir das Unerhörte erlaubt, eine Frau zu porträtieren, die Frauen verachtet, was ja auch im Buch steht. Etwas Kritischeres kann eine Feministin nicht sagen.»

Mit diesem Buch hat Alice Schwarzer noch weitere Kreise erreicht als zuvor. Wo sie früher Tabus verletzte, bekommt sie nun die Weihen der guten Gesellschaft. Nach so viel schönen Erfolgen erscheint es nun schon fast als Selbstläufer, daß es zum 20. Geburtstag von *Emma* kaum eine Zeitung, eine Gazette oder ein Sender versäumt, dem Blatt und seiner Herausgeberin zu gratulieren. Die Freundlichkeit kennt kaum Grenzen. Fast alle singen im Chor von den großen Verdiensten, die sich die Heldin der Frauenbewegung erworben hat, als würden sich die Medienmacher auf einmal wirklich alle für den Fortschritt der Geschlechterverhältnisse interessieren.

Und so trifft sich auf den Glückwunschseiten der *Emma*-Jubelausgabe denn auch eine illustre Schar. Von Rita Süssmuth bis über Schleswig-Holsteins Ministerpräsidentin Heide Simonis, von Frauenministerin Claudia Nolte bis zur Präsidentin des Bundesverfassungsgerichts Jutta Limbach und die ganze Riege der Chefs und Chefinnen deutscher Blätter, von *Bild der Frau* bis zum *Playboy*.

Zum Geburtstag haben die Emmas bei den Meinungsforschern von Allensbach eine Umfrage über «*Emma* und Alice» in Auftrag gegeben. Das Ergebnis ist für beide erfreulich. Knapp jeder zweite Bundesdeutsche kennt

Emma, und 67 Prozent der Befragten wissen, wer Alice Schwarzer ist, oder haben schon von ihr gehört. Bei den Westdeutschen sind es sogar 73 Prozent. Zum Image der berühmten Frau meinen 61 Prozent, sie sei redegewandt, 58 Prozent, daß sie für ihre Überzeugung kämpfe, und 52 Prozent, daß sie sich nichts gefallen lasse. Daß sie viel für Frauen erreicht habe, glauben hingegen nur 25 Prozent, und nur 13 Prozent können sich vorstellen, daß sie für viele Frauen ein Vorbild sei.

Nicht überraschend ist, daß Alice Schwarzer bei Frauen das deutlich bessere «Standing» hat. Männer bewerten die Feministin insgesamt negativer. So finden 52 Prozent der Männer, aber nur 42 Prozent der Frauen, daß die Feministin eine typische Emanze sei. 39 Prozent der Männer und nur 30 Prozent Frauen glauben, daß sie Männer nicht leiden könne. Und 34 Prozent der Männer behaupten, daß sie verbissen und verkniffen sei, was nur 21 Prozent der Frauen annehmen. Da hat sich wohl bis in die jüngste Zeit etwas vom alten Ruf der Schwanz-ab-Schwarzer erhalten.

Was hat *Emma* nun erreicht in den 20 Jahren? Für eine unabhängige Zeitschrift ist es schon eine Leistung, überhaupt so lange zu existieren. Die Zeitschrift für Frauen von Frauen hat nachhaltig Einfluß ausgeübt. Seit Ende der siebziger Jahre haben auch konventionelle Frauen-Illustrierte wie *Brigitte*, *Petra* und *Freundin*, selbst *Bild der Frau* einen schärferen Blick für Themen, die einst nur *Emma* aufgegriffen hat. Kindesmißbrauch, lesbische Liebe, Gewalt in der Ehe, Pornographie, Prostitution – das sind nur einige davon. Durch *Emmas* Vorreiterrolle wurden solche Themen gesellschaftsfähig.

In den letzten Jahren fingen einige dieser Frauenzeitschriften sogar an, *Emmas* Philosophie zu praktizieren – allerdings spiegelbildlich: Wo *Emma* stets die Frau den männlichen Gelüsten ausgeliefert sieht, wird in diesen Blättern der Mann – je attraktiver, desto besser – zum Objekt erklärt und in Wort und Bild für Begehrlichkeiten freigegeben.

Doch viele Diskussionen, die die Entwicklung der Frauenbewegung bestimmten, hat die *Emma* schlicht verschlafen, oder sie paßten nicht ins rigide radikal-feministische Konzept der Herausgeberin. «Was mich im Laufe der Zeit immer stärker irritierte», erzählt Susanne von Paczensky, «war die Frage, was das für eine Frauenbewegung ist, die da in der *Emma* dargestellt wird. Denn es wurde ganz oft schlecht über Frauen gesprochen, die anders lebten oder dachten, als es Alice oder *Emma* in den Kram paßte. Aber Frauenbewegung bedeutet für mich doch auch Toleranz und Verständnis für andere Lebensweisen.»

Emma war über all die Jahre kein richtiges Diskussionsforum. Die Welt der *Emma* ist schlicht gestrickt, ihre Botschaft klar und ohne diese lästigen «Ja ... aber», die das Leben so anstrengend machen. Mann unterdrückt Frau: Mann = böse, Frau = gut; Familie, Kinder und Reizwäsche = Katastrophe, lesbische Liebe = prima; weibliche Frau = ganz übel, weiblicher Kerl = viel besser.

Zwar bekam auch die *Emma* im Laufe der Jahre ein neues Image verpaßt und hieß ab Anfang 1993 «Magazin von Frauen für Menschen». Aber das könnte, wie das Facelifting im Layout, ein Zugeständnis an die Zeichen der Zeit gewesen sein. Und auch etwas mit Verkaufszahlen zu tun haben. Kleine, unabhängige Blätter müssen um ihr Überleben kämpfen. In dieser Zeit wurde *Emma* zwar doppelt so dick, erschien aber nur noch alle zwei Monate zum Preis von 11,80 Mark. Dabei ist es bis in die jüngste Zeit geblieben.

Und was geschah mit der Frauenbewegung, während das Blatt, das einst ihr Sprachrohr hätte sein sollen, in die

Jahre kam? Sie ist voll in institutionellen Bahnen gelandet. Frauenministerien, Frauenförderpläne, Quoten, Gleichstellungs- und Antidiskriminierungsgesetze. Frauenbeauftragte beim Bund, bei den Ländern, bei den Kommunen, in den Hochschulen und in den größeren Betrieben. Frauen haben viel erreicht, aber verändert hat sich fast nichts – sagen Zynikerinnen.

Und was sagt Alice Schwarzer? Die hat die Frauenbewegung schon lange ins Grab getragen. «Die Frauenbewegung ist tot, es lebe der Feminismus», verkündete sie Anfang der neunziger Jahre. «Denn eine ‹Frauenbewegung› im politischen Sinne – also eine Bewegung mit organisatorischem Zusammenhalt und gemeinsamen Grundpositionen und Zielen –, die gibt es schon seit Ende der siebziger Jahre nicht mehr.» Daß sie dieses Datum wählt, ist gewiß kein Zufall. Es ist der Zeitpunkt, zu dem sich Alice Schwarzer mit ihrer *Emma* aus der Bewegung verabschiedet hat. Was ihre ehemalige Freundin Susanne von Paczensky zu der nachdenklichen Bemerkung veranlaßt: «Alice möchte, daß die Frauenbewegung aus *Emma*-Leserinnen besteht. Das ist schon komisch, daß in den Medien eine Frau an der Spitze der Frauenbewegung steht, die irgendwie nur halb dazugehört.»

Alice Schwarzer gehört inzwischen ganz woanders dazu. Auch sie habe «ihren Frieden mit dem immer noch weitestgehend männlich strukturierten Establishment gemacht», lobt eine Wirtschaftszeitung.

1997 wird Alice Schwarzer wieder geehrt: mit dem Schubart-Literaturpreis in Aalen. Es ist nicht die höchste Auszeichnung, die sie bislang bekommen hat, aber diese paßt voll ins Bild einer Frau, die einst auszog, die Welt der Männer das Fürchten zu lehren, und als allseits beliebte Vorzeigefeministin heimkehrte. Es ist ein Preis, der ihr zwanzig Jahre früher gebührt hätte – aber gerade damals hätte sie ihn nicht bekommen. Denn es ist zwar ein Rebellenpreis – aber für gesellschaftsfähige Rebellen, versteht sich.

Christian Friedrich Daniel Schubart, der 1791 verstorbene Namensgeber des Aalener Preises, war Schriftsteller und Publizist, wurde als Organist in Ludwigsburg wegen «lockeren Lebenswandels, ungezügelten Charakters» und satirischer Veröffentlichungen des Amtes enthoben, gründete eine freiheitliche Zeitung, saß zehn Jahre im Kerker auf der Festung Hohenasperg und schrieb Gedichte gegen die Willkür des Tyrannen. Der ihm gewidmete Preis wird seit rund vierzig Jahren vergeben, und unter anderen haben ihn schon Ralph Giordano und Peter Härtling erhalten. «Sie war eben dran», sagt ein Mitglied der Jury zur Wahl von Alice Schwarzer.

Doch der Rebell Schubart war ein Schuft und Frauenverächter der übelsten Sorte. Er wetterte gegen gelehrte Frauen, «die sich mehr beeifern zu schöngeistern und mit mannigfaltigen Kenntnissen zu prunken, als durch weise Verwaltung des Hauswesens und sonderlich durch Studium der Kinderzucht wahrhaftige Hausehren zu sein». Schubart quälte seine Frau Helene; er schlug ihr nicht nur das eine oder andere Auge blau, er prügelte sie fast zu Tode. Was eine Glossenschreiberin der Aalener Lokalzeitung anläßlich der Preisverleihung zum Lamento veranlaßte: «Bloß, i denk mehr an sei Frau, an d Helena, vo der schwätzt koiner; was dia durchgemacht hot mit so'ma Saufaus, so'ma Schürzejäger.»

Beim Festakt im Frühjahr 1997 in der überfüllten Stadthalle – halb Aalen ist im schönsten Sonntagsstaat herbeigeeilt – lobt der Laudator die Preisträgerin Alice Schwarzer: ihre «Autorität», ihre «Stärke», ihren «Pioniergeist», ihren «Scharfsinn». Wie die von ihr porträtierte Marion

Dönhoff sei sie ein «Häuptling», was ihrem «intellektuellen Witz» und einer «fröhlichen, lebensbejahenden Grundierung ihrer Existenz» nicht entgegenstehe. Charmant verteidigt der Redner die feministische Fernsehkarriere: «Ist es denn so schlimm, wenn Alice Schwarzer über harmlose Rätselfragen nachdenkt an der Seite von Sepp Maier, dessen erfolgreiche Torhüterkarriere den Feminismus ja nicht direkt in Frage stellt?» Schließlich hätte sie mit ihren «unbeschwerten Auftritten» erreicht, daß man sie nicht mehr so leicht in die «Ecke eines verbiesterten Aktionismus» abdrängen könne.

Wohlwollend betrachten rund 1000 Aalener ihre neueste Preisträgerin, die im langen, schwarzen Samtkleid und einer neuen, hübschen Frisur – große Locken statt Wuschel – am Rednerpult steht. Erst erzählt Alice Schwarzer, daß sie sich den Fuß verknackst habe – allgemeines Starren auf ihre Knöchel –, dann hält sie eine Rede, wie es eigentlich nur sie kann: ein bißchen kämpferisch, ein bißchen frech, voller Witz und kleiner Widerhaken, so daß sich ihre Zuhörerschaft zwar angepikt, aber nie gepiesackt fühlt. Und droht ihr nach einem kritischen Schlenker doch die Gunst der Menge zu entgleiten, erspürt sie es seismographisch. Ihre schmeichelnde Stimme wird dann noch sanfter.

Dann geht der Sonntag in Aalen weiter. Und während sich die Menge langsam verläuft, stehen drei gutangezogene Aalener Damen mittleren Alters noch ein wenig plaudernd herum. «Ich hatte doch wirklich ein ganz anderes Bild von ihr ...», hebt die eine an.

«... sie ist so gar nicht aggressiv, so diplomatisch und angenehm», fährt die zweite fort.

«Ja, ja, das Gemäßigte an ihr ...», befindet die dritte.

«Aber treu ist sie sich trotzdem geblieben ...», fällt die erste ein.

«... sie mußte früher ja auch böse sein, sonst hätte sie niemand gehört», so wieder die zweite.

«Sie hat ihren Humor wiedergefunden. Da sind viele Feministinnen noch nicht soweit», entscheidet die dritte.

Und was würde die so beschriebene Alice Schwarzer wohl selbst dazu sagen? «Ich wäre ja ein Idiot, wenn ich zwanzig Jahre lang denselben Kampf mit denselben flammenden Worten führte, mit demselben Kopf gegen dieselbe Mauer rennen würde. Mit zunehmender Lebenserfahrung steigt die Ironie.»

1974. Frauenkongreß in Frankfurt am Main

1975 auf der Frankfurter Buchmesse. Courage-Frauen diskutieren
mit den Schwarzen Botinnen

Ein Frauentreff in den siebziger Jahren

1980

1996. Der Kölner Regierungspräsident Franz-Josef Antwerpes überreicht ihr das Bundesverdienstkreuz

1994. Bei einer Kundgebung in Bonn

1990. Im Rateteam von Joachim Fuchsberger

1994. Nach dem Überfall auf die Redaktionsräume der Emma

Anhang

Anmerkungen

Einerseits möchten wir es unseren Leserinnen und Lesern erspa-
ren, in diesem Buch auf eine Vielzahl von Anmerkungen zu treffen. Andererseits sollen die verwandten Quellen nachvollziehbar und überprüfbar sein, auch wenn wir im fließenden Text auf
Anmerkungsziffern verzichten.

Es werden die Stellen ausgewiesen, an denen Alice Schwarzer
aus ihren Texten, aus Interviews und anderen Quellen zitiert
wird. Angegeben wird hier das jeweils erste und letzte Wort der
fraglichen Passage: danach der Fundort. Die dabei benutzten
Kürzel sind aufzulösen anhand des nachfolgenden Werkver-
zeichnisses, in dem alle hier zitierten und nicht alle veröffentlichten Werke Alice Schwarzers angeführt werden.

Im Literaturverzeichnis (siehe Seite 327 ff.) werden darüber hinaus die für die Argumentation wichtigen Werke anderer Autorinnen und Autoren benannt; solche Bezüge werden zumeist
auch aus dem Text deutlich.

In diesem Buch geht es häufig um Ereignisse und Debatten,
die ihren Niederschlag in verschiedenen Medien und Presse-
organen fanden. Auch hier wäre es wenig lesefreundlich, jedes
Zitat jeweils in bibliographischer Vollständigkeit auszuweisen.
Jedoch ist kenntlich gemacht, wann es sich um solche Zitate
handelt und in welchen Kontexten diese Aussagen entstanden
sind.

Viele Aussagen, die als Zitat gekennzeichnet sind, stammen
aus Interviews, die die Autorin geführt hat. Einige Personen legten Wert auf Anonymität; ihre Namen sind jedoch dem Verlag
bekannt.

Zitierte Werke von Alice Schwarzer

Angeführt werden hier die Ausgaben der Werke Alice Schwarzers, nach denen zitiert wurde:

Der ‹kleine Unterschied› und seine großen Folgen. Frankfurt/Main 1994 (zitiert als: Unterschied)

Eine tödliche Liebe. Petra Kelly und Gert Bastian. Köln [9]1993 (zitiert als: Tödliche Liebe I), München 1994 (zitiert als: Tödliche Liebe II)

Frauenarbeit. Frauenbefreiung. Praxis-Beispiele und Analysen. Frankfurt/Main 1973 (zitiert als: Frauenarbeit)

Frauen gegen den § 218. 18 Protokolle. Frankfurt/Main 1971 (zitiert als: Frauen gegen)

Marion Dönhoff. Ein widerständiges Leben. Köln 1996 (zitiert als: Dönhoff)

Mit Leidenschaft. Reinbek 1986 (zitiert als: Leidenschaft)

PorNo. Opfer & Täter. Gegenwehr und Backlash. Verantwortung und Gesetz. Ein Emma-Buch, herausgegeben von AS (zitiert als: PorNo)

Schwesternlust und Schwesternfrust. 20 Jahre neue Frauenbewegung – eine Chronik, herausgegeben von AS (zitiert als: Schwesternlust)

Sexualität. Ein Emma-Buch, herausgegeben von AS. Reinbek 1984 (zitiert als: Sex)

Simone de Beauvoir heute. Gespräche aus zehn Jahren. 1972–1982. Reinbek 1991 (zitiert als: de Beauvoir)

Von Liebe und Haß. Frankfurt/Main 1993 (zitiert als: Liebe + Haß)

Warum gerade sie? Weibliche Rebellinnen. Begegnungen mit berühmten Frauen. Frankfurt/Main 1992 (zitiert als: Warum)

So fing es an! 10 Jahre neue Frauenbewegung. Ein Emma-Buch von AS. Köln 1981 (zitiert als: So fing es an)

Einleitung

S. 13 *Ich bin … anzettelt:* AS, SonntagsZeitung 1. 9. 1996

S. 16 *Diese fragwürdige Methode … Bunte:* AS, Bunte 17. 12. 1997

S. 20 f. *… einen Menschen … auszuliefern:* AS, Weibliche Rebellen, S. 15

1. Kapitel

S. 25 *Der Arzt ... raus:* Vgl. Stern 37/1975

S. 25 *Seine Mutter ... kümmern:* Vgl. Erika Schilling, Weibblick, Mai/Juni 1997

S. 26 *Ich sehe ... anzufangen:* Erika Schilling, Mutter, S. 219 f.

S. 27 *Meine Mutter ... schwacher Mann:* Erika Schilling, Weibblick, Mai/Juni 1997

S. 27 *Die Familie ... geliebt:* Erika Schilling, a. a. O.

S. 27 f. *dramatische ... waren:* Erika Schilling, a. a. O.

S. 28 *An einem ... Badezimmer:* Erika Schilling, a. a. O.

S. 28 *mir vermittelte... anfassen:* Erika Schilling, Mutter, S. 218 f.

S. 28 *Ich wollte ... Liebe:* E. Schilling, Weibblick, Mai/Juni 1997

S. 28 *Der war ... Rechte:* Erika Schilling, a. a. O.

S. 29 *Sie habe ... wollen:* Erika Schilling, a. a. O.

S. 29 *Allerdings ... gezahlt:* Erika Schilling, Der Spiegel 28/1976

S. 29 *Die Schwangerschaft ... mir:* Erika Schilling, Weibblick, Mai/Juni 1997

S. 29 *Sie hat ... Schande:* Erika Schilling, a. a. O.

S. 29 *Sie hat ... denke:* Erika Schilling, a. a. O.

S. 30 *Intellektuell ... verachtete:* Erika Schilling, Mutter, S. 219

S. 30 *Genau neun ... makaber:* Vgl. Erika Schilling, Weibblick, Mai/Juni 1997

S. 31 *Im Ersten ... Alliierten:* AS, Leidenschaft, S. 153

S. 31 f. *Es sei ... organisiert:* AS, Die Zeit, 4. 12. 1992

S. 32 *Am Tag ... ohrfeigen:* AS, Tödliche Liebe II, S. 175

S. 32 *Und ihre ... anzukämpfen:* Erika Schilling, Mutter, S. 218

S. 37 *Ich habe ... aufzuwachsen:* AS, SonntagsZeitung 9. 6. 1991

S. 37 *Mit Puppen ... Gendarm:* AS, Leidenschaft, S. 213

S. 37 *Er füttert ... scheint:* Vgl. AS, Kölner Stadt-Anzeiger 27. 7. 1985

S. 38 *Ernst ... gewesen:* Vgl. Erika Schilling, Weibblick, Mai/Juni 1997

S. 38 *Mein Vater ... Mutti:* Vgl. Erika Schilling, a. a. O.

S. 38 f. *Dich nimmt ... Schilling:* Vgl. Erika Schilling, a. a. O.

S. 42 *beißt ... Schale:* Vgl. AS, Liebeserklärung an Wuppertal 1993, S. 217

S. 42 f. *Erika Schwarzer ... größenwahnsinnig sein:* Vgl. Erika Schilling, Weibblick, Mai / Juni 1997

S. 43 *Mein ... loben:* AS, SonntagsZeitung 9. 6. 1991

S. 45 *Und Alice ... Kind:* Vgl. Der Spiegel 26 / 1976

S. 46 *Alices ... bog:* Vgl. AS, Emma 1 / 1994, S. 5

S. 47 *Ich lebte ... Wort:* AS, Kölner Stadt-Anzeiger 27. 7. 1985

S. 47 f. *Manchmal ... lassen:* Erika Schilling, Weibblick, Mai / Juni 1997

S. 48 *Sie sei ... Meinung:* AS, Stern 19. 3. 1987

S. 48 *chaotischen Schulweg:* AS, Leidenschaft, S. 214

S. 48 f. *Und so ... rauchte:* AS, Liebeserklärung an Wuppertal 1993, S. 217

S. 51 f. *Ich stamme ... ließ:* AS, Der Tagesspiegel 2. 2. 1975

S. 52 *Der Vater ... wollte:* Erika Schilling, Der Spiegel 28 / 1976

S. 52 *Haben Sie ... spielte:* AS, Kölner Stadt-Anzeiger 27. 7. 1985

S. 52 *Unsere Mütter ... groß geworden:* AS, Frankfurter Rundschau 24. 9. 1988

S. 54 *Alice ... setzt:* AS, SonntagsZeitung 9. 6. 1991

S. 54 *Wie alle ... aufgeben:* AS, Express 29. 11. 1992

S. 54 *weil alle ... mochte ich:* AS, Funkuhr 29. 6. 1985

S. 54 f. *Einem Reporter ... bringen:* Vgl. Der Spiegel 26 / 1976

S. 55 *Mit sechzehn ... Baby:* AS, Leidenschaft, S. 213

S. 56 *Verdammt ... ausgeliefert:* Vgl. AS, Süddeutsche Zeitung Magazin 29. 11. 1996; SonntagsZeitung 9. 6. 1991

S. 57 *Das Leben ... Schneider:* AS, Süddeutsche Zeitung Magazin 29. 11. 1996

S. 57 *Alice ... Erinnerung:* Vgl. Erika Schilling, Weibblick, Mai / Juni 1997

S. 57 *Zunächst ... Autozubehör:* AS, Stern 37 / 1975

S. 57 *Langeweile:* Vgl. AS, Leidenschaft, S. 214

S. 57 *Sie sei ... Männer da:* Vgl. AS, Der Tagesspiegel 2. 8. 1975

S. 58 *Sie habe ... Trauer darüber:* AS, SonntagsZeitung 9. 6. 1991

S. 58 *Sie leidet ... nichts mehr:* Vgl. E. Schilling, Mutter, S. 219 f.

S. 58 *zerrüttet:* Vgl. Zeit Magazin 12. 12. 1975

S. 58 *Er hat ... schreiben:* Vgl. AS, Tödliche Liebe II, S. 173 f.

S. 58 *Meine ... erfahren:* AS, Zeit Magazin 12. 12. 1975

S. 58 f. *Erst sehr ... können:* AS, Tödliche Liebe II, S. 174 f.

2. Kapitel

S. 64 *Für meine Generation ... Sartre:* AS, Liebe + Haß, S. 244

S. 65 *Wir Frauen ... Existentialismus:* AS, Profil 25 / 1996

S. 65 *Paris ... gewesen:* AS, Kölner Stadt-Anzeiger 27. 7. 1985

S. 65 *Als Alice ... geflucht:* Vgl. AS, Leidenschaft, S. 11 ff.

S. 65 *Die junge Alice ... forderte:* Vgl. AS, Frankfurter Rundschau 24. 9. 1988

S. 65 f. *Sie sei ... parat hielt:* AS, Leidenschaft, S. 214; vgl. weiter AS, a. a. O., S. 13; Harald Schmidt-Show 13. 5. 1997

S. 66 *Als sie ... glatt:* Vgl. AS, Harald Schmidt-Show 13. 5. 1997

S. 66 *Über viele Jahre ... mich:* Vgl. AS, Leidenschaft, S. 214

S. 67 *Sie habe ... einmal:* Vgl. AS, Alfredissimo 10. 2. 1997

S. 67 *Ihren Opa ... Mann:* AS, Tödliche Liebe II, S. 174

S. 67 *Er war ... geliebt:* AS, Leidenschaft, S. 216

S. 67 f. *Nach gut ... werden:* Vgl. AS, a. a. O., S. 12 f., S. 214 f.

S. 68 *Im Januar ... Lebenserfahrung:* AS, a. a. O., S. 13 f.

S. 68 *Schon ... werden:* AS, Die Zeit 23. 1. 1987

S. 68 *Verständlich ... mußte:* AS, Leidenschaft, S. 13

S. 68 *Bei den ... Lokalredaktion:* Vgl. AS, a. a. O., S. 13 f.

S. 70 *Wenn man ... Notstandsdemo:* AS, Frankfurter Rundschau 24. 9. 1988

S. 70 *Ich bin ... verbessern:* AS, Die Zeit 4. 12. 1992

S. 70 *Das Angebot ... gemeint:* AS, Leidenschaft, S. 14

S. 70 *Es wäre ... beschränkt ist:* AS, a. a. O., S. 15

S. 71 *Aus der Distanz ... entkommen wollen:* AS, a. a. O., S. 215

S. 71 *dazugehört ... zu suchen gehabt:* AS, a. a. O., S. 16

S. 72 *Heißt man ... lesbisch:* Lützel Jeman / AS, Teuflische Jahre 7. Das Witzigste aus Pardon. Auswahl aus dem Jahrgang 1969, Frankfurt / Main 1972, S. 47

S. 72 *Dreizehnter Tag ... der Udo:* Lützel Jeman / AS, a. a. O., S. 56

S. 72 *Sie habe ... sehr:* AS, Leidenschaft, S. 215 f.

S. 72 *Sie flüchtet ... nötig:* Vgl. AS, a. a. O., S. 215

S. 73 *Mit ihm ... schöner:* AS, a. a. O., S. 214

S. 73 *Er hatte Angst ... würde:* AS, a. a. O., S. 216 f.

S. 73 *Die Papiere ... können:* AS, a. a. O., S. 216

S. 74 f. *Vier Frauen ... dabeisein:* Vgl. AS, a. a. O., S. 17 f.

S. 75 *Unerwartet ... Grab:* AS, Tödliche Liebe II, S. 174

S. 77 *Was für ... Amazonenbewegung:* AS, Leidenschaft, S. 18

S. 77 *Aus schierem Spaß ... besetzt halten:* Vgl. AS, a. a. O., S. 18 f.

S. 77 *Jeden Abend ... gründlich:* AS, a. a. O., S. 19

S. 78 *Es war ... erfaßte:* AS, de Beauvoir, S. 12

S. 80 *Ganz konkret ... Genossen-Bett:* AS, Leidenschaft, S. 19

S. 81 *Selbstbezichtigungsaktion ... Doppelmoral:* AS, a. a. O., S. 19

S. 84 *In der Nacht ... weitergaben:* AS, de Beauvoir, S. 9

S. 84 *Im Mai ... ärgert sich:* Vgl. AS, a. a. O., S. 8

S. 85 *Wir saßen ... verlieren:* AS, Tempo 3 / 1991

S. 85 *In dieser ... nicht passen:* AS, de Beauvoir, S. 8

S. 85 *Machte nichts ... Begegnung:* AS, de Beauvoir, S. 9

S. 86 *So wie Sartre ... Wegbegleiterin:* AS, a. a. O., S. 10

S. 86 *Von den MLF-Frauen ... geschlossen:* AS, a. a. O., S. 12

S. 86 *Sechs bis acht ... aufzutreiben:* Vgl. AS, a. a. O., S. 12 f.

S. 86 *Das Interview ... Feministin:* Vgl. AS, a. a. O., S. 13

S. 87 *Die Person ... Frau:* AS, a. a. O., S. 9

S. 87 *Intelligenz ... Erotik:* AS, a. a. O., S. 19

S. 87 *Freiheit des Denkens ... Fleiß:* AS, a. a. O., S. 21

S. 87 *Menschen ... kann:* AS, Liebe + Haß, S. 247

S. 87 *krittelnder Autoren ... hassen:* AS, Die Zeit 7. 2. 1997

S. 88 *Es ist zweifelsfrei ... haben:* AS, Leidenschaft, S. 101

S. 88 *Den Differenzialismus ... Entwicklung:* AS, SonntagsZeitung 9. 6. 1991

S. 88 *die zentrale Forderung ... geben:* AS, a. a. O.

S. 89 *Die Umstände ... Sklaverei:* AS, Leidenschaft, S. 218

S. 89 *Den Frauen ... Haus:* Vgl. AS, Neues Deutschland 20. 9. 1990

S. 89 *aus dem Käfig ... ausgebrochen:* AS, Die Zeit 23. 1. 1987

S. 89 *kein sonderlich ... Mensch:* AS, de Beauvoir, S. 17

S. 89 *Eine Frau ... Widerstände:* AS, a. a. O., S. 20

3. Kapitel

S. 107 *Irgendwann ... hatten:* Vgl. AS, Leidenschaft, S. 11

S. 107 f. *Der Redakteur ... veröffentlichen:* Vgl. AS, a. a. O., S. 12

S. 108 *beide ... Politik:* AS, a. a. O., S. 11

S. 108 *Gegenüber ... hundertmal:* Vgl. Der Spiegel 26 / 1976

S. 108 *Ihre Mutter ... alt:* Vgl. Erika Schilling, Weibblick, Mai / Juni 1997

S. 108 *ein Abenteuer ... ist:* AS, Leidenschaft, S. 12

S. 109 *Ich stieß ... Weiberrat:* AS, a. a. O., S. 20

S. 110 f. *Start ... entlarvt:* Vgl. AS, Stern 6. 6. 1971

S. 111 *Indessen ... unterschreiben:* AS, a. a. O.

S. 111 *Etwa die Hälfte ... zusammen:* Vgl. AS, Leidenschaft, S. 20

S. 111 *Er hatte ... Aufsehen:* AS, a. a. O., S. 20

S. 111 *Am 30. Mai ... Listen ab:* Vgl. AS, a. a. O., S. 20

S. 112 *die ausschließlich ... wird:* AS, Frauen gegen den § 218, S. 133

S. 112 *Wir Frauen ... Erfolg:* AS, Leidenschaft, S. 21

S. 112 *Sie habe sich ... Wut:* AS, a. a. O., S. 21 f.

S. 112 *Sie selbst ... geworden sei:* AS, a. a. O., S. 22

S. 114 *Für Alice ... weiterblicken:* AS, Frauen gegen den § 218, S. 139

S. 115 *Die Aktion ... wurde:* AS, Leidenschaft, S. 21

S. 115 f. *Die deutschen Frauen ... gemacht worden:* AS, Frauen gegen § 218, S. 152 f.

S. 116 *Selbstbewußtsein ... Radikalität:* AS, Leidenschaft, S. 18

S. 116 *Vom Sommer 1971 ... hin und her:* Vgl. AS, a. a. O., S. 22

S. 123 f. *Zur selben Zeit ... Methode gezeigt:* Vgl. AS, a. a. O., S. 29

S. 124 f. *Mit dem Film ... Fernsehen:* Vgl. AS, a. a. O., S. 30 f.

4. Kapitel

S. 133 *Und so ... antworten:* AS, Leidenschaft, S. 33

S. 133 *Das Ganze ... durchkreuzt:* AS, a. a. O., S. 34

S. 133 *Weil ich ... verbreiten:* Vgl. AS im Streitgespräch mit Esther Vilar

S. 134 *Statt cool ... überlegt:* AS, Leidenschaft, S. 34

S. 134 *Und noch ... angeboten:* AS, a. a. O., S. 34 f.

S. 135 *Land ... haben:* AS, a. a. O., S. 22

S. 135 *Ich komme ... Problem:* AS, Die Weltwoche 8. 10. 1975

S. 135 *Mit dieser ... Welten auf:* Vgl. AS, Leidenschaft, S. 22

S. 140 *lustvoll:* AS, Amica 1 / 1997

S. 140 *Nur wenn ... Entwicklung:* AS, Unterschied, S. 210

S. 140 *Den Männern ... Feminismus:* AS, Sexualität, S. 32

S. 140 *Ich bin ... unübersehbar ist:* AS, Leidenschaft, S. 36

S. 141 *Und so ... Hexenprozeß:* AS, a. a. O., S. 32

S. 144 *Wenn ... Heterosexualität:* AS, Amica 1 / 1997

S. 146 *Es gibt ... Privatleben:* Vgl. Der Spiegel 26 / 1976 und 28 / 1976

S. 146 *Am meisten ... kaschiert:* AS, Tödliche Liebe II, S. 180 f.

S. 146 *Sind sie ... Privatleben:* AS, Express 29. 11. 1992

S. 146 f. *Als Alice ... haben:* Vgl. Amica 1 / 1997

S. 148 *Mit dem ... Fratzen:* AS, Unterschied, S. 11

S. 148 *Funktion ... Frauen:* AS, a. a. O., S. 7

S. 148 *Mundpropaganda ... Männer:* AS, Leidenschaft, S. 36

S. 149 *Und in ... mehr:* AS, Unterschied, S. 179

S. 150 *Die patriarchalische ... wieder:* Vgl. AS, Leidenschaft, S. 36

S. 150 f. *Alice ... unmännlich:* AS, Unterschied, S. 182 ff.

S. 151 *Es nützt ... habe:* Vgl. Rheinische Post 13. 11. 1975; Zeit Magazin 12. 12. 1975

S. 152 *Ich sag' ... kieken:* Vgl. Der Abend 3. 10. 1975

S. 152 *Die Nation ... bin:* Vgl. Spandauer Volksblatt 5. 10. 1975

S. 153 *Ich fühle ... Humor:* Vgl. Der Abend 3. 10. 1975

S. 153 *Daß sie ... Schweine:* Vgl. Express 12. 3. 1975

S. 153 *Ein solche ... Geifernden:* AS, Konkret 5 / 1976

S. 153 *1976, nicht lange ... beschäftigt:* Vgl. Peter Brügge über AS, Der Spiegel 26 / 1976; siehe auch AS dazu: Der Spiegel 28 / 1976

S. 153 f. *Er glaubte ... Ängste:* Peter Brügge über AS, Die Zeit 6. 8. 1976

S. 154 *Titel ... Schwarzer:* Vgl. Süddeutsche Zeitung 9. 10. 1975

S. 154 *In Berlin ... lasse:* Vgl. Spandauer Volksblatt 5. 10. 1975

S. 155 *Alice spricht ... ansehen können:* Vgl. Zeit Magazin 12. 12. 1975

S. 156 *Alice Schwarzer ... Land:* AS, Leidenschaft, S. 37 f.

S. 158 *Handelnd ... begann:* AS, a. a. O., S. 37

S. 159 *Am meisten ... verwehrt habe:* AS, Konkret 5 / 1976

320

S. 161 *Das will ... versteckten:* Vgl. Brief von AS und Ursula Scheu vom 8. 3. 1975 in: *Frauenjahrbuch 1*, Frankfurt/ Main 1975

S. 162 *Einen eventuellen ... investieren:* Frauenkalender 1975, «Wie dieser Kalender entstanden ist»

S. 162 *Laut Kölner Express ... verhindern:* Vgl. Express 31. 7. 1977

S. 162 *Der Frauenkalender ... vervierfacht:* Vgl. So fing es an. 10 Jahre Frauenbewegung. Ein Emma-Buch von AS, 1981, S. 69

S. 162 *Und der ... Ursula Scheu:* Vgl. Munzinger-Archiv / Internat. Biograph. Archiv 43/ 1975, 51 – 52 / 93

5. Kapitel

S. 165 *An alle ... weitergeben:* AS, Liebe + Haß, S. 251

S. 165 f. *Die Zeitung ... ausdiskutiert werden:* AS, Rundbrief, zitiert nach Helga Dierichs, Journalist 4 / 1977

S. 166 *Mir persönlich ... Kopf:* AS, Leidenschaft, S. 38

S. 166 *Theoretisch ... weiter:* AS, a. a. O., S. 38

S. 171 *Was kostet ... versucht:* AS, a. a. O., S. 39

S. 171 f. *Der kleine Unterschied ... ausreichen:* Vgl. AS, a. a. O., S. 38 f.

S. 173 *Vom temperament-... zuwider:* AS, a. a. O., S. 23

S. 177 *Ich hatte ... unentbehrlich:* AS, Märkische Allgemeine 4. 3. 1994

S. 177 *Ich hatte ... sitze:* AS, Der Bund 28. 9. 1996

S. 177 f. *Die Redaktion ... Redaktionsfrauen:* Emma-Redaktion. Schreiben an Frauenzentren und Frauengruppen, 29. 9. 1976 FFBIZ-Archiv Rep. 400, BRD 20.11d

S. 180 f. *Die bisherigen ... Diffamation:* Emma-Brief vom 27. 11. 1976, zitiert nach Courage 1 / 1977

S. 181 *Das Kollektiv ... Kraut:* AS, Leidenschaft, S. 25

S. 184 *Natürlich ... Eigenschaften:* AS, Amica 1 / 1997

S. 185 *Macht ist ... verändern will:* AS, Frankfurter Rundschau 24. 9. 1988

S. 186 *Wir haben ... ist:* Emma-Brief vom 27. 11. 1976, zitiert nach Courage 1 / 1977

S. 188 f. *Öffentliche Macht ... gutgehen:* AS, Leidenschaft, S. 22 ff.

6. Kapitel

S. 198 *Drei Tage ... Semmeln:* Vgl. AS, Liebe + Haß, S. 256

S. 199 f. *Seit fünf Jahren ... Schwarzer:* AS, Emma 1 / 1977

S. 200 *Wir sind ... Pullovern:* AS, a. a. O.

S. 202 *Mein Beruf ... Tochter:* Erika Schilling, a. a. O.

S. 203 *Erst Anfang ... endlich ich:* Vgl. Erika Schilling, Weibblick, Mai / Juni 1997

S. 203 f. *Ich befand ... Frauenbewegung:* Vgl. Erika Schilling, a. a. O.

S. 204 f. *In einem Artikel ... Verpflichtung:* AS, Emma 11 / 1977

S. 205 *Über ihre ... nicht sehen:* AS, Die Zeit 4. 10. 1996

S. 205 f. *In den siebziger Jahren ... tätig:* Vgl. Munzinger-Archiv / Intern. Biograph. Archiv 43 / 75, 4 / 77, 19 / 81, 45 / 91, 51 – 52 / 93

S. 208 *Courage ... gehen:* Vgl. AS, Deutsche Zeitung 25. 2. 1977

S. 209 f. *Bei der Debatte ... wagte:* Vgl. Claudia Pinl (Julia Bähr), Klatschmohn, S. 179 ff.

S. 212 *Zudem hatten ... redigieren:* Emma-Redaktion. Schreiben an Frauenzentren und Frauengruppen, 29. 9. 1976, FFBIZ-Archiv Rep. 400, BRD 20.11d

S. 215 *Bereits wenige Monate ... Berg sei:* Vgl. AS, Welt der Arbeit 14. 9. 1977

S. 218 f. *Das Editorial ... gehen sollte:* Emma Mai / Juni 1996

S. 219 *1978, in der ... verbunden:* Emma 4 / 1978

7. Kapitel

S. 223 *Wer eine Bratpfanne ... machten:* Vgl. AS, Stuttgarter Zeitung 27. 6. 1979

S. 224 *Auch ich ... Pfanne:* AS, Kölnische Rundschau 8. 8. 1979

S. 225 *Ich tue ... lustvoll:* AS, Amica 1 / 1997

S. 225 *Ich bin ... anzettelt:* SonntagsZeitung 1. 9. 1996

S. 226 *Ich habe ... Deut:* AS, Die Zeit 23. 1. 1987

S. 226 *1978 zettelt ... beherrschen:* Emma 8 / 1978

S. 227 *Die Richter ... Schwarzer:* Vgl. Emma 9 / 1978

S. 227 *Für die ... gesammelt:* Vgl. Emma 8 / 1978

S. 227 *es muß ... Militär:* AS, Emma 6 / 1978

S. 227 *Dann wieder ... Frauen an:* Vgl. AS, Emma 5 / 1979

S. 227 *Dann wieder ... Erwachsenen:* Vgl. AS, Emma 4 / 1980

S. 227 f. *Mal erwägt ... vertreten würden:* Vgl. Emma 5 / 1980;
Emma-Sonderband 1 / 1980; Die Welt 12. 4. 1980

S. 228 *Dann wieder ... Emma-Traumpaket:* Vgl. Emma 5 / 1987

S. 228 *Und einmal ... Lindenberg:* Vgl. Emma 1 / 1984

S. 229 *Ich entbehre ... noch nicht:* AS, Süddeutsche Zeitung
22. 10. 1979

S. 230 *Bei Emma ... worden:* Emma 11 / 1979; WdA 25. 10. 1979

S. 230 f. *In eigener Sache ... Projekts:* Vgl. Emma 2 / 1980

S. 231 f. *Er erscheint ... wehren wir uns:* Vgl. Frankfurter Rundschau 27. 3. 1980

S. 232 *In ihrer ... Menschen:* Vgl. AS, Frankfurter Rundschau
2. 4. 1980

S. 233 *Eins ... zurück:* AS, Frankfurter Allgemeine Magazin 8. 5.
1981

S. 233 *Wir Frauen ... geworden:* Vgl. AS, Die Zeit 12. 12. 1980

S. 234 *Brüchen ... einer Frau:* AS, Leidenschaft, S. 14

S. 234 *Alice Schwarzer ... Einschätzungen:* Vgl. AS, Tödliche
Liebe II, S. 140 f.

S. 235 *Schade ... finden können:* AS, a. a. O., S. 141

S. 239 *Stärke ... abgearbeitet:* Vgl. AS, Leidenschaft, S. 25 f.

S. 239 *Und dann ... gelandet:* AS, Süddeutsche Zeitung Magazin
29. 11. 1996

S. 239 *Sie räumt ... ein:* Vgl. AS, Die Zeit 23. 1. 1987

S. 239 *die einfach ... existieren:* AS, Leidenschaft, S. 25

S. 239 *Weibchen ... machen:* AS, Emma 3 / 1978

S. 240 *Deshalb ... aufgehoben:* AS, Amica 1 / 1997

S. 243 *Denn das ... selbst zurück:* AS, Sexualität. Ein Emma-
Buch, S. 36

S. 243 f. *Ingrid Strobl ... die Rede:* Ingrid Strobl, Emma 2 / 1981

S. 244 *Kurz darauf ... Reportage an:* Vgl. Henryk M. Broder, Die
Zeit 27. 2. 1981

S. 244 f. *In Konkret ... zur Frau:* AS, Konkret 5 / 1981

S. 245 *Ähnlich ... herauszustreichen:* Vgl. AS, Emma 3/1977; Emma 8/1978

S. 245 *gockelhaft ... gefährlich:* AS, Konkret 5/1981

S. 245 *Hildegard Recher ... Emma-Redaktion:* Vgl. Emma 12/1977

S. 245 *Darin unterstellt ... vorantreibt:* AS an Hildegard Recher, Emma 12/1982

S. 245 f. *Dem Brief ... informieren:* Vgl. Emma a. a. O.

S. 246 *Was unter ... Angelegenheit ist:* AS an Hildegard Recher, Emma a. a. O.

S. 246 *Für sie fällt ... Passage enthält:* Vgl. Hildegard Recher und AS, Stern 21. 10. 1982, auch Emma 12/1982

S. 247 *Der nun ... bestimmt gewesen:* Vgl. Emma 12/1982

S. 247 *von Männern ... zu betreiben:* Vgl. a. a. O.

S. 249 *hat sich ... verkauft werden:* Vgl. AS, Volksblatt Berlin 30. 1. 1987

S. 249 *hat mich ... ausgeliefert:* AS, Emma 2/1987

S. 249 *Keine Meinungsfreiheit ... Rassisten:* AS, taz 26. 11. 1987

S. 249 *Ende 1987 ... Kampagne:* Vgl. Emma 10–12/1987

S. 250 *Pornographie ... Sexismus:* Emma 10/1987

S. 250 *Bei der Stern-Klage ... gerissen:* AS, taz 26. 11. 1987

S. 250 *das schärfste ... Frauenhasses:* AS, PorNo, S. 13

S. 250 *symbolische ... Schwarzer:* AS, taz 26. 11. 1987

S. 251 *Schulterschluß ... zusammen:* Vgl. AS, taz 7. 11. 1987

8. Kapitel

S. 255 *Man nehme ... Schwarzer:* Vgl. Alfred Biolek, Die Rezepte meiner Gäste, München 1997

S. 255 *Alice schwärmt ... Schlawiner ist das:* Vgl. hier wie im folgenden: Alfredissimo 10. 2. 1995

S. 257 *mit sichtbarem ... gemeint war:* Vgl. Leserbrief in Emma 5/6 1995

S. 257 f. *Wie auf ... Gewalt:* Emma 1/2 1994

S. 258 *Ich wurde ... Bundesrepublik:* Sina Walden, Emma 1/2 1994

S. 258 *Frauen und ... Täter:* AS, Emma, a. a. O.

S. 258 *Tragen Sie ... Sie jetzt:* Eigenanzeige, Emma, a. a. O.

S. 259 *Reportage ... Dossier:* Fundamentalismus: Emma, 7 / 8 1993

S. 259 f. *Die kommen ... zu üben:* Vgl. Frankfurter Rundschau 31. 1. 1994; taz 27. 10. 1993; taz 31. 1. 1994

S. 260 *Newton ... Konsequenz:* AS, Emma 11 / 12 1993

S. 260 f. *Für die Bilder ... festgesetzt:* Vgl. u. a. Süddeutsche Zeitung 28. 7. 1994, Die Zeit 3. 6. 1994; Der Tagesspiegel 4. 5. 1994; Emma 11 / 12 1994; Emma 9 / 10 1994

S. 261 *Böhse Onkelz ... Peter Singer:* Emma 1 / 2 1993; Emma 3 / 4 1994; Emma 5 / 6 1994

S. 261 *In allen ... lassen:* Vgl. Frankfurter Rundschau 14. 5. 1994

S. 264 *Selbst Emma-Frauen ... Redaktionsräumen:* Kölner Stadt-Anzeiger 2. 6. 1988

S. 265 *Sie mache das ... auszuleben:* Vgl. Frankfurter Allgemeine Zeitung 28. 5. 1990

S. 266 f. *Dadurch konnten ... Mensch ist:* AS, Amica 1 / 1997

S. 267 *Das Fernsehen ... entdämonisiert:* News 3. 12. 1992

S. 267 *Ich war ... zurück:* AS, Amica 1 / 1997

S. 268 *Und hatten ... gegossen:* AS, Emma 3 / 4 1996

S. 268 *Wenn sie ... fühlen:* AS, a. a. O.

S. 271 *Wer den ... die Macht:* AS, Emma 9 / 10 1994

S. 273 *Alice Schwarzer ... von Emma:* AS, Leserbrief, Kölner Stadt-Anzeiger 2. 12. 1994; vgl. Gegendarstellung AS, Frankfurter Rundschau 14. 12. 1994

S. 273 *Selbstverständlich ... ausgelöst hat:* AS, Brief an das Liegenschaftsamt der Stadt Köln 7. 7. 1994

S. 282 *Seine Qualitäten ... Fürsorge:* AS, Tödliche Liebe II, S. 176

S. 282 *Sie fühle ... erheben:* Vgl. AS, Märkische Allgemeine 4. 3. 1994

S. 282 f. *Schon meine ... respektiert wird:* AS, Liebe + Haß, S. 12

S. 284 *Einen Dreck ... Menschen:* Vgl. AS, Märkische Allgemeine 4. 3. 1994

S. 284 *Nicht die ... Privilegien:* AS, Stuttgarter Zeitung 21. 1. 1987

S. 284 *Mein Bedürfnis ... nicht:* Vgl. AS, Märkische Allgemeine 4. 3. 1994

S. 284 *Das Gift ... Männerwelt an:* AS, So fing es an! 10 Jahre Frauenbewegung, S. 9

S. 285 *Soviel kann ... zu schicken:* AS, Leserbrief, taz 13. 7. 1984

S. 285 *Seit 15 Jahren ... bestellt:* Vgl. AS, Amica 1 / 1997

S. 285 *Wir Frauen ... keinen Spaß:* Vgl. AS, Profil 17. 6. 1996

S. 286 *Ja ... verraten:* AS, Amica 1 / 1997

S. 286 *Heuchelei ... Intrige:* AS, Emma 3 / 1978

S. 286 *Verhurung ... Verhalten:* Vgl. AS, Stern 19. 3. 1987

S. 287 *Zu Recht schrieb ... zu lassen:* AS, Emma 7 / 8 1994

S. 287 f. *Und dann ... werden kann:* AS, Liebe + Haß, S. 177

S. 288 *Intrigen ... die Weiber:* Vgl. AS, Express 29. 11. 1992

S. 288 *Frauen seien ... zu tief:* AS, Liebe + Haß, S. 9

S. 288 f. *Wir müssen ... ein Nichts:* Vgl. AS, Die Zeit 23. 1. 1987

9. Kapitel

S. 293 *Ja, Kelly ... Todesstrafe:* AS, Tödliche Liebe II, S. 166

S. 293 *der sexuelle ... Kelly stand:* AS, a. a. O., S. 181

S. 294 *Moralismus ... Intimleben:* Vgl. AS, a. a. O., S. 189

S. 294 *Sie betreibe ... korrekt wiedergegeben:* Vgl. zu dieser Kontroverse Till Bastian, Die Zeit 10. 9. 1993; AS, Die Zeit 24. 9. 1993; Frankfurter Allgemeine Zeitung 11. 8. 1993; Frankfurter Rundschau 14. 7. 1993; Berliner Morgenpost 19. 8. 1993; Die Welt 10. 8. 1993

S. 294 *Alice Schwarzer ... abzuwehren:* Vgl. AS, Die Bunte 19. 8. 1993

S. 294 f. *Schwarzerscher ... Blick:* AS, Tödliche Liebe II, S. 186 f.

S. 295 f. *Es folgt ... fürchte ich:* AS, a. a. O., S. 173 f.

S. 296 *Sie alle ... Sinne:* AS, Warum, S. 7

S. 296 *Auffallend ... Situation:* AS, a. a. O., S. 9

S. 297 *Die Erde ... Schloßbrücke:* AS, Dönhoff, S. 159

S. 298 *Das finde ... sagen:* Vgl. AS, SonntagsZeitung 1. 9. 1996

S. 298 f. *Zum Geburtstag ... erhalten:* Vgl. Emma 1 / 2 1997

S. 301 *Die Frauenbewegung ... nicht mehr:* AS, Liebe + Haß, S. 221

S. 304 *Ich wäre ... die Ironie:* AS, Amica 1 / 1997

Anselm, Sigrun (Mitverf.): *Theorien weiblicher Subjektivität.* Frankfurt/Main 1985

Arbeitskreis autonomer Frauenprojekte (Hrsg.): *20 Jahre und (k)ein bißchen weiser? Bilanz und Perspektiven der Frauenprojektebewegung.* Bonn 1992

Arendt, Hannah: *Besuch in Deutschland.* Berlin 1993

Bähr, Julia (d. i. Claudia Pinl): *Klatschmohn. Eine Geschichte aus der Frauenbewegung.* Köln 1984

Beauvoir, Simone de: *Das andere Geschlecht. Sitte und Sexus der Frau.* Reinbek 1979

Benard, Cheryl/Schlaffer, Edit: *Die Grenzen des Geschlechts. Anleitungen zum Sturz des Internationalen Patriarchats.* Reinbek 1988

Benard, Cheryl/Schlaffer, Edit: *Grenzenlos weiblich.* Köln 1990

Benz, Ute: *Frauen im Nationalsozialismus.* München 1993

Beyer, Johanna/Lamott, Franziska/Meyer, Birgit: *Frauenhandlexikon. Stichworte zur Selbstbestimmung.* München 1983

Bock, Ulla: *Androgynie und Feminismus.* Weinheim, Basel 1988

Braun, Christina von: *Nicht Ich. Logik, Lüge, Libido.* Frankfurt/Main 1985

Braun, Christina von u. a.: *Theorie – Geschlecht – Fiktion.* Frankfurt/Main 1994

Brückner, Peter: *Ulrike Marie Meinhof und die deutschen Verhältnisse.* Berlin 1995

Butler, Judith: *Das Unbehagen der Geschlechter.* Frankfurt 1991

Cramon-Daiber, Birgit u. a.: *Schwesternstreit. Von den heimlichen und unheimlichen Auseinandersetzungen zwischen Frauen.* Reinbek 1983

Dietze, Gabriele (Hrsg.): *Die Überwindung der Sprachlosigkeit. Texte aus der neuen Frauenbewegung.* Darmstadt/Neuwied 1979

Doormann, Lottemi: *Keiner schiebt uns weg. Zwischenbilanz der Frauenbewegung in der BRD.* Weinheim/Basel 1979

Duchen, Claire: *Feminism in France. From May 1968 to Mitterrand.* London 1986

Duden, Barbara: *Der Frauenleib als öffentlicher Ort. Vom Mißbrauch des Begriffs Leben.* Hamburg/Zürich 1991

Eifler, Christine (Hrsg.): *Ein bißchen Männerhaß steht jeder Frau.* Berlin 1991

Faludi, Susan: *Backlash. Die Männer schlagen zurück.* Reinbek 1995

Firestone, Shulamith: *Frauenbefreiung und sexuelle Revolution.* Frankfurt/Main 1987

Fischer, Erica: *Aimée & Jaguar. Eine Liebesgeschichte, Berlin 1943.* Köln 1994

Francis, Claude/Gontier, Fernande: *Simone de Beauvoir. Die Biographie.* Reinbek 1993

Frauen. Kursbuch 47, Berlin 1977

Frauenjahrbuch '75. (Hrsg.:) Frankfurter Frauen. Frankfurt 1975

Frauenjahrbuch '76. (Hrsg.:) Jahrbuchgruppe des Münchener Frauenzentrums. München 1976

Frevert, Ute: *Frauen-Geschichte. Zwischen Bürgerlicher Verbesserung und Neuer Weiblichkeit.* Frankfurt/Main 1986

Friedan, Betty: *Der Weiblichkeitswahn oder Die Mystifizierung der Frau.* Hamburg 1966

Friedrichsen, Gisela: *Abtreibung. Der Kreuzzug von Memmingen.* Frankfurt/Main 1991

50 Jahre Wuppertal 1929–1979. (Hrsg.:) Presse- und Werbeamt der Stadt Wuppertal, Wuppertal 1979

Gerhard, Ute: *Unerhört. Die Geschichte der deutschen Frauenbewegung.* Reinbek 1995

Gerhard, Ute: Westdeutsche Frauenbewegung: Zwischen Autonomie und dem Recht auf Gleichheit. In: *Feministische Studien* 2/1992

Geschlechter-Verhältnis. Prognosen, Psychosen, Metamorphosen. Konkursbuch 24. Tübingen 1990

Graf, Andrea: *Zur Politik des Weiblichen.* Wien 1990

Hagemann-White, Carol: *Frauenbewegung und Psychoanalyse.* Basel/Frankfurt/Main 1979

Hagemann-White, Carol: Hat die neue Frauenbewegung die politischen Partizipationsformen und Wirkungsmöglichkeiten von Frauen verändert? In: *Frauenforschung 4*

Hervé, Florence (Hrsg.): *Brot und Rosen, Geschichte und Perspektiven der demokratischen Frauenbewegung.* Frankfurt/Main 1979

Horney, Karen: *Der neurotische Mensch unserer Zeit.* Frankfurt/Main 1995

Janssen-Jurreit, Marielouise: *Sexismus. Über die Abtreibung der Frauenfrage.* München, Wien 1979

Jochimsen, Luc: *Paragraph 218. Dokumentation eines 100jährigen Elends.* Hamburg 1971

Koedt, Anne: *Der Mythos vom Vaginalen Orgasmus.* o. O., o. J.

Kontos, Silvia: Modernisierung der Subsumtionspolitik? Die Frauenbewegung in den Theorien neuer sozialer Bewegungen. In: *Feministische Studien* 2/1986

Kontos, Silvia: «Von heute an gibt's mein Programm» – Zum Verhältnis von Partizipation und Autonomie in der Politik der neuen Frauenbewegung. In: *Forschungsjournal Neue Soziale Bewegungen.* Sonderheft 1989

Kraushaar, Wolfgang: *Die Protest-Chronik 1949–59. Eine illustrierte Geschichte von Bewegung, Widerstand und Utopie.* 4 Bde. Hamburg 1996

Krechel, Ursula: *Selbsterfahrung und Fremdbestimmung. Bericht aus der Neuen Frauenbewegung.* Darmstadt/Neuwied 1975

Lamblin, Bianca: *Memoiren eines getäuschten Mädchens.* Reinbek 1994

Liberia del donne di Milano: *Wie weibliche Freiheit entsteht. Eine neue politische Praxis.* Berlin 1991

Meinhof, Ulrike: Die Frauen im SDS oder In eigener Sache. In: *Konkret* 7. 10. 1968

Metz-Göckel, Sigrid: «Permanenter Vorgriff auf die Gleichheit» – Frauenforschung in Westdeutschland. In: Helwig, Gisela u. a. (Hrsg.): *Frauen in Deutschland 1945–1992.* Berlin 1993

Meyer, Birgit: Frauenbewegung und politische Kultur in den 80er Jahren. In: Süß, Werner (Hrsg.): *Die Bundesrepublik in den 80er Jahren.* Opladen 1991

Millett, Kate: *Sexus und Herrschaft. Die Tyrannei des Mannes in unserer Gesellschaft.* München 1974.

Mitscherlich, Margarete: *Die friedfertige Frau. Eine psychoanalytische Untersuchung zur Aggression der Geschlechter.* Frankfurt/Main 1994

Mohl, Alexa: *Die neuen sozialen Bewegungen. Eine Formanalyse ihrer emanzipatorischen Praxis.* Frankfurt/Main/New York 1992

Mühlbauer, Rita: *Strategiemodelle der Neuen Frauenbewegung.* München 1975

Nave-Herz, Rosemarie: *Die Geschichte der Frauenbewegung in Deutschland.* Opladen 1994

Oettinger, Angelika/Schneegass, Beate (Hrsg.): *Gebraucht. Gebremst ... Gefördert. Frauen und Politik in Charlottenburg nach 1945.* Berlin 1993

Paczensky, Susanne von (Hrsg.): *Wir sind keine Mörderinnen! Streitschrift gegen eine Einschüchterungskampagne.* Reinbek 1980

Paczensky, Susanne von/Sadrozinski, Renate (Hrsg.): *§ 218: Zu Lasten der Frauen. Neue Auskünfte zu einem alten Kampf.* Reinbek 1988

Pinl, Claudia: siehe auch Bähr, Julia

Pinl, Claudia/Weg, Marianne: Autonomie oder Institution? – Institutionelle Folgen der Frauenbewegung. In: *Forschungsjournal Neue Soziale Bewegungen* 2, Heft 3/4 1989

Pinl, Claudia: *Vom kleinen zum großen Unterschied. «Geschlechterdifferenz» und konservative Wende im Feminismus.* Frankfurt/Main 1995

Pogt, Herbert (Hrsg.): *Bomben auf Wuppertal.* Wuppertal 1993

Riedmüller, Barbara: Das Neue an der Frauenbewegung. Versuch einer Wirkungsanalyse. In: Gerhard, Ute (Hrsg.): *Frauensituation.* Frankfurt/Main 1988

Roggenkamp, Viola: *Von mir soll sie das haben? Sieben Porträts von Müttern lesbischer Töchter.* Berlin 1996

Rucht, Dieter: *Modernisierung und neue soziale Bewegungen. Theoretische und empirisch-vergleichende Analysen (USA, Frankreich, Bundesrepublik).* Frankfurt/New York 1994

Rutschky, Katharina: Feminismus und Spießigkeit. In: *Merkur* 1/1995

Rutschky, Katharina: Viel Lärm um fast nichts. Ein kritisches Resümee der westdeutschen Frauenbewegung. In: *Erziehung und Wissenschaft* 2/1997

Sander, Helke/Johr, Barbara (Hrsg.): *Befreier und Befreite. Krieg, Vergewaltigungen, Kinder.* Frankfurt/Main 1995

Schaeffer-Hegel, Barbara/Kopp-Degethoff, Heidi (Hrsg.): *Vater Staat und seine Frauen,* 2. Bd. Pfaffenweiler 1991

Schenk, Herrad: *Die feministische Herausforderung. 150 Jahre Frauenbewegung in Deutschland.* München/Frankfurt/Main 1992

Scheu, Ursula: *Wir werden nicht als Mächen geboren – wir werden dazu gemacht. Zur frühkindlichen Erziehung in unserer Gesellschaft.* Frankfurt/Main 1995

Schildt, Axel/Sywoltek, Arnold (Hrsg.): *Modernisierung im Wiederaufbau. Die westdeutsche Gesellschaft der 50er Jahre.* Bonn 1993

Schilling, Erika: *Manchmal hasse ich meine Mutter. Gespräche mit Frauen.* Frankfurt/Main 1992

Schilling, Erika: «Ich wollte nie größenwahnsinnig sein». Interview. In: *Weibblick* Mai/Juni 1997

Schissler, Hanna (Hrsg.): *Geschlechterverhältnisse im historischen Wandel.* Frankfurt/Main/New York 1993

Schlaeger, Hilke (Hrsg.): *Mein Kopf gehört mir. Zwanzig Jahre Frauenbewegung.* München 1988

Sichtermann, Barbara: *Wer ist wie? Über den Unterschied der Geschlechter.* Berlin 1987

Solanas, Valerie: *Manifest der Gesellschaft zur Vernichtung der Männer.* S. C. U. M. Frankfurt/Main 1968

Stefan, Verena: *Häutungen.* München 1975

Strobl, Ingrid: *Frausein allein ist kein Programm.* o. O. 1989

Trömel-Plötz, Senta: *Gewalt durch Sprache: Die Vergewaltigung von Frauen in Gesprächen.* Frankfurt/Main 1984

Vilar, Esther: *Der dressierte Mann.* München 1987

Zehl Romero, Christiane: *Simone de Beauvoir.* Reinbek 1983

Danksagung

Um ehrlich zu sein – ich fand Danksagungen in Büchern meist langweilig und überflüssig. Ich habe meine Meinung gründlich geändert. Und so danke ich von Herzen
Elisabeth Böhmer, Inge von Bönninghausen, Christina von Braun, Henryk M. Broder, Klaudia Brunst, Helga Dierichs, Walter Düring, Joachim Düster, Christiane Ensslin, Jürgen F., Erica Fischer, Tullus Fuchs, Christa Geissler, Hans-Jürgen Groth, Tilman Jens, Ulli Jossner, Anna H., Renate und Klaus Harpprecht, Dörte Haack, Rudolf von Habsburg, Dorothea Hahn, Monika Held, Ulrike Helwerth, Claude Hennequin Guillon, Wiltrud Jörns, Hella Knappertsbusch, Ursel-Margit Koch, Renate Kuberka, Magdalena Kemper, Ulla Kreutner, Marianne Lange, Hedwig Liepelt, Helga Lukoschat, Jenny Marx, Meike Mackeroth, Bettina Markmeyer, Birgit Meyer, Klaus Müller, Ursula Nienhaus und dem Frauenforschungs-, -bildungs- und -informationszentrum FFBIZ Berlin, Thomas Östreicher, Susanne von Paczensky, Claudia Pinl, Susanne Plog-Bontemps und Karsten Plog, Nelly Rau-Häring, Pia Rosenbaum, Katharina Rutschky, Helke Sander, Siegfried Schmidt, Brigitte Schuldt, HA Schult, Christian Semler, dem Stadtarchiv Wuppertal, Susanne Stiefel, Gaby von Thun, Angelika Wittlich-Rohrbach, Erika Wisselinck, der Zentraleinrichtung zur Förderung von Frauenstudien und Frauenforschung an der FU Berlin, Sigrun Zirkelbach und meinen KollegInnen von der taz.

All denen, die mit mir Hintergrundgespräche geführt haben, und all denen, deren Name hier aus Gründen des Informantenschutzes nicht genannt werden kann.

Eine der schönsten Erfahrungen während der Arbeit an

dem vorliegenden Buch war die intensive, produktive und freundschaftliche Zusammenarbeit mit meiner Lektorin Barbara Wenner. Ich hätte mir keine bessere Sparringspartnerin wünschen können. Ihr und meinem Verleger Nikolaus Hansen für seine Unterstützung und Ermutigung einen besonders herzlichen Dank.

Daß ich denen danke, die mir nahestehen, werden die wissen, die gemeint sind.

Quellenverzeichnis der Abbildungen

Seite 2: dpa, Deutsche Presse-Agentur, Hamburg

Seite 6 oben: Ullstein – Alexander von Mokos
unten: Ullstein – dpa

Seite 7: Teuflische Jahre 7. Das Witzigste aus *Pardon*. Auswahl aus dem Jahrgang 1969, Frankfurt/Main 1972, S. 51

Seite 8: Frauenkalender 1975

Seite 9 unten: FFBIZ Frauenforschungs-, -bildungs- und -informationszentrum e. V., Berlin

Seite 24: oben: Stadtarchiv Wuppertal
unten: privat, Oberlauringen-Stadtlauringen

Seite 62: Ullstein Bilderdienst/Joachim Messerschmidt

Seite 94: Ullstein/Rudi Müller

Seite 130: dpa, Deutsche Presse-Agentur, Düsseldorf

Seite 164: privat

Seite 222: dpa/Heitmann

Seite 254: Kurt Oxenius/transparent

Seite 292: dpa/Roland Scheidemann

Seite 305, 306: Inge Werth, Frankfurt/Main

Seite 307: dpa/Popp

Seite 308 oben: dpa/Roland Scheidemann
unten: Christel Becker-Rau/DOK

Seite 309 oben: dpa/Ursula Düren
unten: Roland Scheidemann

Seite 310: Christel Becker-Rau/DOK